U0574429

BLUE BOOK

智 库 成 果 出 版 与 传 播 平 台

亚太蓝皮书
BLUE BOOK OF ASIA-PACIFIC

亚太地区发展报告
（2024）

**ANNUAL REPORT ON DEVELOPMENT OF
ASIA-PACIFIC (2024)**

组织编写／中国社会科学院亚太与全球战略研究院
主　　编／沈铭辉

社会科学文献出版社
SOCIAL SCIENCES ACADEMIC PRESS (CHINA)

图书在版编目（CIP）数据

亚太地区发展报告 . 2024 ／ 沈铭辉主编 . --北京：
社会科学文献出版社，2025.7. --（亚太蓝皮书）.
ISBN 978-7-5228-5570-7

Ⅰ. F114.46；D730.0

中国国家版本馆 CIP 数据核字第 2025TF2587 号

亚太蓝皮书
亚太地区发展报告（2024）

主　　编／沈铭辉

出 版 人／冀祥德
责任编辑／王晓卿
文稿编辑／白　银
责任印制／岳　阳

出　　版／社会科学文献出版社·文化传媒分社（010）59367156
　　　　　　地址：北京市北三环中路甲 29 号院华龙大厦　邮编：100029
　　　　　　网址：www.ssap.com.cn
发　　行／社会科学文献出版社（010）59367028
印　　装／三河市东方印刷有限公司

规　　格／开本：787mm×1092mm　1/16
　　　　　　印张：20.25　字数：304 千字
版　　次／2025 年 7 月第 1 版　2025 年 7 月第 1 次印刷
书　　号／ISBN 978-7-5228-5570-7
定　　价／168.00 元

读者服务电话：4008918866

亚太蓝皮书编委会

主编简介

沈铭辉　经济学博士，中国社会科学院亚太与全球战略研究院副院长、研究员，中国社会科学院大学（研究生院）教授、博士生导师。主要研究方向为国际经济学、区域经济一体化、FTA。主要学术代表作有《跨太平洋伙伴关系协定：基于 FTA 战略视角的研究》（专著）、《跨太平洋伙伴关系协议（TPP）的成本收益分析：中国的视角》（论文）、《美国的区域合作战略：区域还是全球？——美国推动 TPP 的行为逻辑》（论文）、《"一带一路"、贸易成本与新型国际发展合作——构建区域经济发展条件的视角》（论文）等。

摘　要

2023 年，亚太地区经济体在全球发展前景不确定的情况下实现经济强劲增长，在全球价值链中的参与度亦出现显著反弹。特别是亚太地区发展中经济体的增长速度明显加快；亚太地区一些经济体的高通货膨胀局面得到进一步控制，消费快速复苏；亚太地区发展中经济体的金融环境趋于稳定，经济复苏基础进一步巩固。《区域全面经济伙伴关系协定》（RCEP）全面生效后，区域内投资持续增长，释放了亚太区域经济活力，进一步推动了亚太区域价值链的深度融合。

2023 年，亚太地区政治局势呈现总体稳定与局部动荡交织的复杂局面。政治极化、军人干政、大国竞争、武装冲突、恐怖主义、巴以冲突外溢效应等成为 2023 年影响亚太地区政局的突出因素。地区热点问题对亚太政局的影响凸显。一些国家步入选举年，经历了选举政治考验。少数近年来深陷政治社会动荡的国家仍然面临来自政治、经济、安全等领域的诸多严峻挑战。巴以冲突外溢效应冲击亚太国家。大国竞争撬动地缘政治格局重组，南海局势升温。

2023 年，美国继续加强在亚太地区的军事存在，着力推进盟伴体系内部军事合作，意在对中国形成"规锁"之势，以维护自身在亚太地区的主导地位和霸权优势。中国为亚太地区局势总体稳定做出重要贡献，积极推动中美关系止跌回稳，继续深化中俄新时代全面战略协作伙伴关系，中韩关系出现回暖迹象，中印关系斗而不破，中国与太平洋岛国关系持续发展，在地区热点问题上主动担当作为。南海问题和平解决趋势没有改变。

2024 年共有 60 多个国家和地区举行选举，这些选举不仅塑造各国的政治生态和格局，还会对区域内外的政治、经济和安全形势产生深远影响。美国对华战略竞争与技术革命、产业革命的影响相互叠加，将进一步加剧亚太地区安全形势的不确定性与不稳定性。地区主要力量分化组合态势显著加剧，决定了次区域安全态势的不同发展方向。由于美国对华战略博弈全面升级，亚太地区小多边合作短期内有进一步强化趋势，开放的地区主义面临前所未有的挑战，区域合作的复杂性与不确定性将随之增加。

关键词： 亚太地区　地缘政治　大国竞争　区域合作

目 录 ⊾⊿

Ⅰ 总报告

B.1 2023年亚太地区形势与展望

.... 沈铭辉 郭继光 张 洁 张中元 / 001

Ⅱ 分报告

B.2 亚太地区经济形势：通胀回落与经济复苏.................. 李天国 / 031

B.3 亚太地区政治局势：稳定与动荡交织.................. 贾都强 / 042

B.4 亚太地区外交动向：大国竞争加剧与地区总体稳定

.... 张心宇 王俊生 / 054

B.5 亚太地区安全形势：美国纵深推动"印太战略"与亚太安全

秩序重构.................... 李志斐 / 072

Ⅲ 区域合作

B.6 RCEP 全面生效：评估与展望 .... 杨 超 李天国 / 094

B.7 2023年 APEC 第三十次峰会评析 .... 苗翠芬 / 109

B.8 亚太巨型自由贸易协定与"印太经济框架"：进展及影响

.... 张 松 张中元 / 129

B.9　2023年亚太地区能源合作前景 ……………………… 李　冰 / 145

B.10　澜湄国家命运共同体建设的进展与前景 …………… 毕海东 / 164

Ⅳ　大国关系

B.11　中印关系：双边关系基础与互动模式的现状与趋势

　　　　……………………………………………………… 吴兆礼 / 175

B.12　中印尼落实命运共同体"实景图"的基础、挑战与前景

　　　　………………………………………… 许利平　吴汪世琦 / 188

B.13　中日关系：岸田文雄的艰难定位 ………………… 李成日 / 201

B.14　处于转型期的中韩关系 ……………………………… 李永春 / 213

B.15　中澳经贸合作态势与贸易争端走向 ……………… 屈彩云 / 227

Ⅴ　地区热点

B.16　马尔代夫在中印之间的"再平衡" ………… 孙西辉　黄海波 / 240

B.17　"雄心实力难匹配"：印度承接全球产业转移的能力

　　　　……………………………………………………… 田光强 / 257

B.18　国际竞争背景下亚太地区产业政策的回潮：以半导体产业为例

　　　　……………………………………………………… 张倩雨 / 272

附　录

2023年亚太地区大事记 ……………………………………………… / 286

Abstract ……………………………………………………………… / 293

Contents …………………………………………………………… / 295

皮书数据库阅读使用指南

总 报 告

B.1
2023年亚太地区形势与展望

沈铭辉　郭继光　张洁　张中元*

摘　要： 2023年，亚太地区经济体在全球发展前景不确定的情况下实现经济强劲增长，在全球价值链中的参与度亦出现显著反弹，进而转向构建更具区域性的价值链。亚太政治局势总体上保持稳定，但地区冲突和政局动荡依然对部分国家的和平与稳定形成阻碍。美国盟伴体系合作深度发展，推动地区力量分化组合，决定了次区域安全格局的不同演进方向。随着小多边主义的抬头，开放的地区主义面临前所未有的挑战，亚太区域合作机制建设日趋复杂而重叠。从目前形势来看，亚太地区贸易增长前景不容乐观，多国选举影响地区政治走向，美国对华战略博弈仍将延续，区域合作的复杂性与不确定性或将继续增加。

---

* 沈铭辉，博士，中国社会科学院亚太与全球战略研究院副院长、研究员，主要研究方向为区域经济一体化、国际贸易政策；郭继光，博士，中国社会科学院亚太与全球战略研究院亚太政治研究室副主任，主要研究方向为亚太政治；张洁，博士，中国社会科学院亚太与全球战略研究院亚太安全外交研究室主任、研究员，主要研究方向为中国—东南亚关系、南海问题、中国周边安全；张中元，博士，中国社会科学院亚太与全球战略研究院研究员，主要研究方向为全球价值链、数字经济、全球治理。

关键词： 亚太地区　区域合作　地区安全　中美关系

一　2023年亚太地区总体形势

2023 年，亚太地区经济体在全球发展前景不确定的情况下实现经济强劲增长，在全球价值链中的参与度亦出现显著反弹，进而转向构建更具区域性的价值链。亚太地区政治局势总体上保持稳定，但地区冲突和政局动荡依然对部分国家的和平与稳定形成阻碍。美国继续加强在亚太地区的军事存在，着力推进盟伴体系内部军事合作，意在对中国形成"规锁"之势，以维护自身在亚太地区的主导地位和霸权优势。

（一）亚太经济强劲增长，区域性价值链得到强化

2023 年，全球主要经济体复苏进程缓慢，许多发达经济体为遏制通胀压力而收紧货币政策，导致亚太地区外部需求下降，对亚太地区经济体的出口造成负面影响。但在国内需求的推动下，2023 年亚太地区发展中国家经济保持增长。2023 年 12 月亚洲开发银行发布的《亚洲发展展望》报告预测，由于内需强劲，亚太地区发展中经济体 2023 年的增长预测为 4.9%，2024 年的增长预测将保持在 4.8%。[1] 其中，2024 年东亚国家的增长预测上调至 4.6%，2025 年的增长预测保持在 4.2%；2024 年和 2025 年东南亚国家的增长预测分别为 4.6% 和 4.7%。2024 年南亚国家的增长预测稳定在 6.3%，2025 年的增长预测为 6.5%。[2] 与此同时，亚太地区发展中经济体的通货膨胀率将从 2022 年的 4.4% 下降到 2023 年的 3.5%，2024 年将小幅上升到 3.6%。[3]

亚太地区在全球农业和粮食贸易中占有重要地位，但经济不确定性和地

---

[1]　Asian Development Bank, "Asian Development Outlook December 2023", 2023.

[2]　Asian Development Bank, "Asian Development Outlook July 2024", 2024.

[3]　Asian Development Bank, "Asian Development Outlook December 2023", 2023.

缘政治紧张局势威胁着亚太地区的粮食安全。严重依赖粮食进口、贸易伙伴和进口食品缺乏多样性的亚太地区经济体特别容易受到外部和全球冲击的影响，特别是在糖、大米、牛奶、猪肉等关键商品方面。2021~2023 年，由区域经济体主导的限制性贸易措施（包括关税、配额和禁令等），影响了亚太地区约 2.7%的食品贸易。① 厄尔尼诺现象和俄乌冲突造成的供应中断可能会引发能源和粮食安全挑战，并重新引发通货膨胀。除中国外，亚太地区食品通胀仍然高企，2023 年对全球整体通胀的贡献率为 2.7%。由于恶劣的气候条件和出口限制，大米价格上涨，加剧了一些经济体的粮食通胀。尽管中国经济增长放缓，但 2024 年和 2025 年亚太地区发展中国家的经济增速仍将保持在 4.9%的健康水平。②

美国和其他发达经济体的利率影响经济发展前景，经济发展面临多重下行风险；美国大选结果的不确定性、地缘政治紧张局势加剧和贸易碎片化以及与气候有关的事件可能会损害经济增长。由于对美元的高度依赖，亚太地区特别容易受到美元融资冲击的影响。2022 年以来，欧美发达经济体货币政策收紧导致亚太地区资本外流增加。③ 此外，亚太地区经济下行风险主要与发达经济体长期利率上升有关，但亚太地区的金融一体化稳步推进，增加了其遭受金融冲击的风险，尤其是来自美国和欧盟的冲击。

亚太地区经济体在全球价值链中的参与度有所反弹，转向构建更具区域性的价值链。亚太地区一体化通过促进贸易投资流动和塑造区域供应链网络，有力增进了区域内贸易、投资与金融合作，在市场驱动的基础上建立垂直的专业化分工体系，形成了包括大量中间品贸易和服务外包的合作模式，深化了地区供应链体系与生产网络。④ 由于亚太地区在全球供应链中扮演重要角色，特别是在中高科技领域，亚太地区全球价值链的后向联系超过了前

---

① Asian Development Bank，"Asian Economic Integration Report 2024：Decarbonizing Global Value Chains"，2024.

② Asian Development Bank，"Asian Development Outlook April 2024"，2024.

③ Asian Development Bank，"Asian Economic Integration Report 2024：Decarbonizing Global Value Chains"，2024.

④ 盛斌：《亚洲区域经济一体化与亚洲增长新动能》，《人民论坛·学术前沿》2023 年第 15 期。

向联系。2022 年亚洲的全球价值链活动增长 10.7%，比世界其他地区（7.7%）更为强劲，与全球价值链的后向联系也越来越强。然而，由于亚太地区的后向联系不如其他地区多样化，上游供应链的任何中断都有可能阻碍全球价值链的生产和弹性。不少企业正在从全球供应链模式转向更具区域性的供应链模式，将生产转移到更靠近主要市场的地方（对一些企业而言主要市场在北美和欧洲），但亚太地区发展中国家的企业继续使用更便宜（虽然稳定性较差）的供应商仍然是有价值的，因为对许多企业而言使用当地供应商产品的成本可能过高。① 虽然亚太地区与全球价值链的前向联系变得更加区域化，但亚太地区经济体国内中间产品采购或增值服务国内需求的份额并没有增加。②

尽管 2022 年全球投资疲软，但流入亚太地区的外商直接投资（FDI）相对强劲。地缘政治局势紧张、高利率和战略性行业内向型产业政策对跨境投资造成了压力。企业层面的数据显示，2022 年绿地投资增长了近 80%，这是由半导体和可再生能源领域超过 10 亿美元的大型项目投资推动的，但并购下降了 30%。可再生能源项目（包括太阳能、电力和电子交通）的绿地投资凸显了亚洲绿色经济相关投资的活力。③ 在亚太地区，效率寻求型外商直接投资主要集中在中高科技制造业，这有助于创造就业机会和知识转移，是该地区参与全球价值链的关键。但是对于更多元化和更有弹性的供应链和生产基地的需求而言，全球投资活动正显示出碎片化的迹象。发达经济体的产业政策促进了外国投资的转移，特别是在战略性新兴产业领域，包括半导体、电信和 5G、绿色能源转型设备、制药原料和关键矿产等。更加分散的外商直接投资给亚洲经济体带来了风险，也给外商直接投资格局蒙上了

---

① Lücker, Florian, "Bespoke Supply Chain Resilience Facilitated by Dedicated and Shared Resources", 2023, *ADBI Working Paper 1381*, Tokyo: Asian Development Bank Institute, https://doi.org/10.56506/RODN5401.

② Asian Development Bank, "Asian Economic Integration Report 2024: Decarbonizing Global Value Chains", 2024.

③ Asian Development Bank, "Asian Economic Integration Report 2024: Decarbonizing Global Value Chains", 2024.

阴影，但亚太地区可以通过提高收入水平和扩大中产阶级群体来增强其不断增长的购买力，从而改善外国直接投资的营商环境。

此外，美国加紧推动亚太地区供应链重组，挤压中国高新技术产业发展空间。几十年来，全球供应链一直在增长和发展，中国在其中扮演越来越重要的角色。但中美贸易摩擦、新冠疫情以及俄乌冲突等外生事件对亚太地区供应链的有效运作造成了重大冲击，促使企业和政府纷纷试图采取行动改善脆弱状况。① 调查发现，当前企业和政府更关注供应链的韧性而不是效率，这导致了供应链的部分重组。日本、韩国、欧盟和美国等已经采取包括立法在内的政府行动，以提高全球价值链的韧性。② 在美国对华战略竞争加剧背景下，部分亚太国家希望承接美国强行转移出的中国产业，借助中美矛盾解决自身面临的长期难题，提升自身经济竞争力。印度、越南等国希望吸引美资、引进美国的先进技术，竞相向美国企业示好，作为中国的替代选择接收外商直接投资。整体而言，美国的政策调整确实推动了部分亚太供应链重组的势头，除成本原因外，中美贸易摩擦导致部分中国企业涌入越南、印度和其他目的地。其中，可再生能源、汽车和建筑材料等领域的投资转移最为明显。部分亚太国家取代中国成为美国主要进口来源地，推动了亚太供应链向美国设计的方向发展。③

在机制建设层面，拜登政府推出"印太经济框架"（IPEF）作为美国加速推进"印太战略"的经济支柱，希望对内振兴美国经济，对外完善亚太地区经济战略，以"产业竞争"和"规则塑造"两大抓手打造对华战略竞争轨道，打压中国经济竞争能力。④ "印太经济框架"具有强烈的地缘政治

---

① Cordon, Carlos, "The Surprising Developments of Digital Supply Chains to Raise Resilience in the Face of Disruptions", *ADBI Working Paper 1383*, 2023, Tokyo: Asian Development Bank Institute, https://doi.org/10.56506/KPJD9061.

② Garcia Herrero, Alicia, "Resilience of Global Supply Chain: Facts and Implications", 2023, *ADBI Working Paper 1398*, Tokyo: Asian Development Bank Institute, https://doi.org/10.56506/UKPK2510.

③ 马雪：《美国推动亚太地区供应链重组的态势评估》，《现代国际关系》2023年第8期。

④ 刘晓伟：《产业竞争与规则重塑："印太经济框架"与美国对华经济竞争新战略》，《云南师范大学学报》（哲学社会科学版）2023年第2期。

属性，对全球经济格局、亚太区域经济合作和中国经济发展影响重大。①
"印太经济框架"虽然不是传统意义上的自由贸易协定，但其在经济贸易议
题上的内容十分具体，特别是聚焦新兴领域及高标准规则，着力打造基于
"价值观同盟"的区域供应链。"印太经济框架"未来将给中国的供应链稳
定、海外市场以及亚太地区的数字经贸规则制定和制度整合等方面带来不确
定的影响。② 2023 年 5 月，"印太经济框架"完成供应链弹性支柱谈判，
"供应链协议"成为"印太经济框架"下达成的首个协议。供应链协议具有
显著排他性、非约束性、劳工标准创新性、执行机制灵活性等贸易制度的新
特征，该协议在新兴竞争领域、供应链转移、劳工标准等贸易规则的话语权
争夺方面给中国带来一定挑战，其实施也将加速推动全球供应链体系和生产
布局的调整。③"印太经济框架"强调的"美国优先"和对中国经济"去风
险化"，无疑会使地缘经济分裂的风险进一步加剧。④

（二）亚太地区政治形势保持稳定，但呈现多样性与复杂性

2023 年，选举为多个国家带来了新的政治领导人和不同以往的政策取
向，但冲突和动荡依然对部分国家的和平与稳定形成挑战。缅甸局势持续动
荡，2023 年政府军与反对派武装和民族地方武装之间的冲突进一步升级，
导致大量平民伤亡和流离失所，造成严重的人道主义危机。阿富汗在塔利班
统治下面临严峻的经济和人权挑战，加之极端组织的恐怖袭击频繁发生，加
剧了该国的安全危机。2023 年 10 月 7 日，巴以冲突再度爆发，影响波及亚
太。马来西亚和印度尼西亚国内爆发了广泛的抗议活动，凸显了巴以问题在
全球范围内的影响力。

---

① 李鸿阶：《"印太经济框架"的意涵、影响及其前景剖析》，《亚太经济》2023 年第 1 期。
② 欧定余、侯思瑶：《美国"印太经济框架"的本质、影响及中国的应对策略》，《东北亚论坛》2023 年第 2 期。
③ 常丽娟：《印太经济框架"供应链协议"的特征、趋势及中国应对》，《上海对外经贸大学学报》2024 年第 3 期。
④ 张天桂：《"印太经济框架"新进展及其对亚太区域经济一体化的影响》，《国际论坛》2024 年第 4 期。

2023 年，亚太地区多个国家举行了重要的政治选举，实现了权力更迭。这些选举总体上实现了和平有序的权力交接，政权实现了平稳过渡。然而，每个国家的具体情况都有独特性和复杂性。柬埔寨于 2023 年 7 月举行国民议会选举。执政的人民党再次大获全胜。随后，任首相长达 38 年、世界上在任时间最长政府首脑之一的洪森宣布卸任，并将权力移交给洪玛奈，由后者出任新一届政府领导人。① 新西兰于 2023 年 10 月举行大选，最大在野党和国家党领导的联盟获胜，赢得组阁权，从而结束了工党的 6 年执政。马尔代夫于 2023 年 9 月举行总统选举，反对党候选人穆罕默德·穆伊祖击败现任总统，成功当选。

泰国在 2023 年 5 月举行了国会选举，多个政党竞逐，选举过程相对平稳。这次选举结果反映了泰国民众，尤其是年轻人对变革的渴望。然而，选举结束后，组阁进程变得异常复杂。尽管多个政党获得了议会席位，但没有一个政党获得绝对多数。这导致了一个高度碎片化的政治格局，各政党必须通过联盟和谈判形成多数派，不同政党之间的协商和权力斗争导致了长时间的僵局。在组阁过程中，权力分配、政策分歧以及个人利益的博弈使得谈判变得格外艰难。经过多轮谈判和协商，各政党终于达成了一致，决定支持赛塔·他威信担任总理。2023 年 8 月 22 日，国会终于选出了赛塔·他威信为新总理。② 这一过程凸显了泰国民主转型的复杂性，也反映了该国政治制度中根深蒂固的军方影响力与新兴民主力量之间的张力。赛塔·他威信作为泰国新总理不仅需要平衡各政党之间的利益，还需要应对国内外的多重问题，包括经济复苏、社会公平和国际关系等。

2023 年美国众议院议长选举成为美国现代政治史上最具戏剧性和复杂性的议长选举之一，反映了共和党内部的分歧和美国政治的极化状况。此次选举的背景是共和党在 2022 年中期选举中以微弱优势赢得了众议院的多数

---

① 吴长伟：《柬埔寨公布大选初步结果　执政的人民党获压倒性胜利》，新华网，2023 年 7 月 26 日，http://m.xinhuanet.com/2023-07/26/c_1129768797.htm（最后访问日期：2024 年 10 月 6 日）。

② 周方冶：《泰国政党格局从"两极对立"到"三足鼎立"》，《当代世界》2023 年第 11 期；余海秋：《历时百日，泰国大选尘埃终落定》，《世界知识》2023 年第 18 期。

席位，这使得议长选举变得异常艰难。作为众议院共和党领袖的凯文·麦卡锡是议长职位的主要竞争者。他在党内享有较高声望，但也面临来自党内保守派和自由派的挑战。他们对麦卡锡的政策立场和领导能力提出疑问，要求他在关键议题上做出更多让步。选举过程空前激烈，麦卡锡只有获得众议院大多数成员的支持才能当选议长。然而，由于共和党内部存在分歧，麦卡锡在初期投票中未能获得足够的票数。这导致了多轮投票和激烈的政治谈判。经过数轮投票和内部协商，麦卡锡最终获得了足够的支持，当选众议院议长。① 麦卡锡当选后，面临如何团结党内各派别、推动立法议程以及应对民主党控制的参议院和白宫的挑战。2023 年美国众议院议长选举不仅是一次政治权力的角逐，更是对共和党内部团结和未来治理能力的一次重大考验。

（三）亚太地区安全格局调整，拜登政府推动美国与盟友加强合作

冷战结束后，美国在亚太地区的同盟体系经过数次调整，从长期采取以其为核心的辐辏同盟模式，转向在"印太战略"下构建与扩展"基于盟友与伙伴关系"的安全网络。这些模式的共同特征是以美国与盟友之间的合作为主，对于盟友彼此间的合作则关注比较少。2023 年以来，这种情况开始发生变化，拜登政府重点推动盟友之间的全方位合作，包括在日韩实现和解的基础上，加强美日韩合作；推动菲律宾与日本、澳大利亚的双边合作，进而形成美日菲、美日澳菲等小多边海上安全合作，其目的是实现军事同盟体系的整体性升级换代。这主要表现在以下两个方面。

一是依托自身军事优势，持续构筑对华军事威慑。2023 年，美国以增强"一体化威慑"为战略指引，推进在亚太地区的军事部署与各项活动。通过增加国防预算、部署尖端军事力量保持自身在亚太地区的威慑力。此外，美国还大幅度增加在东北亚、东南亚、南亚和南太平洋各区域的各类军事活动，包括与日韩澳、印度、菲律宾、印度尼西亚、东盟等开展双多边军

---

① 陈立希：《历时三周　美国众议院终于选出新一任议长》，新华网，2023 年 10 月 26 日，http：//www.xinhuanet.com/world/2023-10/26/c_1212294456.htm（最后访问日期：2024 年 10 月 6 日）。

事演习。美国"印太"司令部将之称作"推进共享的区域愿景"。①

美国利用乌克兰局势炮制相关舆论，放大韩国、澳大利亚、菲律宾等盟友的战略焦虑，加强各国对美国安全承诺的依赖，强化各国与美国开展合作的意愿。其中，日本展现了相当的"战略主动性"，鼓噪"台湾有事即日本有事"。美韩同盟也开始从过去聚焦半岛事务扩展至台海、南海问题。美菲同盟合作的安全议程中多次提及涉台议题，特别是美国在菲律宾新增军事基地靠近台海一线，凸显美国试图将菲律宾打造为对台军事干涉前沿阵地的意图。在美日韩、七国集团（G7）的声明中，台湾问题已经成为"必备"议题。

美国支持日本增强区域威慑力的能力建设，加强与澳大利亚的国防工业基地合作，支持印度的国防现代化计划。针对东北亚局势，美国在韩国进行战略资产轮换，加强与韩国的双边军事合作。美韩达成共识，鉴于亚洲太空竞赛加剧的现状，双方计划在国防、商业和民用太空探索等多个领域强化合作伙伴关系。针对南海、台海局势，美国加大与菲律宾的合作力度。2023年初，美国根据《加强防务合作协议》（EDCA）在菲律宾新增多个军事据点。同年5月，双方举行首脑会晤并签署新的双边防务协议，美国承诺帮助菲律宾实现军事现代化，发展和保持各自以及共同的防卫武装攻击能力。②

拜登政府执政后，逐步在亚太地区打造了包括美日印澳"四边机制"（QUAD）、"美英澳三边安全伙伴关系"（AUKUS）等机制在内的地区安全网络，特别是积极推动"北约亚太化"。2023年5月，七国集团峰会在日本广岛举行，同期美日印澳四国举行第三次"四边机制"线下首脑会议。6月，北约峰会举行，邀请日本、韩国、澳大利亚和新西兰参加，并组织了与亚太四国领导人的集体会晤，意在彰显北约与美国亚太盟友的战略协调。刘

① "Fact Sheet：Department of Defense Concludes 'Decisive Year' in the Indo-Pacific Region", December 27, 2023, https：//www. defense. gov/News/Releases/Release/Article/3626886/fact-sheet-department-of-defense-concludes-decisive-year-in-the-indo-pacific-re/.

② "Fact Sheet：U. S. -Philippines Bilateral Defense Guidelines", US Department of Defense, May 3, 2023, https：//www. defense. gov/News/Releases/Release/Article/3383607/fact - sheet - us - philippines-bilateral-defense-guidelines/.

此，中国表示，北约声称是区域性组织，却突破自身条约规定的地理范围，加速东进亚太。北约自称是防御性联盟，却不停越界扩权，到亚太地区挑起对抗。北约东进亚太只会搅动地区紧张局势，引发阵营对抗甚至"新冷战"。亚太国家不欢迎、很多北约国家不赞成"北约亚太化"，亚太地区也不需要"亚太版北约"。①

2023 年 11 月，中美首脑会晤在旧金山举行，美国表示不寻求"新冷战"，不寻求改变中国体制，不寻求通过强化同盟关系反对中国，不支持"台湾独立"，无意同中国发生冲突，对于稳定中美关系具有一定积极意义。然而，就在同年 12 月的七国集团线上首脑会议期间，七国重申将降低关键供应链对中国的"过度依赖"，并以专门篇幅就东海、南海事务以及台湾、涉疆、涉藏等问题对中国恶意攻击。可以看出，鉴于全球与地区形势的发展，拜登政府不得不重视中国，保持中美关系不"破局"，但是在实践层面，美国不会改变军事威慑中国的战略，也不会放弃遏制中国以及对华"脱钩"。

二是深耕盟伴体系内部合作，拓展盟友之间军事合作的广度与深度。2023 年以来，美国推动亚太同盟体系进行新一轮调整，特别是围绕日本和菲律宾打造小多边"组合"。作为美国同盟体系的次核心之一，日本实现了与韩国的关系正常化，为强化美日韩合作扫清了障碍。同时，日本加强与澳大利亚的安全合作，双边关系接近"准同盟"。日澳《互惠准入协定》（RAA）于 2023 年 8 月正式生效，为双方进行联合训练等军事活动提供了便利。日本自卫队考虑在澳大利亚进行轮换部署，利用澳大利亚的广阔空间进行训练。

作为美国同盟体系的另一个次核心，菲律宾在美国推动下加强了与日本、澳大利亚等国的军事合作。一方面，美国强化对菲军事合作，多次重申《美菲共同防御条约》适用于中菲南海争议岛礁及相关海域。另一方面，美

---

① 《2023 年 7 月 12 日外交部发言人汪文斌主持例行记者会》，中国外交部网站，2023 年 7 月 12 日，https：//www.fmprc.gov.cn/fyrbt _ 673021/jzhsl _ 673025/202307/t20230712 _ 11112155. shtml。

国推进菲律宾与日本、澳大利亚合作，试图构建美菲日、美菲澳等小三边合作机制。2023年9月，澳大利亚总理阿尔巴尼斯访问菲律宾，澳菲双方同意建立战略伙伴关系，加强在安全、经济、气候变化和教育领域的合作。11月，两国举行南海联合巡逻。

日本是菲律宾的最大投资国和发展援助国，也是菲律宾海上安全能力建设的重要支持者。在美国推动下，日菲军事合作加速推进。2023年日菲就签署《来访部队协议》和《互惠准入协定》进行磋商，以便为联合举办大规模军事演习提供便利。日菲合作将加剧南海局势的复杂性。例如，日本基于"政府安全保障能力强化支援"（OSA）交付菲律宾的J/FPS-3ME防空雷达系统部署地点距离中国黄岩岛仅300公里，可以探测550公里外包括战斗机和弹道导弹在内的多种目标。[1]

2023年是《中日和平友好条约》缔结45周年，双方领导人互致贺电，均认为45年来双方维护和发展了和平友好关系，取得了发展成果，对地区乃至世界的和平、稳定与繁荣做出了积极贡献。但是，日本视中国为"主要威胁"的认知并未改变，认为中国增强军备、与俄罗斯深化战略协作，未来中俄与美国的"对立"将会加剧。同时，为了阻止"中国以实力改变台海现状"，日本强调有必要增强防卫能力，其实质是为自身强军扩武寻找借口。[2]

尹锡悦政府不断努力提升韩国在美国"印太战略"中的地位。2023年是美韩同盟协议签署70周年。4月，两国发表《华盛顿宣言》，开启了美韩经济与安全合作的新时代；11月，两国又发表《韩美同盟防务愿景》文件，强调"最根本和最紧迫的威胁"仍然是朝鲜，两国将强化威慑，阻止"包括朝鲜在内的地区敌对势力的战略攻击和侵略"，同时共同寻求与东南亚、太平洋岛国的防务合作，在促进地区安全方面发挥更

---

① 孟晓旭：《日本"友军支援框架"意在牵制中国》，《世界知识》2024年第4期。

② 《2023年12月7日外交部发言人汪文斌主持例行记者会》，中国外交部网站，2023年12月7日，https://www.fmprc.gov.cn/fyrbt_673021/202312/t20231207_11196724.shtml。

多作用。①

在多边层面，美日韩积极构筑合作关系，声称将在"维护地区稳定、抵御威胁"等方面发挥作用，将三边影响力扩大到亚太地区的经济、科技等领域。2023年2月底，美日韩举行首次经济安全对话，讨论加强量子、生物和太空等新型和核心技术方面的合作，以及半导体、电池、关键矿产资源供应链等议题。8月，美日韩在美国举行首脑会谈并发表"戴维营协议"等文件。种种迹象表明，美日韩合作正在从安全领域向经济、技术等多领域扩展，正在从以"朝鲜威胁"和东北亚为合作范畴向包含中国台湾地区、南海等更广泛的亚太区域延展。当然，由于日韩双方在历史问题、领土争端、高科技竞争等方面的矛盾难以在短时间内消除，美日韩很难形成真正的三边同盟关系。

面对美国盟伴体系的"规锁"，中国通过多种途径积极应对。在人类命运共同体理念、"一带一路"倡议以及亲诚惠容周边外交理念提出10周年之际，中国进一步确立深化合作、维护稳定的新议程。中国以构建亚洲命运共同体为总体目标，统筹实力建设、区域合作以及外交对话，以落实全球发展倡议、全球安全倡议和全球文明倡议为战略引领，有效维护了台海、南海局势的稳定，迟滞了美国盟伴体系试图在中国周边地区实施"规锁"的战略图谋。2023年11月，中美元首实现会晤，为双边关系的恶化按下"暂停键"，大国关系的斗而不破成为稳定亚太安全局势的关键所在。

二　2023年亚太地区形势的基本特征

大国竞争刺激和加速了亚太地区经济安全化的进程，数字经济成为推动亚太地区各国经济快速发展的重要引擎。亚太地区政治局势依然复杂多变，缅甸和阿富汗国内政治难题未能得到有效解决，巴以武装冲突

---

① 《韩联社发表〈韩美同盟防务愿景〉》，《参考资料》2023年11月13日。

加剧。美国盟伴体系的深度合作推进地区力量分化组合，地区主要力量的博弈结果决定了次区域安全态势的不同发展方向。随着小多边主义的抬头，开放的地区主义面临前所未有的挑战，亚太区域合作机制建设趋于复杂化。

（一）亚太经济安全化、数字化同步加强

中美地缘政治紧张局势是与亚太地区增长前景最为相关的因素，美国采取了大量国家干预和贸易保护主义政策，在决策过程中将安全和经济交织在一起，[①] 其对华经济战略以产业竞争与规则塑造为两大抓手，利用部分亚太地区经济体的安全焦虑，不断向亚太国家宣扬"供应链断裂论"，同时利用部分亚太国家希望能够从中美供应链争端中捞实惠的心态，吸引追随者。美国通过贩卖焦虑凝聚共识，试图通过联合亚太地区盟友在关键原材料、新兴技术、关键产业等领域对中国实施"局部和有选择的脱钩"，尽可能将技术和产能从中国转移出去，鼓动全球供应链重构和技术贸易投资"去中国化"，以削弱中国的产业链枢纽地位，降低美国和亚太区域国家对华供应链依赖，强化美国对华竞争的持久性优势，[②] 并最终建立"排华"的弹性供应链体系。

当前，在美国对华战略竞争加速演进的背景下，地缘政治紧张与经贸问题的泛安全化、价值观化，给亚太地区产业链、供应链合作蒙上了阴影。在亚太地区生产网络中，中国、日本对亚太区域经济体系的稳定性发挥重要维持作用。日本侧重安全和政治逻辑，以日美合作为中心，加速构建经济安全战略，追求对接美欧经济体制和市场规则，将经济安全作为开展亚太地缘政治竞争的手段。[③] 日本国际文化会馆地缘经济学研究所（IOG）于 2021 年、

---

① Kristen Hopewell, "Strategic Narratives in Global Trade Politics: American Hegemony, Free Trade, and the Hidden Hand of the State", *The Chinese Journal of International Politics*, 2021, 14 (1), pp. 51-86.

② 刘晓伟：《产业竞争与规则重塑："印太经济框架"与美国对华经济竞争新战略》，《云南师范大学学报》（哲学社会科学版）2023 年第 2 期。

③ 孟晓旭：《大国竞争与日本经济安全战略构建》，《日本学刊》2023 年第 1 期。

2022年、2023年对100家日本企业连续三年的问卷调查发现，日本企业受美国对华战略竞争、经济安全政策转变所带来的不利影响在不断增强。① 韩国尹锡悦政府为服务其外交战略调整和打造"全球枢纽国家"目标，将经济安全提升至战略高度，从经贸网络拓展、战略性产业和技术自主、经济技术联盟、供应链韧性管理、安保机制完善等多个维度构建韩国经济安全战略，旨在降低供应链风险，强化经济和技术竞争力，谋求通过配合美国"制衡"中国，参与国际经贸规则制定。② 印度积极融入"印太战略"，试图把握美国对华战略竞争"机遇"限制打压中资企业，大力扶持本国制造业，争取实现对华产业替代，频繁推行对华经贸打压"脱钩"政策，以降低中国经济影响力。③ 可见，中国产业链、供应链面临的外部经济安全压力显著上升，如果亚太区域经济秩序的分裂趋势进一步扩大，将对地区国家产生复杂的影响。④

与此同时，数字化成为推动亚太地区各国经济快速发展的重要引擎。亚太地区数字基础设施的完善以及政府的数字化转型，有效改善了各经济体数字贸易发展的营商环境，各经济体网络接入能力迅速提升，区域数字经济大市场初具雏形，为促进区域数字贸易和数字经济发展奠定了良好基础。⑤ 数字技术是数字经济发展的核心动力，数字技术的应用提升了企业在全球价值链中的参与程度，也提升了企业的正规化水平。⑥ 亚太地区各国日益重视发展数字技术，以帮助企业确定实现弹性增长所需的协调，通过强化供应链提升抵御未来不确定性的能力。数字技术在提高供应链弹性方面发挥重要作

---

① 崔健：《论日本经济安全政策的战略性转变》，《长白学刊》2024年第4期。
② 王生、李游：《韩国尹锡悦政府经济安全战略评析》，《现代国际关系》2024年第6期。
③ 王凯：《中美竞争下印度经贸战略动向及对中国的影响》，《国际经济合作》2023年第4期。
④ 罗会琳、张励：《敛合与分裂：理解亚太区域经济秩序的双重维度》，《太平洋学报》2023年第3期。
⑤ 孙玉琴、任燕：《我国与亚太新兴经济体数字贸易合作的思考》，《国际贸易》2023年第6期。
⑥ Korwatanasakul，Upalat，"Unlocking Inclusive Growth：The Nexus of Digitalization，Formalization，and Global Value Chains"，*ADBI Working Paper 1448*，2024，Tokyo：Asian Development Bank Institute，https：//doi. org/10. 56506/YOAV6905.

用。数字技术创新极大缓解了不确定性冲击对供应链稳定性带来的负面影响，提升了供应链韧性。[1]

在更微观层次上，供应链数字化使企业能够利用人工智能、物联网、区块链、机器人、VR/AR和仿真模型等先进技术，主动识别和管理风险，增强从原材料供应商、物流提供商、仓库运营和零售商到客户整体供应链网络所有成员的韧性，为提升供应链韧性和安全水平提供了新契机。[2] 数字化供应链以客户为中心，能最大限度获取并利用实时资源数据进行需求管理，以降低企业运营风险。研究发现，数字化供应链比非数字化供应链更有韧性。其中，系统集成是提高供应链韧性的有效技术之一，提高韧性的数字工具将降低企业把制造业从亚太地区转移的程度。[3] 目前，亚太地区供应链数字化转型才刚开始。数字化技术不断融入供应链的各个环节，将深刻改变供应链的现状，亚太地区供应链将会变得更加智能、柔性、敏捷。

（二）部分亚太地区国家冲突动荡加剧

2023年，亚太地区政治局势复杂多变，特别是缅甸和阿富汗等国家政治难题未能得到有效解决，武装冲突持续不断，进一步加剧了社会动荡和人道主义危机。

一是缅甸持续的政治危机与武装冲突。自2021年2月缅甸军方以大选舞弊为由接管国家政权、宣布国家进入紧急状态以来，缅甸持续陷入严重的政治危机和社会动荡。军方的行动引发了全国范围内的大规模抗议和反抗。除和平抗议外，缅甸的多支民族武装组织和新成立的人民防卫军与政府军展

---

[1] 赵玲、黄昊：《不确定性冲击、数字技术创新与供应链韧性》，《中南财经政法大学学报》2024年第4期。

[2] Kim Hua Tan, "Building Supply Chain Resilience with Digitalization", *ADBI Working Paper 1389*, 2023, Tokyo：Asian Development Bank Institute, https：//doi. org/10. 56506/MRAJ3174.

[3] Cordon, Carlos, "The Surprising Developments of Digital Supply Chains to Raise Resilience in the Face of Disruptions", *ADBI Working Paper 1383*, 2023, Tokyo：Asian Development Bank Institute, https：//doi. org/10. 56506/KPJD9061.

开了激烈的武装对抗。这些武装团体在缅甸多个地区对政府军发动袭击，导致持续不断的冲突和流血事件。2023 年，缅甸的政治局势依旧没有改善，反对派和政府军之间的武装冲突愈发激烈，导致大量平民伤亡和流离失所。值得注意的是，"缅北三兄弟同盟"发动的"1027 行动"将国内冲突进一步扩大化。"缅北三兄弟同盟"是缅甸北部三支民族武装组织——若开军（AA）、缅甸民族民主同盟军（MNDAA）和德昂民族解放军（TNLA）组成的联盟。2023 年 10 月 27 日，该同盟发起了一场被称为"1027 行动"的军事行动，声称目标之一是扫荡清剿电信诈骗园区。在协同攻击下，他们占据了数十个政府军据点，夺取了大多数同中国贸易的边境关卡与公路。①"1027 行动"对缅甸政局产生了深远影响，其成功可能会鼓励其他反对政府军的力量，有可能进一步加剧缅甸的内乱。同时，这场军事行动使缅甸政府失去了对与中国接壤的边境地区的大部分控制权，影响了中缅贸易和中国的边境安全与社会稳定。

尽管国际社会多次呼吁缅甸各方通过对话解决争端，但实际效果有限，缅甸的人道主义危机仍在加剧。美国、欧盟、英国等对缅甸军方及相关实体实施了经济制裁和旅行禁令。此外，东盟也在缅甸问题上面临巨大的外交压力，努力推动缅甸局势的和平解决。然而，缅甸政府对国际社会的压力反应冷淡，局势依然复杂且前景不明。此外，缅甸的经济状况也因政治动荡而恶化。国际制裁和内部冲突导致经济活动停滞，通货膨胀加剧，民众生活困苦。据联合国估计，截至 2023 年 9 月，缅甸有近 1000 万人需要人道主义援助。总体而言，当前缅甸政局仍处于动荡与不稳定状态，军方执政地位不稳固，面临来自人民保卫军和民族地方武装的挑战以及国内民众的反对情绪，经济形势恶化，外交处境艰难。如果军方不能妥善处理这些挑战，其执政地位将面临更大的风险。

二是阿富汗塔利班统治下的动荡与挑战。自 2021 年 8 月塔利班重新

① "Northern Offensive Brings 'New Energy' to Myanmar's Anti-coup Resistance", https://www.aljazeera.com/news/2023/11/3/northern-offensive-brings-new-energy-to-myanmars-anti-coup-resistance（最后访问日期：2024 年 10 月 6 日）。

掌权以来，阿富汗的政治和安全局势持续混乱。2023 年，塔利班政府面临内部治理困境和外部安全威胁。一方面，塔利班致力于巩固统治，但面临合法性和国际承认的问题，尤其是在妇女权利方面的限制政策引发国际社会强烈批评。另一方面，"伊斯兰国"（ISIS）的地区分支——"伊斯兰国呼罗珊省"（ISKP）等极端组织频繁发动恐怖袭击，导致安全形势持续恶化，造成大量平民伤亡。尽管塔利班宣称已经控制了全国，但阿富汗境内的武装冲突依然频繁。这些冲突恶化了阿富汗的安全局势，使得国家治理更加困难。此外，阿富汗经济自塔利班接管以来持续恶化。国际援助的减少和西方国家实施的金融制裁使得阿富汗经济几近崩溃，银行系统瘫痪，货币大幅贬值，物资短缺，失业率飙升，极端贫困现象加剧，人道主义危机不断加剧，大量民众面临饥饿和贫困的威胁。

三是巴以冲突的外溢效应。巴以冲突是中东地区最持久、最复杂的冲突之一。2023 年 10 月 7 日，巴勒斯坦武装组织哈马斯对以色列发动突袭，造成大量无辜平民死伤，并劫持了大量人质。作为回应，以色列对加沙地带展开了大规模军事行动，造成大量巴勒斯坦平民死亡，当地基础设施遭到严重破坏。新一轮巴以冲突引发了国际社会的多方反应。联合国和其他国际组织呼吁双方停火，通过谈判解决争端。亚太地区国家对冲突的反应各不相同，但普遍呼吁停火与和平解决争端。在穆斯林人口占多数的国家，大规模支持巴勒斯坦的游行示威此起彼伏。马来西亚政府强烈谴责以色列的军事行动，呼吁国际社会采取行动保护巴勒斯坦人民的权益，并呼吁联合国进行干预。在马来西亚国内，民众纷纷走上街头，表达对巴勒斯坦人民的支持和对以色列军事行动的谴责。这虽然在一定程度上增强了马来西亚国内的团结，但也暴露了在关于如何实际支持巴勒斯坦方面的意见分歧。作为世界上穆斯林人口最多的国家，印度尼西亚对巴以冲突表现出强烈关注。印度尼西亚政府谴责以色列的军事行动，并呼吁国际社会加大对巴勒斯坦的援助力度。印度尼西亚总统多次呼吁双方通过和平谈判结束冲突，并强调印度尼西亚将继续支持巴勒斯坦人民，支持"两国方案"。雅加达等主要城市爆发了大规模支持巴勒斯坦的游行示威。示威者

要求政府采取更强硬的立场，甚至呼吁与以色列断交。作为一个多种族和宗教的国家，新加坡在应对巴以冲突时采取了更为谨慎和平衡的态度。新加坡政府呼吁各方保持克制，强调和平解决冲突的重要性。同时，新加坡谴责了针对平民的暴力行为。

（三）亚太地区战略力量持续调整战略布局

受美国对华全面战略竞争与俄乌冲突的影响，亚太地区主要力量持续调整各自战略布局，试图推动地区秩序朝着有利于自身的方向发展。主要特征表现为：第一，美国盟伴体系的深度合作推进地区力量的分化组合，传统安全与非传统安全问题共同挑战亚太地区稳定，南海问题与台湾问题相互影响，始终是地区安全热点。第二，地区主要力量的博弈态势决定了次区域安全态势的不同发展方向。俄罗斯试图拓展亚太地缘空间，特别是加强与朝鲜的合作；印度的亲美态势仍在继续；东盟则力图使东南亚地区保持相对中立。

一方面，亚太地区面临"双安全"挑战，热点问题呈现局部高温。2023年以来，美国加强在亚太地区的军事活动与部署，同时联合盟伴国家开展各类军事演习，规模、频率、实战性均得到很大提升，特别是美日韩在东北亚恢复了大部分联合军事演习。另一方面，2022年俄乌冲突爆发后，日本、新加坡等国纷纷上调国防开支预算，地区中小国家也在不断升级本国军事装备。2023年，美国深化同盟体系，以推进主要盟友及伙伴国家的军事现代化建设为重点，同时日本也加强了对菲律宾、马来西亚等国海上安全能力建设的援助。

在地区安全机制建设方面，AUKUS框架下的传统安全合作议程是对亚太地区安全的巨大威胁。2023年3月，美英澳三国公布了开发澳大利亚核动力潜艇的具体步骤，同时试图拉日本、新西兰等更多国家加入。尽管AUKUS各方表示将履行本国的核不扩散义务，并且与国际原子能机构共同为核查与透明度制定了最高标准，但是AUKUS的活动还是引发了印度尼西亚、马来西亚等域内国家的安全担忧与公开批评。①

2023年南海问题显著升温，主要是菲律宾政策调整所致。费迪南德·罗慕尔德兹·马科斯政府上台后，先后在仁爱礁、黄岩岛附近海域采取侵权行动，试图实现对仁爱礁的永久侵占；在黄岩岛方向，菲律宾力量重新进入潟湖，企图恢复2012年前对黄岩岛的"实际控制"。针对这些挑衅行为，中国在自我克制的同时，依法坚决采取了维权行动。

美国及其盟友对南海问题的介入增多，怂恿、支持、配合菲律宾在海上的挑衅行为。美国以"中菲南海争议地区适用于《美菲共同防御条约》"作为对菲安全承诺，助长了菲律宾的冒险行动，也使南海问题朝着国际化、司法化与舆情化的态势发展。对此，中方多次声明，"南海仲裁案"的"裁决"是非法的、无效的，没有任何拘束力。中方将继续依据国内法和国际法坚决捍卫自身的合法主权和权益。②

非传统安全问题对亚太国家的挑战依然严峻。2023年，亚太国家面临恐怖主义、自然灾害、公共卫生安全、粮食安全、能源安全、网络犯罪等各种非传统安全问题的挑战。例如，在2023年，除了阿富汗、巴基斯坦的暴恐事件时有发生外，12月菲律宾南部城市马拉维发生爆炸事件，造成十余人死亡、数十人受伤。③此外，受俄乌冲突以及极端气候影响，南亚、南太平洋等地区中小国家面临粮食与能源危机，网络电信诈骗则威胁中国及部分东南亚国家民众的安全。特别是2023年缅北电信诈骗问题的集中爆发，凸显了对中国公民生命财产安全和合法权益的威胁。为此，12月初，中共中央政治局委员、外交部部长王毅在与缅甸副总理兼

---

① "Remarks by President Biden, Prime Minister Albanese of Australia, and Prime Minister Sunak of the United Kingdom on the AUKUS Partnership", March 13, 2023, https：//www.whitehouse. gov/briefing-room/speeches-remarks/2023/03/13/remarks-by-president-biden-prime-minister-albanese-of-australia-and-prime-minister-sunak-of-the-united-kingdom-on-the-aukus-partnership/.

② 《2023年12月13日外交部发言人毛宁主持例行记者会》，中国外交部网站，2023年12月13日，https：//www.mfa.gov.cn/web/fyrbt_673021/202312/t20231213_11201681.shtml。

③ 《菲律宾爆炸事件已致11人死亡 菲总统：令人发指》，中国新闻网，2023年12月3日，https：//m.gmw.cn/2023-12/03/content_1303589640.htm。

外长丹穗会谈时强调，中缅合作打击缅北电诈、解救被困人员取得成效，有力震慑了不法分子。双方要继续强化执法安全合作，彻底铲除网赌电诈毒瘤。①

同时，地区主要力量的博弈态势决定了次区域安全态势的不同发展方向。俄罗斯加速"转向东方"。2023年3月，俄罗斯发布新版"对外政策构想"，欧亚大陆和亚太地区在俄罗斯外交中的排序显著提升，仅次于近邻和北极。俄罗斯"转向东方"的目的是维护大国地位和国家安全，推动构建多极世界并确保俄罗斯成为多极秩序中的重要一极。② 为此，俄罗斯积极"向东看""向南进"，强化同中国、印度的关系，对中亚国家奉行"拉紧"政策。③

2023年，中国与俄罗斯关系保持健康稳定发展。在两国元首战略引领下，双方坚持不结盟、不对抗、不针对第三方的原则，在相互尊重、平等互利基础上发展两国关系和各领域合作。2023年1~11月中俄贸易额增长26.7%，达到2181.8亿美元，提前完成了两国2024年贸易额达到2000亿美元的目标。④ 此外，俄罗斯继续加强与印度、朝鲜、越南等传统伙伴的合作。2023年9月，朝鲜领导人金正恩访问俄罗斯，将朝俄关系"提升至新的战略高度"，并计划推动朝俄关系的长远发展。⑤ 美日韩三国高度关注朝俄关系发展，三方于12月举行会晤，强调将共同应对"朝鲜威胁及网络犯罪、虚拟货币洗钱、太空与弹道飞弹试射等"带来的问题，以及"俄罗斯和朝鲜正在深化的军事合作"。⑥

---

① 《王毅会见缅甸副总理兼外长丹穗》，中国外交部网站，2023年12月6日，https://www.fmprc.gov.cn/wjbzhd/202312/t20231206_11195958.shtml。
② 尚月：《乌克兰危机下俄罗斯加速"转向东方"》，《现代国际关系》2023年第4期。
③ 李勇慧：《乌克兰危机对亚太地区格局和秩序的影响》，《世界知识》2023年第14期。
④ 《中国海关总署：俄中贸易额历史首次突破2000亿美元》，网易新闻，2023年12月7日，https://m.163.com/dy/article_cambrian/ILC5TMCE0530W6DQ.html。
⑤ 《朝鲜劳动党政治局会议高度评价金正恩访俄》，人民网，2023年9月23日，http://world.people.com.cn/n1/2023/0923/c1002-40083848.html。
⑥ 《美日韩重申维护台海及南中国海和平稳定启动新倡议应对朝鲜威胁》，（新加坡）联合早报网，2023年12月9日，https://www.zaobao.com/news/world/story20231209-1455198。

印度的亲美态势进一步加强。近年来，印度人民党高歌猛进，印度教民族主义持续强势，这有利于莫迪政府巩固在国内的政治地位。莫迪政府声称坚持"多向结盟"的外交政策，但事实上印度积极发展对美关系，倒向美国同盟体系的倾向日益明显。印度重点加强与美国在国防创新、半导体供应链、太空、科技工程和数学人才培养等领域的合作，[①] 希望与美国在高科技领域形成相互绑定、深化战略合作的态势。2023年6月，莫迪访美，表示美印"是世界上最亲密的伙伴之一"，双方将加强在供应链、防务、新兴科技和应对气候变化等领域的合作。[②] 在地区层面，美国借助美日印澳"四边机制"拉拢印度，支持印度谋求南亚领导地位，印度则默许美国加强与尼泊尔、孟加拉国、斯里兰卡等南亚国家的联系和合作。印度的对华政策具有强烈的"泛安全化"特征，将边界问题与两国关系正常化挂钩，同时不断对在印中企增设投资和经营壁垒，导致中印关系仍然处于低谷。

地区中小国家加强战略自主，避免"选边站"。面对日益加剧的中美博弈，地区中小国家的战略担忧上升，担心中美一旦爆发冲突将会影响整个地区的稳定与发展。地区中小国家力图坚持"大国平衡"政策，依托所在区域的地区组织，通过集体发声提升自身战略自主性，以期在大国博弈中获取更多战略空间和外部投入。因此，2023年，东南亚国家继续努力维护东盟在地区架构中的"中心地位"，而中亚五国则通过"C5+1"的方式与大国展开对话。

大多数东南亚国家仍将东盟作为本国外交优先发展方向，强调深化东盟

---

① "FACT SHEET: United States and India Elevate Strategic Partnership with the Initiative on Critical and Emerging Technology (iCET)", The White House, January 31, 2023, https://www.whitehouse.gov/briefing-room/statements-releases/2023/01/31/fact-sheet-united-states-and-india-elevate-strategic-partnership-with-the-initiative-on-critical-and-emerging-technology-icet/.

② "Joint Statement from the United States and India", The White House, June 22, 2023, https://www.whitehouse.gov/briefing-room/statements-releases/2023/06/22/joint-statement-from-the-united-states-and-india/.

内部合作，并基于此加强与域外国家的集体对话与合作，从而实现本地区经济的快速、包容和持续性增长，确保东南亚成为亚太地区乃至世界经济增长的中心之一。① 东盟主要国家聚焦全球供应链、数字化转型、绿色经济、创新经济、蓝色经济等议题，吸引更多国家的资金与技术投入，重点推进域外国家围绕《东盟印太展望》与东盟形成新的战略对接和合作议程。

在地区安全架构重塑中，东盟强调维护自身的统一性与"中心地位"，努力把握东盟地区论坛、东盟防长扩大会议、东亚峰会等一系列地区机制的主导权，这是其"中心地位"的重要标志。2023 年 9 月，东亚领导人系列会议在雅加达召开，在印度尼西亚的斡旋下东亚峰会发表了联合声明，凸显了东盟在协调大国关系、推动地区对话中的独特作用。

（四）亚太区域合作机制建设复杂重叠

中美博弈的复杂态势正在深刻塑造亚太区域合作的地缘现实。美国通过构筑形形色色的国家集团，旨在遏制中国发展并争夺地区秩序主导权，这一战略导向显著推动了亚太区域小多边合作框架的密集部署。随着小多边主义的抬头，传统开放的地区主义面临前所未有的挑战，多边区域合作机制的疲态亦日益显现。2023 年 11 月，亚太经合组织（APEC）第三十次领导人非正式会议在旧金山举行，此次会议以"为所有人创造一个有韧性和可持续的未来"为主题，聚焦可持续发展、数字化、贸易便利化等关键议题。② 作为亚太区域多边合作的重要平台，亚太经合组织虽始终致力于推进本区域的包容性合作，但由于缺乏具体的行动路线图和对成员国的约束机制，尤其是在供应链重塑、新兴技术竞争等近年来兴起的核心议题领域，集体共识与协作意向的缺失使得合作进展相对滞后于其他区域合作机制。

相反，美国主导的"印太经济框架"、美日印澳"四边机制"等小多边

---

① "ASEAN leaders' Declaration on ASEAN as an Epicentrum of Growth", Septmber 5, 2023, https：//asean. org/wp-content/uploads/2023/09/ALD-Epicentrum-of-Growth-merged. pdf.

② 《2023 年亚太经合组织领导人旧金山宣言（摘要）》，中国外交部网站，2023 年 11 月 20 日，https：//www.mfa. gov.cn/web/ziliao_674904/1179_674909/202311/t20231120_11183516. shtml。

合作机制在 2023 年取得显著进展。这些机制希冀通过增强合作的排他性，进一步削弱中国的区域影响力。一方面，在 2023 年 5 月的美日印澳"四边机制"广岛峰会上，美日印澳四国领导人在网络安全、基础设施建设、清洁能源供应链等多个领域达成合作共识，旨在构建实质性的合作框架，背后的对华竞争色彩浓厚，特别是在基础设施建设与供应链领域，意图打造"一带一路"倡议的"替代品"，降低对中国的依赖。另一方面，在美国的主导下，"印太经济框架"成员在 2023 年进行了 7 轮谈判和 1 轮特别回合谈判，并取得了实质性进展，正式签署了"印太经济框架供应链协议"，并完成"清洁协议"、"公平经济协议"以及"印太经济框架"协定的磋商。[①]作为拜登政府在亚太地区的经贸合作核心机制，"印太经济框架"旨在通过技术封锁与规则围堵，将中国在本地区的经济影响力边缘化。

与此同时，2023 年东盟继续秉持"大国平衡"战略，利用"东盟+"机制巩固自身的区域"中心地位"。通过东盟峰会的平台机制，东盟再次确认了将自身打造成全球经济增长中心的目标，提出要在经济发展韧性、新兴经济领域合作和可持续发展合作方面具体落实。[②] 2023 年 6 月，《区域全面经济伙伴关系协定》（RCEP）全面生效，进一步推动区域经贸合作向纵深发展，为地区经济一体化和发展繁荣注入了强劲动力。整体而言，2023 年亚太地区仍面临严峻的地缘政治和地缘经济竞争环境，传统多边主义与小多边主义相互角力，而且在可见的将来这一复杂格局有可能持续强化。美国基于"价值观同盟"构建诸多小多边合作机制的做法，加剧了区域经济、安全等领域的制度竞争和阵营对立，并放大了非经济因素对区域合作的干扰和牵制，对传统多边合作模式构成了严峻挑战。

随着气候变化、供应链韧性、数字经济治理等新兴议题的不断涌现，亚太区域已成为全球性议题多元治理的前沿阵地。这些议题纷繁复杂、动态演

---

① "Joint Statement from Indo-Pacific Economic Framework for Prosperity Partner Nations", U. S. Department of Commerce, November 16, 2023, https：//www. commerce. gov/news/press-releases/2023/11/joint-statement-indo-pacific-economic-framework-prosperity-partner.

② 廖宏瑞、罗圣荣：《东盟 2023 年回顾与 2024 年展望》，《东南亚纵横》2024 年第 3 期。

进，极具挑战性和全局性，深刻影响着各国经济社会的发展方向和政策路径。在议题治理过程中，亚太各国展现出多样的合作模式以及交错的竞合过程，这一多元互动与利益交织的现实正在重塑亚太地区的权力格局与区域秩序。

首先，数字经济治理领域的碎片化趋势日益加强。亚太地区数字合作前景广阔，但数字治理规则的碎片化现状成为制约区域数字经济深度融合的一大障碍。东盟虽不具有技术优势，但格外关注自身在数字经济等领域的作用。2023 年东盟峰会通过《东盟数字经济框架协议》等文件，明确了发展开放、安全、包容和竞争性的区域数字经济的决心，展现出其在数字经济治理领域的积极定位。与之相对应，美国则以"印太经济框架"为平台，以新兴数字技术为核心，以数字基础设施为根基，力图构建一套符合其利益的"美式模板"，并通过整合与日印澳等亚太地区国家达成的双边新兴技术及供应链协议，将数字产业链与供应链合作机制相互连接嵌合，形成区域数字经济治理的"双轨并行"模式。① 这一模式的排他性特征显著削弱了亚太地区数字经济治理的整体协调性和有效性。

其次，气候治理呈现从环境到经济的全面竞合。2023 年 3 月，日本联合东南亚 9 个国家和澳大利亚成立"亚洲零排放共同体"（AZEC），并在年末的《亚洲零排放共同体领导人联合声明》中提出，将创建在日本主导下支援各国政策的指挥塔组织。该倡议不仅聚焦"脱碳化"目标，更将气候治理与经济发展、能源转型等多个领域深度绑定，形成了一套综合性治理方案。② 这一举措展现了日本争夺区域气候治理领导权的野心，并与美日印澳"四边机制"的气候合作形成联动。这也意味着，亚太地区的气候合作正逐步超越单一减排目标，向贸易、金融、技术、供应链等多个维度拓展，成为区域大国权力博弈的又一领域。

---

① 张坤：《印太经济框架下美国对亚太数字治理的重塑：内容、影响及限度》，《中国信息安全》2024 年第 3 期。

② Ministry of Foreign Affairs of Japan, "Asia Zero Emission Community (AZEC) Leaders' Joint Statement", https：//www.mofa.go.jp/files/100596807.pdf.

最后，基础设施合作领域的竞争进一步加剧。2023年，美国在与印度、以色列、阿联酋成立的中东问题"四边机制"（I2U2）中提出一项重要议题，将修建连接印度和中东地区的铁路网。同时，美国支持印度在美日印澳"四边机制"、七国集团等多边框架下开展的合作，积极协调和整合各方的互联互通项目。2023年9月，美国、印度、沙特与欧盟领导人在二十国集团（G20）新德里峰会上宣布成立"印度—中东—欧洲经济走廊"（IMEC）。作为美国"全球基础设施和投资伙伴关系"（PGII）的具体一环，"印度—中东—欧洲经济走廊"旨在打造对冲"一带一路"倡议的互联互通项目。①尽管由于巴以冲突等地缘政治因素的影响，这一经济走廊尚停留在备忘录阶段，但无疑加剧了亚太地区在基础设施合作领域的竞争态势，也增加了未来该议题领域的博弈风险和不可控因素。

三 2024年亚太地区形势

当前，外部需求的下降和全球分裂风险的加剧使亚洲贸易环境恶化，贸易增长持续停滞，世界经济增长预期黯淡。2024年有60多个国家举行全国性选举，这些选举不仅将塑造各国的政治格局，还将对区域内外的政治、经济和安全形势产生深远影响。同时，美国对华战略竞争与技术革命、产业革命的深远影响相互叠加，决定了亚太安全形势的不确定性与不稳定性。由于美国对华战略博弈全面升级，亚太地区的小多边合作在短期内有进一步强化的趋势，区域合作的复杂性也随之上升。

（一）亚太经济安全化现象进一步凸显

2024年世界和亚太地区的经济增长预测难言乐观。亚太地区作为全球范围内产业链分布最密集的地区，各经济体需要通过更自由的贸易制度重振贸易增长势头，发展新的贸易伙伴，提高对地区冲击以及区域内和国际供应

---

① 楼春豪：《印中欧经济走廊："正向赋能"还是"反向负能"》，《世界知识》2023年第21期。

中断的抵御能力，探索深化亚太区域经济一体化的有效路径。① 促进亚太地区不同类型、不同层次区域合作机制的融合和对接，能够培育更大范围、更宽领域的分散型、多元化供应来源网络，为加强供应链安全营造更好的基础条件和政策环境。② 同时，还要提高亚太地区贸易和投资自由化、便利化水平，带动各经济体之间的供应链整合，提高亚太地区供应链的互联共通水平。

当前，亚太地区的贸易政策格局仍处于迅速演变的进程中。2023 年亚太地区签署了 17 项新协议，有 5 项协议生效，其中包括反映国际贸易合作动态变化的战略贸易伙伴关系和倡议。③ 研究表明，提高机制质量的政策将有利于全球价值链的发展和深化，提高透明度的措施将促进低收入国家的制成品出口。④ 亚太地区各国在中高端技术产业价值链中参与度较高，但区域价值链更多地依赖简单的生产网络，需要在高技术与高附加值部门中培育更紧密的供应链联系。⑤

大国博弈使得亚太地区贸易问题日趋政治化，地区部分国家将经济议题"安全化"作为谋求权力的重要方式，促使国家从经济安全的视角审视经济合作。近年来，经济安全化在亚太地区呈现向价值链上游高端环节延伸的趋势，各国加强了对关键行业、产业链供应链以及数据安全等经济领域的管控。经济安全化的冲击直接影响了微观企业的经济状态，引发了地区与行业维度的波动，导致地区产业链发生结构性调整。美国的盟友集团在美对华

---

① Asian Development Bank，"Asian Economic Integration Report 2024：Decarbonizing Global Value Chains"，2024.

② 许家云、刘晨阳：《APEC 供应链安全形势研究——基于中国视角的分析》，《亚太经济》2024 年第 3 期。

③ Asian Development Bank，"Asian Economic Integration Report 2024：Decarbonizing Global Value Chains"，2024.

④ Martínez-Zarzoso, Inmaculada，"Trade Facilitation and Global Value Chains in a Post-Pandemic World"，*ADBI Working Paper 1378*，2023，Tokyo：Asian Development Bank Institute，https：//doi. org/10. 56506/YUCF1465.

⑤ Asian Development Bank，"Asian Economic Integration Report 2023：Trade，Investment，and Climate Change in Asia and the Pacific"，2023.

"脱钩断链"和战略竞争裹挟下，在亚太地区以"经济安全"为名推行经济保护主义和经济民族主义，强行对华"脱钩"，将破坏按生产要素禀赋进行国际分工的原则，人为扭转亚太地区长期产业分工和供应链协同所形成的经济相互依赖格局，这必将牺牲经济资源配置效率和亚太地区的长期经济竞争优势。在大国全面竞争加剧背景下，亚太地区各国需要克服困难，将逐渐"碎片化"的区域经济合作进一步整合，使供应链各环节相互交融与配合，保障供应链安全，由此才能消解经济发展过程中的不确定性。

（二）亚太多国选举影响地区政治走向

2024年被称为全球"超级选举年"，联合国开发计划署称，"这是人类历史上最大的一次选举年，世界上大约一半的人口（约37亿人）将在72个国家投票"。① 尤其值得关注的是，亚太地区不少国家都将进行具有决定意义的选举，包括美国、俄罗斯、印度、日本、韩国和印度尼西亚等。这些选举不仅将决定各国的内政外交政策，也会对亚太和全球政治经济格局产生深远影响。此外，巴基斯坦、孟加拉国等国家也将举行议会选举。

在众多选举中，2024年11月5日举行的美国总统大选无疑最受全球瞩目。选举结果事关全球政治和经济走向。2024年3月15～17日，俄罗斯举行总统选举，现任总统普京被认为极有可能连任。在印度，莫迪领导的印度人民党将面临来自反对党的强劲挑战，特别是印度国大党。外界估计，莫迪有望赢得第三个任期。此次选举不仅是对莫迪政府执政能力的一次重要考验，更将决定印度未来五年的发展方向，对其在国际事务中的地位也将产生重要影响。作为东南亚最大经济体和人口最多的国家，2024年印度尼西亚的总统和议会选举备受关注。现任总统佐科因任期限制不能再次参选，这标志着印度尼西亚国内政治将迎来一次重要的权力交接。

2024年，东亚地区两个主要经济体——日本和韩国将分别举行国会选

---

① The United Nations Development Programme（UNDP），"A 'Super Year' for Elections"，https：//www.undp.org/super-year-elections（最后访问日期：2024年10月6日）。

举。在日本，众议院选举对于执政的自民党来说至关重要。自民党需要保持在众议院的多数地位，以继续推进其政策议程。与此同时，韩国国会选举则被视为对现任总统尹锡悦执政的中期检验。

因此，2024年亚太地区的政治局势将呈现复杂多变的局面，密集的选举将产生新的政治领导人和不同的政策方向，将在很大程度上重塑亚太地区的政治版图，并有可能引发一系列连锁反应，深刻影响全球治理、经济合作和安全格局。

（三）亚太地区安全形势的不稳定因素未解

2023年的亚太地区安全形势整体保持稳定，但局部热点有所升温。大国博弈、地区主要力量的战略调整对亚太地区安全秩序的重构产生了复杂的影响。

当前及未来一个时期，美国对华全面战略竞争态势难以发生根本性变化，美国在军事上仍将加强对中国的"一体化威慑"。但同时，中美双方均意识到保持必要沟通、避免误解误判的重要性。在2023年11月的中美元首旧金山会晤中，双方都表示将负责任地管控双边关系中的竞争因素。此后，中美各层级军事对话逐步恢复，这对于确保亚太地区不发生大的军事冲突至关重要。但是，由于美国及其盟国对华负面认知固化，中美关系短期内很难出现回调，未来一段时间仍以"筑底止跌"为主。此外，美国在2024年举行总统大选，这也将为中美关系的发展带来更多不确定性。

对于中国而言，塑造稳定的地区环境需要通过外交对话以及军事实力建设双向发力，以应对美国及其同盟体系的挑战。为了应对美国的"一体化威慑"以及强化盟伴体系军事现代化合作的种种举措，中国应持续加强实力建设，包括军队实战能力与军事现代化建设。同时，加强与地区中小国家的对话与沟通，稳定南海局势，共同构建以东盟为中心的地区安全架构，以迟滞美国盟伴体系造成的地区性阵营对抗。

从更长期来看，中美经济博弈的结果对于亚太地区秩序更具决定性、全局性影响，特别是双方围绕新一轮技术革命与产业重塑展开的竞争与博弈。

当前，经济外交仍然是中国塑造稳定地区环境的关键手段，中国在亚太多边贸易体系、高质量发展"一带一路"倡议等方面已经占有先发优势。但是，同时应看到，中国在供应链、产业链的地区重构中面临的挑战也不少。特别是 2023 年以来，美日韩等国持续针对半导体、新能源汽车、数字贸易等关键产业出台各类限制政策，在试图与中国"脱钩断链"的同时，拉拢更多东南亚、南亚国家加入。而越南、印度等国家则试图通过"多头下注"成为新一轮国际投资与技术转移的"新宠"。这些政策动向最终将深刻影响中小国家的安全观与外交选择，进而影响地区国际关系重构的方向与路径。

（四）亚太区域合作模式竞争仍将持续

由于美国对华战略博弈全面升级，从传统的政治、经济、外交领域扩展到国际规则制定与国际秩序构建等深层次较量，亚太地区的小多边合作在短期内有进一步强化的趋势。美国持续推动对华"小院高墙"式的单边技术封锁，力图通过拉拢盟友构建对华"脱钩断链"的防线，并利用美日印澳"四边机制""印太经济框架"、中东问题"四边机制"等小多边合作机制加速中美"制度性脱钩"。通过这些小多边合作机制，美国积极重塑区域价值链和供应链，在数字经济、基础设施乃至气候治理等多个维度抛出美式"替代方案"，显著加剧了亚太区域合作框架中的替代性态势。与此同时，美国在中亚、中东等亚太周边地区的势力扩张，进一步加剧了亚太区域分裂的风险，对地区的和平稳定与共同发展造成了严峻挑战。

在数字经济领域，美国试图通过拉拢亚太地区盟友的方式，搭建把中国排除在外的数字联盟和所谓"民主数字供应链"。这成为割裂亚太地区数字贸易规则合作和阻碍区域治理框架建构的重要因素，极大地提高了亚太地区数字贸易规则合作的难度。中美两国在数字经济这一新兴领域的竞争将超越技术、人才、资金层面，从而进入规则层面的较量，通过数字规则的制定影响区域国家数字经济的发展方向与模式选择。当前，亚太地区经济体对数字经济规则合作需求较为迫切，各经济体在数字中间品、推进跨境电子商务便利化措施等议题上的分歧较小，开展数字贸易规则合作存在较好的机遇。但

地区经济体在数字产品及设施的本地化限制要求、数据的跨境自由流动、网络安全审查、数字产品市场准入的非歧视待遇、数字贸易的税收征管协调等议题上还存在较大分歧。放眼未来，亚太地区经济体应在巩固数字贸易合作成效的基础上，增进政治互信，深化政府间数字产业政策交流，丰富现有合作机制，为数字贸易合作和数字经济治理机制建设营造良好合作环境。

值得注意的是，以美日印澳"四边机制"为代表的小多边机制存在诸多缺陷，发展前景暗含隐忧。第一，机制内部成员间的力量差异与认知分歧无法回避，易激化核心成员间的矛盾，削弱整体合作动力。尽管"印太经济框架"在2023年取得了一系列谈判成果，但在数字贸易规则、劳工、环境等敏感议题上仍面临难以逾越的立场鸿沟。第二，国内政治生态的高度不确定性，为小多边主义的发展前景增添诸多变数。随着2024年亚太多国步入大选周期，选举结果和政策走向将成为影响亚太合作的关键因素。大选期间，亚太地区的战略地位将更加凸显，成为各方竞逐的焦点，而诸多小多边合作机制则可能因美国内政因素而遭受冲击。2023年11月，美国共和党总统候选人特朗普公开宣称，如果2024年再度当选总统，将立即废除"印太经济框架"。① 与曾经的《跨太平洋伙伴关系协定》（TPP）类似，这充分暴露了这些机制面临的潜在危机，内部成员对于未来合作的信心与热情亦随之降温。第三，小多边主义在亚太地区的泛滥，进一步加剧了地区规则制定领域的竞争与冲突。《全面与进步跨太平洋伙伴关系协定》（CPTPP）、《美墨加协议》（USMCA）、《美日数字贸易协定》（UJDTA）等高标准贸易规则，与亚太经合组织、《区域全面经济伙伴关系协定》等整体性规则体系，以及《数字经济伙伴关系协定》（DEPA）等反映中小国家诉求与数字经济新趋势的各类新机制之间并不完全兼容，使亚太区域合作徒增机制成本，各种机制间的协同也需要付出更多的努力。

---

① "Trump Vows to Kill Asia Trade Deal Being Pursued by Biden if Elected", Reuters, https：//www.reuters.com/world/us/trump-vows-kill-asia-trade-deal-being-pursued-by-biden-if-elected-2023-11-19/.

分 报 告 ⬥⬥

B.2

亚太地区经济形势：
通胀回落与经济复苏

李天国*

摘 要： 2023 年，尽管地缘政治冲突以及美国货币政策的调整等外部因素形成干扰，但亚太地区经济整体上仍呈现复苏态势。特别是亚洲新兴市场和发展中经济体的经济增长速度明显加快。亚太地区一些经济体的高通货膨胀局面得到进一步控制，消费也正在快速复苏。美国暂停加息举措之后，亚洲新兴市场和发展中经济体的资本市场情绪逐渐得到修复，主要国家的货币汇率也逐步企稳。尽管美国货币政策的不确定性仍然存在，但新兴市场和发展中经济体的金融环境趋于稳定，为经济复苏奠定基础。《区域全面经济伙伴关系协定》（RCEP）全面生效后，区域内投资持续增长，释放了亚太区域经济活力，进一步推动亚太区域价值链的深度融合。

---

* 李天国，博士，中国社会科学院亚太与全球战略研究院新兴经济体研究室副主任、副研究员，主要研究方向为国际经济学、新兴经济体、朝韩经济。

关键词： 亚太地区　通货膨胀　经济复苏　《区域全面经济伙伴关系协定》

2023年，亚太地区经济呈现复苏态势，主要经济体经济出现明显增长，这与全球经济蹒跚向前的情况形成鲜明对比。曾蔓延全球的高通货膨胀局面得到缓解，亚太地区国际贸易形势也出现触底反弹现象。

一　2023年亚太地区经济总体形势

亚太地区多个主要经济体在经历高通货膨胀后，在紧缩性货币政策的影响下，物价水平得到有效控制，各国的国内需求也呈现逐步恢复态势。尽管美国等发达经济体的货币政策仍然具有很多不确定性，并保持对新兴市场和发展中经济体的外溢影响，但亚太地区整体经济已经进入稳步恢复通道。

（一）亚太地区经济呈现明显的复苏态势

2023年，世界经济增长速度从2022年的3.5%下降至3.2%之后，进入平稳发展期。除了美国和日本之外，多数发达经济体的经济增长速度有所下降，从2022年的3.2%下降至2023年的1.4%。相反，亚洲新兴市场和发展中经济体的整体经济呈现持续快速增长态势，增速从2022年的4.4%上升至2023年的5.6%，明显优于发达经济体和其他地区新兴市场和发展中经济体。[①] 从国别来看，2023年印度、蒙古国、孟加拉国、菲律宾、中国等国家的经济增长速度领先于其他多数亚洲经济体，分别达到7.8%、7.0%、6.0%、5.6%、5.2%。2022年曾出现负增长的文莱、缅甸等经济体均于2023年实现正增长，经济增速分别达到1.4%、2.5%。[②]

---

① International Monetary Fund, "World Economic Outlook: Steady but Slow: Resilience Amid Divergence", Washington, DC, April, 2024.

② International Monetary Fund, "World Economic Outlook: Steady but Slow: Resilience Amid Divergence", Washington, DC, April, 2024.

2023 年，因新冠疫情受到干扰和威胁的供应链风险问题基本得到修复，曾一度飞涨的运输成本也重新恢复到疫情前水平。随着新冠疫情威胁的解除，亚太地区服务业也在逐渐恢复活力。特别是旅游业重新焕发生机，国际游客人数出现明显的增长。旅游业的复苏也为以旅游业为主导产业的国家经济带来正面影响。泰国旅游与体育部公布的数据显示，2023 年，泰国接待外国游客累计突破 2809 万人次，较 2022 年增加超过 1106 万人次，创下东盟十国游客接待量的最高纪录，实现泰国总理设定的全年游客接待目标。紧随其后的东盟旅游热门国是新加坡和越南，分别接待游客 1237 万人次和 1206 万人次。与 2022 年相比，2023 年东盟国家迎来的外国游客数量平均增长 153%。① 除了上述项目，东盟成员国还整合了旅游合作指南，旨在重振和促进形成优质、负责任、可持续的旅游业，提升东盟旅游业的竞争力。与服务业形成明显对比的是制造业生产情况。新冠疫情结束后，制造业的生产和投资情况并未像服务业那样出现恢复趋势，通货膨胀等因素抑制了人们对工业制成品的消费需求，企业的融资成本也重新上升，制造业整体发展比较缓慢。

（二）亚太地区通货膨胀得到有效抑制

地缘政治冲突、气候变化、供应链紧张等因素让亚太地区很多国家经历高通货膨胀。2023 年，为了应对高通货膨胀率，亚太地区主要经济体采取了持续的紧缩性货币政策，并且加强了对供给侧的管理。能源价格方面，非石油输出国组织成员国的石油供给增长让不断飙升的石油价格得到遏制。此外，全球粮食价格也因需求下降而得到控制，出现了一定程度的下降。在全球大宗商品价格的回落以及各国宏观经济政策的持续作用下，多数国家的物价水平出现回落现象，消费状况也出现好转。2023 年，美国消费者物价指数从上年的 8.0% 下降至 4.1%，韩国消费者物价指数则从 5.1% 下降至

---

① 《2023 年泰国接待游客数量居东盟十国之首》，中国商务部网站，2024 年 2 月 8 日，http://th. mofcom. gov. cn/article/jmxw/202402/20240203472535. shtml。

3.6%，澳大利亚则从6.6%下降至5.6%。此外，新加坡和新西兰的消费者物价指数也分别从6.1%和7.2%下降至4.8%和5.7%。亚洲新兴市场和发展中经济体的消费者物价指数也从3.9%下降至2.4%。其中，消费者物价指数下降幅度较大的有蒙古国、泰国和柬埔寨，分别从15.2%、6.1%和5.3%下降至10.3%、1.2%和2.1%。此外，印度、印度尼西亚、马来西亚和不丹分别从6.7%、4.1%、3.4%和5.9%下降至5.4%、3.7%、2.5%和4.6%。但是部分新兴市场和发展中经济体的消费者物价指数并未得到有效控制，仍然处在高位，包括孟加拉国、老挝、缅甸分别达到9.0%、31.2%、27.1%。① 此外，在全球高通货膨胀的环境下，亚太地区部分经济体的物价水平保持相对平稳的态势，这些国家包括中国、日本和越南等。

（三）新兴经济体金融市场保持相对稳定，资金外流压力得到缓解

面对高通货膨胀率，美国等发达经济体曾不断推出加息措施，推升了住房贷款利率、信用卡利率及商业贷款利率，使新兴市场和发展中经济体的货币出现较大幅度的贬值，对亚太地区新兴市场和发展中经济体的金融稳定构成了较大风险。2023年11月，美国暂停了加息举措之后，资本市场情绪逐渐得到修复，地区主要国家的货币汇率逐步企稳。尽管美国货币政策的不确定性仍然存在，但通货膨胀率的回落，也使投资者对时局持有更加乐观的态度，新兴市场和发展中经济体的金融市场也表现出向好趋势。在金融环境趋于稳定的预期背景下，新兴市场和发展中经济体资本外流压力得到缓解。2023年，作为全球第五大财团、瑞士第二大银行的瑞士信贷集团面临一系列财务恶化问题和监管压力，最终无法维持运营而宣布破产。同时，美国也有硅谷银行、签名银行、第一共和银行、心脏地带三州银行、萨克城公民银行等5家银行宣布破产倒闭。不过，美国和瑞士的银行倒闭事件并未影响新兴市场和发展中经济体金融市场，亚洲新兴市场和发展中经济体的证券市场

① International Monetary Fund, "World Economic Outlook: Steady but Slow: Resilience Amid Divergence", Washington, DC, April, 2024.

整体上保持稳定，表明多数亚洲新兴市场和发展中经济体的金融机构具有一定韧性，能够抵御外部金融风险的冲击。

二 影响亚太地区经济增长的因素

（一）财政政策调整影响部分经济体复苏进程

2023 年，为了加快经济恢复速度，亚太地区主要发达经济体采取较为宽松的财政政策，而大多数新兴市场和发展中经济体则采用了偏中性的财政政策。宽松的财政政策虽然弥补了全球货币紧缩带来的负面影响，但主要经济体的债务压力上升，限制了财政政策空间。为缓解财政压力，主要经济体将转向紧缩性财政政策，削减财政支出，而这种政策转向可能导致地区经济体经济增长趋势的分化。根据国际货币基金组织预测，2024 年发达经济体政府债务占 GDP 比重将升至 112.7%，远超 90% 的国际警戒水平；新兴市场和发展中经济体政府债务占比将升至 70.1%，创下有记录以来的最高水平。

从生产者角度来看，亚太地区一些国家的投资情况仍然有待进一步改善。这里主要涉及几个原因。首先，较高的利率提高了企业的融资成本。为了应对高通货膨胀率，很多国家提高了基准利率，这也助推了信贷成本的上升。其次，随着世界卫生组织宣布不再将新冠疫情视为全球突发卫生事件，很多国家逐步取消了对个人消费以及企业生产和投资的财政支持政策。政府财政扶持政策的退出，客观上不利于企业的投资活动。政府也需要重建预算能力应对经济增速放缓的威胁，同时要避免公共债务的上升。最后，地缘政治冲突引发的区域经济割裂仍然影响能源以及矿物产品的供给，给企业的生产和投资活动带来诸多不确定性。在不同产业领域，相较于正在复苏的服务业，制造业受到的影响更加明显。除了中国和印度等少数经济体以外，韩国、马来西亚、越南等亚洲地区多个出口导向型经济体的采购经理人指数基本上徘徊在低于 50 的水平，而这种负面影响也传导至货物贸易领域。

从消费者角度来看，无论是发达经济体，还是新兴市场和发展中经济体，新冠疫情消耗了消费者的收入及储蓄，降低了消费者的消费能力。特别

是新冠疫情对低收入人群产生的影响更大，全球范围内极端贫困人口大幅增长，对社会消费需求的全面复苏形成阻碍。尽管亚太地区通货膨胀率已出现一定程度的下降，但与新冠疫情前相比仍未完全回落。劳动力市场的就业压力以及产业链供应链中的供需矛盾也持续影响核心通货膨胀状况。除了中国等个别经济体以外，亚太地区多数经济体的实际通货膨胀水平仍高于其政策目标水平。

（二）地缘政治紧张局势仍影响亚太地区经济增长

俄乌冲突作为冷战以来最大的国际事件，对全球及区域经济秩序产生深远影响。俄乌冲突加速全球供应链重构，全球供应链遭遇二战结束以来的最大动荡。在俄乌冲突的影响下，俄罗斯与欧洲的经贸关系发生重大变化，而美国对欧盟的能源出口剧增。美国对欧盟的液化天然气出口量从 2018 年的 200 万吨上升到 2023 年的 5000 万吨。① 地缘经济割裂的加剧改变了大宗商品跨地区流动方向，从而引起价格的波动。特别是在能源领域，在清洁能源无法短期内替代传统化石能源的情况下，能源出现供需矛盾，给亚太地区不同经济体带来不同程度的影响。尽管 2023 年俄乌冲突带来的冲击正在缓慢褪去，相关能源和农产品等价格重新回落，但俄乌冲突以及日益加剧的地缘经济割裂的长期影响不可避免。如果俄乌冲突以及亚太地区其他地缘政治紧张局势加剧，供应链有可能再次出现扰动，能源、粮食、化肥等商品供应减少引起的价格上涨可能会拖延全球及亚太地区经济复苏进程，并引发通货膨胀。

（三）美国的"印太经济框架"对亚太地区带来新的合作架构竞争

美国持续推动"印太经济框架"，通过全新结盟方式，主导建立新兴的贸易和经济领域规则，对亚太地区经济秩序造成冲击。美国用所谓的"共

---

① 《俄乌冲突两周年：十大影响，八大启示》，"人大重阳"百家号，2024 年 2 月 27 日，https：//baijiahao. baidu. com/s？id=1791993094493648442&wfr=spider&for=pc。

同价值观"来推行"小多边主义"，有意把中国排除在外，对中国与周边国家经贸合作产生不利影响。2023 年，"印太经济框架"取得实质性成果，"印太经济框架"成员国完成了提高供应链韧性与安全的谈判，并达成了供应链协议。①"印太经济框架"供应链协议的主要目标包括：建立供应链中断的危机协调和应对机制，保障相关产品的供应；在与国家安全、公共健康相关的部门和产品方面加强合作；最大限度地减少市场扭曲和贸易限制与障碍，保护商业机密信息等。② 为了实现供应链合作目标，相关成员国将建立供应链理事会、供应链危机应对网络、劳工权利咨询委员会等机构。

2023 年 11 月 16 日，在 2023 年亚太经合组织第三十次领导人非正式会议上，"印太经济框架"成员国发布联合声明，宣布完成了关于清洁经济、公平经济的谈判，并签署了"清洁经济协议"和"公平经济协议"。尽管美国贸易代表戴琪和美国财政部部长耶伦等政界人士都公开表示，美国推进"印太经济框架"的目标是加强地区主要经济伙伴之间的联系，实质上美国声称的"去风险"和"多元化"的背后是拉拢亚太地区国家构建一个排斥中国的"遏华经济包围圈"。美国的"印太经济框架"把东南亚地区作为重塑全球产业链供应链的重点地区，利用自身的产业技术优势，以产业链供应链监测系统为手段，破坏中国与地区国家之间的互信基础，动摇中国与东南亚产业链供应链关系，从而达到"孤立中国"的目的。美国试图借助"印太经济框架"来裹挟地区国家，将亚太地区经济置于地缘政治博弈之中，严重干扰了亚太区域经济一体化进程。③

（四）《区域全面经济伙伴关系协定》的全面生效促进区域内贸易和投资合作

2023 年 6 月 2 日，《区域全面经济伙伴关系协定》对菲律宾正式生效，

---

① 邢瑞利：《美国"印太经济框架"对中国—东盟关系的影响及应对》，《和平与发展》2023 年第 6 期。
② 徐德顺：《美国"印太经济框架"新进展》，《中国商界》2023 年第 10 期。
③ 潘晓明：《"印太经济框架"展望及其对亚太经济融合的影响》，《国际问题研究》2022 年第 6 期。

至此，协定对 15 个签署国全面生效。世界上参与人口最多、经贸规模最大、最具发展潜力的自由贸易协定进入全面生效的新阶段。协定全面生效以来，各成员国进一步放宽了货物、服务、投资等领域的市场准入条件，推动技术标准、原产地规则、卫生检验检疫等领域的规则落地，加快了区域内经济要素的流动，进一步释放了亚太区域经济活力，促进了成员国之间的经贸关系发展。

2023 年，《区域全面经济伙伴关系协定》成员国内部贸易额达到 5.6 万亿美元。《区域全面经济伙伴关系协定》全面生效后，亚太区域生产获得更多投资者的关注，大量资本流入该区域。自 2020 年 11 月 15 个成员国签署协定以来，区域内绿地投资快速增长。2023 年《区域全面经济伙伴关系协定》区域内绿地投资额达到 2341 亿美元，比协定生效前的 2021 年增长了120%。[1] 同时，《区域全面经济伙伴关系协定》也对中国进一步扩大市场开放起到积极促进作用。2023 年中国对《区域全面经济伙伴关系协定》的 14个成员国的进出口额达到 12.6 万亿元人民币，比 2021 年增长 5.3%。投资方面，2023 年中国对《区域全面经济伙伴关系协定》区域的非金融类直接投资达到 180.6 亿美元，同比增长 26%。中国企业也在《区域全面经济伙伴关系协定》项下享惠进口 905.2 亿元，税款减让额达到 23.6 亿元。[2] 提高原产地规则利用率是释放《区域全面经济伙伴关系协定》制度红利的重要一环。为了提高原产地规则利用率、推动协议的高质量实施，各成员国启动企业家培训，为企业用好《区域全面经济伙伴关系协定》提供各种政策便利。2024 年，中国担任《区域全面经济伙伴关系协定》联合主席国，将在持续为企业用好《区域全面经济伙伴关系协定》优惠措施提供政策支持和服务的同时，引领各成员国高水平履约，推动区域内货物贸易、服务贸易和投资合作，不断提升《区域全面经济伙伴关系协定》利用效果。

---

① 季晓莉：《RCEP 全面生效一周年区域开放合作迈上新台阶》，《中国经济导报》2024 年 6月 20 日。
② 季晓莉：《RCEP 全面生效一周年区域开放合作迈上新台阶》，《中国经济导报》2024 年 6月 20 日。

三 结语

（一）复杂的国际政治经济局势下，亚太地区经济体增长趋势出现分化

地缘政治紧张局势、货币政策收紧以及财政政策调整带来的经济环境变化等因素使亚太地区经济体面临较多不确定因素影响，各经济体的经济增长也将出现不同走势。2024年全球经济增长速度大体与2023年持平，增长速度达到3.3%。整体上，发达经济体的经济增长速度稍高于2023年，从2023年的1.6%上升至1.8%。从国别来看，2024年美国、韩国、新加坡等国家的经济增长速度高于2023年，分别达到2.8%、2.0%、4.4%。相反，日本和澳大利亚等国家的经济增长速度则出现放缓现象，分别下降至0.1%和1.0%。亚洲新兴市场与发展中经济体经济增长速度从2023年的5.6%下降至5.3%。[1] 尽管亚洲新兴市场与发展中经济体经济增长速度有所放缓，但仍高于欧洲新兴市场和发展中经济体、拉丁美洲和加勒比海地区新兴市场和发展中经济体以及中东和中亚新兴市场和发展中经济体的经济增长速度。从国别角度看，印度、蒙古国等国家经济增长率有所下降，分别达到6.5%、4.9%；越南、菲律宾、泰国、马来西亚、柬埔寨等国家的经济增长率则出现上升趋势，分别达到7.1%、5.7%、2.5%、5.1%、6.0%。[2]

（二）美国货币政策不确定性持续影响区域经济体经济稳定

在过去的一年里，美欧等全球主要发达经济体迅速提高了基准利率，以应对通货膨胀快速上升的局面。这种紧缩性货币政策逐渐传导到这些经济体的金融系统，不仅加大了金融机构经营压力，也影响了实体经济的运行。高

---

[1] International Monetary Fund, "World Economic Outlook: A Critical Juncture amid Policy Shifts", Washington, DC, April, 2025.

[2] International Monetary Fund, "World Economic Outlook: A Critical Juncture amid Policy Shifts", Washington, DC, April, 2025.

利率状态下，企业的融资成本显著提升，而信贷供给的收紧客观上抑制了企业的投资需求。很多企业不得不通过去杠杆的操作应对高利率局面，房地产等部分产业更是受到较大冲击。美国的商业房地产价格降幅较大，这也给持有大量商业房地产贷款的银行造成了很大压力。多数经济体的住宅价格继续向下调整，特别是发达经济体的房地产价格下降幅度高于新兴市场与发展中经济体。信贷成本维持在高位的时间越长，对企业与家庭资产负债表的影响越大。尽管美国的一些经济信号已经让外界认为美联储降息预期不断上升，甚至一些投资者认为美联储降息的可能性近在咫尺，但至少从目前来看，美联储货币政策的变化仍然呈现中性立场。美联储在评估经济状况和通货膨胀趋势时保持谨慎态度，不愿意过早做出降息决策，担心市场一旦接收错误信号，再度刺激需求，将出现通货膨胀反复的局面。美联储仍在采取观望态度，美国的劳动力市场、采购经理人指数、进出口等数据都会改变美联储的政策走向。未来，美联储货币政策预期仍存在大幅变动的风险，影响亚太地区不同经济体经济复苏进程。

（三）《区域全面经济伙伴关系协定》推动亚太区域产业链价值链深度融合

按照《区域全面经济伙伴关系协定》条款，成员国在未来10年左右的时间里，对90%以上的商品实现零关税，将进一步加快区域内商品与资本的流动，提升区域内经济整合度。《区域全面经济伙伴关系协定》除了在货物贸易和服务贸易方面提出较高水平的开放承诺，还把数字贸易、政府采购、知识产权、中小企业等新议题纳入条款。特别是数字贸易壁垒、数据安全与网络安全、数字贸易便利化等数字贸易相关条款不仅减少了成员国之间的贸易成本，提高了贸易效率，也为贸易争端提供了妥善解决机制，从多角度为各成员国的数字贸易提供重要框架，极大地推动各成员国之间的数字贸易活动。《区域全面经济伙伴关系协定》的数字贸易规则兼顾了区域内国家对数据跨境自由流动与数据安全的诉求，未来在数字确权认证、数据安全评级、个人信息保护等领域仍有很大发展空间。此外，人工智能、大数据、云计算等核心技术飞速发展和应用，也将推动数字产品嵌入产业生产过程，加快亚太区域产业链转型升级与发展。《区域全面经济伙伴关系协定》有助于发挥亚太区域基础设施联通与价值链贸易网络优势，推动更大范围产业链供应链分工格局的优化，提升区域整体在全球产业链中的分工地位。目前，除了《区域全面经济伙伴关系协定》现有成员国以外，陆续有新的国家计划加入《区域全面经济伙伴关系协定》。2024 年，智利外交部国际经济关系副部长萨纽埃萨提交智利加入《区域全面经济伙伴关系协定》的申请。智利的加入将使《区域全面经济伙伴关系协定》合作延伸至南美区域，并进一步扩大《区域全面经济伙伴关系协定》的合作圈和辐射范围，有助于促进《区域全面经济伙伴关系协定》与《全面与进步跨太平洋伙伴关系协定》（CPTPP）的衔接，以及推动未来亚太自贸区的建设进程。2023 年 9 月，斯里兰卡总统拉尼尔·维克勒马辛哈也宣布，斯里兰卡将加入《区域全面经济伙伴关系协定》，以实现更高水平的经济自由化。随着更多的国家加入《区域全面经济伙伴关系协定》，《区域全面经济伙伴关系协定》的制度红利会更加明显，成员国企业的竞争力将进一步提升，亚太区域经济将更加充满活力。

B.3
亚太地区政治局势：稳定与动荡交织

贾都强*

摘　要： 　2023年亚太政治局势呈现总体稳定与局部动荡交织的复杂局面。大部分国家保持了宏观政治社会环境的稳定，聚焦经济恢复和社会发展。但从局部来看，也有一些国家陷入政治动荡、社会失序和安全困境。政治极化、军人干政、武装冲突、恐怖主义、大国竞争、巴以冲突外溢效应等成为2023年影响亚太政局的突出因素。个别国家步入选举年，经历了选举政治考验。少数近年来深陷政治社会动荡的国家，仍然面临政治、经济、安全等诸多严峻挑战。地区热点对亚太政局的影响凸显。巴以冲突外溢效应冲击亚太国家。大国竞争撬动地缘政治格局，南海局势升温。展望2024年，亚太政局仍有望保持总体稳定态势，但是在国际秩序重塑的大背景下，加上许多国家步入大选年，亚太地区将面临诸多不确定性的挑战。

关键词： 　政治稳定　政党政治　武装冲突　巴以冲突外溢效应　地缘政治

　　2023年亚太地区大多数国家政局保持稳定。个别国家迎来选举年，经历选举进程，并产生新一届政府及领导人，实现了新旧政权的平稳过渡，但也有少部分国家因为种种原因陷入政治动荡和社会失序的旋涡。总体来看，2023年亚太政局呈现一种总体稳定与局部动荡交织的复杂局面。

---

* 贾都强，博士，中国社会科学院亚太与全球战略研究院副研究员，主要研究方向为东亚政治发展。

亚太地区国家众多，国情不同，道路选择和政治发展进程各异，具有明显的复杂性和多样化特点。有的国家政治极化现象突出，朝野对立、政党斗争加剧；有的国家民主进程遭遇挫折，政治社会矛盾尖锐；还有的国家处在战后重建进程中，面临诸多严峻挑战。一些新旧地区热点对亚太国家及地区的和平与稳定影响凸显。

一 个别亚太国家经历选举，政党政治呈现新特点

（一）泰国举行大选，政党政治格局出现新变化

2023 年是泰国大选年。此次大选从 2023 年 5 月 14 日泰国国会众议院选举投票开始，到 8 月 22 日产生新一届跨阵营联合政府结束，历时 3 个多月，主要具有以下几个突出特点。

一是参选政党众多，竞争激烈。共有约 70 个政党、6679 名议员候选人角逐众议院 500 个议席，其中有 43 个政党共提名了 63 位总理候选人，3929 万名选民参与了投票。但由于得票分散，最终无一政党获得单独组阁所需的过半数众议院席位。

二是新政府成立一波三折，经历了组阁危机。尽管远进党赢得选票最多，拥有联合组阁权，但该党候选人党魁皮塔未能获得半数国会议员的支持。最终，为泰党候选人赛塔·他威信当选第 30 任泰国总理。

三是选举过程总体上规范、有序和平稳，实现了政权的顺利交接。此次选举折射出泰国政治和政党格局的一些新变化，值得高度关注。

首先，2023 年大选开启了政治新生代"橙世代"迅速扩张的时代。[1]远进党强势崛起撬动泰国政党政治格局，出现了由原来的"红黄对垒"向"橙红蓝鼎立"发展的态势。[2]远进党得票率超过保守政党和传统左翼大党

---

[1] 杨帆：《泰国"橙世代"崛起的深层逻辑及其影响》，《东南亚研究》2023 年第 5 期。

[2] 周方冶：《泰国政党格局从"两极对立"到"三足鼎立"》，《当代世界》2023 年第 11 期。

为泰党，跃升为众议院第一大党，表明"橙世代"已经成为影响泰国政坛的强大政治势力。[①]

其次，"橙世代"崛起"为国家制度、规则和观念创新带来了蓬勃生机"[②]，同时对偏向保守的泰国政治文化和既有"王军联盟"体制构成挑战，将深刻影响泰国政治的长远发展。此次大选中，革新派在变革中求稳，保守派在保守中求新，一定程度上也受到了"橙世代"所代表的求新求变社会思潮的影响。

最后，中左势力与保守阵营在此次大选过程中相互让步，达成重大政治妥协，标志着"保革和解"取得了重大进展。有军方背景的前总理巴育退出政坛，流亡海外多年的前总理他信归国服刑，同时保守阵营分裂成了巴育领衔的合泰建国党和巴威领衔的公民力量党两派。党派政治发展出现的这种新态势，有利于化解保革对立的泰国政治"顽疾"，也有利于泰国民主政治的稳定发展。

（二）韩国朝野矛盾加深，政党对立冲突加剧

政坛两极分化愈演愈烈，政党对立日益加剧，已成为当今韩国政治的一个突出特征。[③]

朝野力量在国会激烈博弈。2022 年大选后，韩国政坛形成了"朝小野大"的权力格局。执政的国民力量党执掌行政权力，而第一大在野党共同民主党以 169 席对国民力量党 111 席的优势控制国会。随着朝野两党在国会

---

① "橙世代"的崛起始于 2014 年的泰国新生代青年运动，在 2020 年 7 月至 2021 年 8 月通过四波抗议活动达到高潮。"橙世代"以泰国年轻选民为支持基础，以变革旧秩序为主要政治诉求，代表了当今泰国社会求新求变的新思潮。

② 余海秋：《泰国大选杀出"黑马"》，《世界知识》2023 年第 11 期。

③ 2022 年春季美国智库皮尤研究中心对包括韩美日在内的 19 个国家展开的一份调查结果显示，韩国政治对立严重的程度甚至超过了美国。韩国有高达 90% 的成年人认为，本国支持不同政党者之间存在严重冲突；而美国持类似看法的受调查者比例为 88%。2021 年 6 月，英国伦敦国王学院对 28 个国家进行的调查结果显示，韩国政治对立的普遍程度是所有 28 个国家中最高的。参见刘信、韩雯《韩国政治对立为何"深入骨髓"？》，《环球时报》2023 年 1 月 12 日。

斗争的天平朝着在野党倾斜，尹锡悦政府的施政遭遇困境。由于受在野党掣肘，尹锡悦政府许多改革议题如实质性立法改革难以推进。

严重的政治对立还集中表现在两大政党领导人之间的激烈争斗。尹锡悦与李在明分别代表韩国进步派和政治保守派政治光谱的两端，均视对方为最大竞争对手。两人曾在 2022 年大选中互为对手，在过去的一年里双方继续缠斗。早在 2022 年竞选期间尹锡悦就誓言，要在当选后对文在寅和其接班人李在明进行"积弊清算"。当尹锡悦上台执政后，韩国司法机构立即对前任总统文在寅和李在明展开了一系列司法调查。① 对此，李在明一边强烈谴责，指称尹锡悦动用国家执法力量迫害政敌，一边也对总统尹锡悦发起诉讼来反击，指控其存在就其妻金建希涉嫌操纵股价等行为对外发布虚假信息的违法行为。

韩国朝野两党的政治乱斗，以李在明发起绝食抗议行动达到一个高潮。2023 年 8 月 31 日，李在明宣布为了抗议尹锡悦政府的"暴政"，开始"无限期绝食静坐"，并提出了反对日本核污水排海、彻底改组内阁等政治诉求。尹锡悦态度十分强硬，不仅对李在明绝食行动及其政治诉求置之不理，而且以批准首尔中央地方检察厅就贪腐案提请逮捕李在明的要求予以回应。2023 年 9 月 21 日，韩国国会通过了"同意法院批捕共同民主党党首李在明"的表决案。危机之下，李在明被迫结束绝食，并组织反击。9 月 28 日，首尔中央地方法院驳回了对李在明的逮捕令。尽管这场政治对抗风波至此得到缓解，但两人的政治博弈并未停歇。两人盯紧 2024 年 4 月至关重要的国会选举，转入下一场斗争。

韩国朝野对立和政党恶斗的现状，引发韩国民众强烈不满。② 从首尔到全国各地，民众抗议浪潮此起彼伏。尹锡悦总统的支持率以及两大政党的支

---

① 韩国检察官办公室先后派出数十名检察官，对李在明进行了数百次的搜查和扣押，发现李在明涉嫌城南 FC 非法捐款案、大藏洞案、慰礼案等诸多弊案，其中涉嫌渎职 4895 亿韩元（约合 26.24 亿元人民币）、贪污 133 亿韩元（约合 0.74 亿元人民币）。随后，检方指控李在明在担任城南市市长期间涉嫌在多个开发项目中收受开发商贿赂，以及泄露政策秘密、造成财政损失等。

② 李敦球：《走向极化的韩国政治生态》，《党课参考》2024 年第 1 期。

持率均出现大幅滑落。根据 2023 年 12 月 5~7 日韩国盖洛普公司的一份民调，总统尹锡悦的执政支持率仅有 32%，不支持率则高达 59%。从政党支持率来看，执政的国民力量党为 35%，第一大在野党共同民主党为 33%。①朝野矛盾和政党对立因素，不仅影响韩国政局的稳定，也影响韩国民主政治的长远发展。

二 部分国家政局动荡，并发生风险外溢

（一）缅甸政局持续动荡，风险外溢波及邻国

2023 年缅甸仍未走出政治社会动荡的旋涡，而且发生了风险外溢影响邻国的情况。

1. 维持全国紧急状态，民主进程堪忧

自 2021 年 2 月缅甸军方接管政权以来，缅甸一直在全国维持紧急状态。继 2022 年 1 月 31 日、7 月 31 日两次宣布延长紧急状态后，2023 年 2 月 1日、2023 年 8 月 1 日再度两次宣布延长全国紧急状态 6 个月，原定举行选举的安排也因此再度推迟。尽管军政府对外宣称，选举准备工作一直在进行中。截至 2023 年 7 月 27 日，有 30 个老政党和 5 个新政党共计 35 个政党获准作为注册政党参选。但是，关于具体选举进程，迄今仍未见明确时间表。并且即使大选未来得以举行，也很难获得国际和国内承认。②

2. 暴力活动和武装冲突多发，社会动荡

当前缅甸的社会稳定和安全环境状况堪忧。根据缅甸军政府公布的信

---

① 参见韩国盖洛普公司网站，file：///C：/Users/apple/Downloads/GallupKoreaDailyOpinion_568（20231208）.pdf。
② 缅甸各反政府政治派别、美欧国家和马来西亚等纷纷表示，不会承认大选结果。参见 "'No Chance' Myanmar Polls will be Free and Fair; US Official"，France 24，Novermber 6，2022，https：//www.france24.com/en/live-news/20220611-no-chance-myanmar-polls-will-be-free-and-fair-us-official；"Malaysia Does Not Support Elections in Myanmar Promised by Junta Next Year-Saifuddin"，*New Strait Times*，Nov. 14，2022，https：//www.nst.com.my/news/nation/2022/11/850667/Malaysia-does-not-support-elections-myanmar-promised-junta-next-year-%E2%80%93。

息，在 330 个缅甸行政区划中，军政府当前实际有效控制的仅有 198 个，占比仅 60%。而且，所管辖区域还不断遭到来自"民族团结政府"（NUG）、人民保卫军（PDF）和少数民族武装组织（EAOs）的武装袭击，导致人员、财产和公共设施等方面的重大损失。[①]

更严重的是，2023 年缅北地区再次爆发激烈武装冲突。2023 年 10 月 27 日，缅北少数民族武装以缅甸民族民主同盟军（MNDAA）为主导，同时联合德昂民族解放军（TNLA）和若开军（AA）等，对缅甸政府军发动了一场大规模的军事行动。双方在缅北多地激烈交火。截至 2023 年 11 月 2 日，至少有 92 个政府军据点和 4 个城镇被缅北少数民族武装占领，一些重要贸易路线也被封锁。

3. 政权合法性受质疑，国际压力大

缅甸军方接管政权后，一直面临执政合法性危机的挑战。军政权迄今未能获得广泛的国际承认，连军人任命的联合国代表也未获得联合国大会认可。2022 年 12 月 21 日，联合国安理会通过一项关于缅甸问题的特别决议，要求缅甸结束一切形式的暴力，并敦促缅甸军政府释放昂山素季、温敏等前政府官员。[②] 联合国和东盟缅甸问题特使也多次访问缅甸，探寻解决缅甸政治僵局的途径，但迄今并无大的进展。

与此同时，美欧等西方国家仍在不断扩大和加码对缅甸的制裁。2021 年 2 月 11 日至 2023 年 9 月，美国对缅甸实施了 19 轮制裁，欧盟对缅甸实施了 7 轮制裁。2023 年，美国援引总统行政令和《缅甸制裁条例》（BSR），并与加拿大、英国、澳大利亚等国一起行动，又新增了多

---

① 根据缅甸军政府发布的消息，2023 年 2 月 1 日至 7 月 31 日，4 名僧伽成员和尼姑、772 名无辜者和 28 名国家服务人员在"民族团结政府"、人民保卫军和少数民族武装组织的袭击中丧生。此外，袭击者还摧毁了 1 栋与卫生部门有关的建筑、11 栋宗教建筑、76 栋公共建筑、94 条道路、桥梁和收费站设施以及 26 座电信塔。参见《缅甸国防和安全委员会举行会议，紧急状态再次延长六个月》，搜狐网，2023 年 8 月 1 日，https：//mil.sohu.com/a/708007253_100103668。

② "Security Council Demands Immediate End to Violence in Myanmar, Urges Restraint, Release of Arbitrarily Detained Prisoners, Adopting Resolution 2669（2022）", December 21, 2022, https：//press.un.org/en/2022/sc15159.doc.htm.

项对缅制裁。[1]

4. 缅北爆发武装冲突，影响中缅边境地区稳定

缅北地区与中国接壤，两国边境地区经贸合作和人员往来密切。2023年10月缅北地区爆发的新一轮大规模武装冲突，严重威胁中缅边境地区的和平稳定，不仅边民的生命财产和生产生活受到威胁，而且中缅边贸关键路线也有被切断的危险。对于缅北武装冲突的事态发展，中方高度关注。一方面敦促冲突双方尽快实现停火止战，并采取切实有效措施确保中缅边境的安全稳定；另一方面积极展开外交斡旋活动。最终，在中方的调停下，冲突双方达成了停火协议。[2] 缅甸民族和解进程跌宕曲折，关键症结在于中央与少数民族地方势力在自治权、经济资源、管辖范围等方面难以协调，以及对国家发展道路缺乏共识，民族和解之路任重道远。

（二）阿富汗塔利班政权基本稳固，但政治安全隐患突出

2023年是阿富汗塔利班（以下简称"阿塔"）重返执政第三个年头。总体来看，阿塔已经全面掌控局势，政局趋于基本稳定。在2021年8月美军撤离后，阿塔迅速在全国展开军事收复和政治整合进程。对于反对派势力，阿塔通过武力打击、政治拉拢等多种手段，迅速解决了潘杰希尔谷地的叛军及其他武装组织，巩固了对阿富汗绝大多数地区的控制。而对于民间的政治示威等反抗活动，阿塔则通过逮捕、拘留、威胁等高压手段予以镇压。在此基础上，阿塔逐步稳固了在阿富汗的统治地位。

但是，阿富汗仍处于国家重建的艰难进程中，阿塔面临稳固政权、保障

---

[1] "Treasury Sanctions Officials and Military-Affiliated Cronies in Burma Two Years After Military Coup", U. S. Department of the Treasury, January 31, 2023, https：//home. treasury. gov/news/press-releases/jy1233 ; "Sanctions Risks Associated with Provision of Jet Fuel to the Burmese Military", U. S. Department of the Treasury, March 24, 2023, https：//ofac. treasury. gov/media/931501/downloads? Inline.

[2] 2023年12月12日，在中方斡旋下，缅军与果敢、德昂、若开等缅北民族地方武装在中国境内举行和谈并达成了临时停火协议。2024年1月10～11日，在中方推动下，缅军同果敢、德昂、若开三家缅北民族地方武装代表在中国云南昆明举行和谈，达成了正式停火协议。

安全和恢复经济等多重挑战。尤其是在政治安全方面，还存在不少隐患。

第一，政治整合难度高，稳固统治具有长期性。阿富汗是一个多民族、多宗教、多部落的国家，各种势力之间的矛盾错综复杂。阿塔内部也有派系争权夺利的问题，存在以最高领袖阿洪扎达和其三位副手巴拉达尔、西拉柱丁·哈卡尼和亚库布为首的四大派系。如何维系内部的团结、避免分裂是一个难题。

第二，安全形势十分严峻。阿富汗依然是当今世界恐怖主义问题最突出的国家之一。形形色色的极端主义组织迄今仍在阿富汗境内活动。"伊斯兰国呼罗珊省"是当前阿富汗境内最危险的恐怖组织，其不断制造恐怖袭击事件，对阿塔政权构成很大的威胁。阿富汗毒品问题突出，阿富汗曾经是全球罂粟"主产区"和毒品主要源头。尽管阿塔在2022年颁布禁毒令后，毒品问题的整治有显著进展①，但要彻底禁绝和清除毒品的危害，还有很长一段路要走。

第三，经济恢复困难重重。阿富汗饱受战火蹂躏20年，国家满目疮痍，经济十分脆弱。美国对阿塔实施严厉的经济制裁，并拒绝解冻阿富汗央行70亿美元的国家资产，加剧了阿塔的财政困境。2022年10月，阿富汗经济重镇之一的赫拉特省又遭遇严重的地震灾害，造成约1400人丧生、11万多人流离失所和巨额经济损失。阿富汗普通百姓的生活十分困难。食物短缺导致大量阿富汗儿童营养不良。根据联合国儿童基金会（UNICEF）发布的《2023年世界儿童状况》报告，有高达35%的阿富汗4岁以下儿童营养不良，罹患中度或重度发育迟缓。②

第四，外部环境压力大。美欧西方国家拒绝承认阿塔政权。阿塔执政后

---

① 2022年4月，阿塔颁布禁毒法令，开始推行强制戒毒、清除罂粟种植、缉拿毒贩等各项禁毒工作。根据2023年11月联合国毒品和犯罪问题办公室（UNODC）发布的一份报告，截至2023年，阿富汗境内的罂粟种植面积和产量均已锐减至原来的95%。参见 United Nations Office on Drugs and Crime（UNODC），"Afghanistan Opium Survey 2023"，https：//www.unodc. org/documents/crop-monitoring/Afghanistan/Afghanistan_opium_survey_2023.pdf。

② UNICEF，"The State of the World's Children 2023"，https：//www.unicef.org/media/108161/ file/SOWC-2023-full-report-English.pdf。

推行的一些政策，如对女性在受教育、工作和生活方面实行的各种禁令，在国际社会饱受批评①。

第五，安全风险外溢引发邻国担心。巴基斯坦指责阿塔政权"容留"巴基斯坦塔利班（以下简称"巴塔"）在边境地区活动，而且两国围绕杜兰德线争议多次发生冲突。2022年1月，塔吉克斯坦总统拉赫蒙在集安组织安全理事会上指出，阿富汗境内现在仍存有40多个恐怖主义组织培训营地和6000多名武装分子，这会给中亚安全带来麻烦。2023年4月，第四次阿富汗邻国外长会召开并发表会议宣言，重申独立后的阿富汗应免受恐怖主义和毒品威胁。参会各国认为阿富汗涉恐安全形势依然严峻，所有盘踞在阿富汗的恐怖组织，包括"伊斯兰国"、"基地"组织、"东伊运"、"俾路支解放军"等，对本地区和全球安全仍构成严重威胁，各邻国应加强反恐合作，建立反恐统一战线。宣言还强调了清除毒品威胁的重要性，呼吁为发展替代种植项目、打击毒品生产和走私提供支持。

三 地缘政治热点凸显，不确定性升高

（一）巴以冲突外溢效应波及亚太，引发游行示威和社会分裂

2023年10月7日，巴勒斯坦伊斯兰抵抗运动（哈马斯）对以色列发动突然袭击，以色列随后予以还击，猛烈轰炸和攻入加沙地区，造成大量人员尤其是无辜妇女儿童的伤亡。血腥的战争场面透过媒体报道广泛传播，激起了国际社会的强烈反应。如同2022年俄乌冲突外溢效应一样，巴以冲突的

---

① 阿塔执政后，解散了妇女事务部、消除对妇女暴力委员会等致力于保护妇女权利的机构，并颁布了数十条限制妇女自由的法令。许多国家包括国际机构对阿塔限制妇女权益的做法提出批评和谴责。2023年4月27日，联合国安理会一致通过了关于阿富汗问题的第2681号决议，决议其中一项要求让妇女充分、平等、切实和安全地在阿富汗参与工作。参见 UN Security Council，"Resolution 2681（2023）"，https://documents.un.org/doc/undoc/gen/n23/121/49/pdf/n2312149.pdf? token=MGJ4n3ZLYtFAcYHG4F&fe=true。

冲击波在亚太地区震荡，在多个国家引发了游行示威、政治骚动和社会分裂。

冲突爆发后，美国向以色列提供大量精确制导武器，并派遣两个航母战斗群到中东地区为以色列保驾护航。美国政府高官从总统拜登到国务卿布林肯、国防部部长奥斯汀等，纷纷访问特拉维夫。

美国社会对巴以冲突的态度和反应出现了两极分化，分成支持以色列和支持巴勒斯坦两大阵营，分别在街头游行示威，并发生对峙和冲突。随着加沙大量平民伤亡和人道主义危机加重，美国声援巴勒斯坦的抗议声浪不断高涨，示威者要求拜登政府停止支援以色列，推动在加沙地区实现停火。尤其是许多美国年轻人站出来力挺巴勒斯坦。美国不仅因为巴以冲突发生社会撕裂，还威胁到拜登竞选连任的选票。

在东南亚，巴以冲突同样引发高度关注。一些拥有大量穆斯林人口的国家，如印度尼西亚、马来西亚等，发生了声援巴勒斯坦的抗议游行。

马来西亚总理安华·易卜拉欣严厉谴责以色列在加沙地带的军事行动，他说"允许人们被屠杀、婴儿被杀害、医院被轰炸、学校被摧毁，这简直是疯狂至极，这是当今世界野蛮行为的顶点"。[①]

印度尼西亚是世界上穆斯林人口最多的国家。在首都雅加达，民众组织了大规模的抗议集会。2023 年 11 月，印度尼西亚总统佐科在与美国总统拜登会晤时直言不讳谴责以色列，呼吁美国采取更多措施，停止以色列在加沙的暴行。他强调，"为了人道主义，停火是必须的"。[②]

新加坡的立场相对中立。其既谴责哈马斯的恐怖袭击，也抨击以色列对巴勒斯坦平民的暴行。总理李显龙表示，以色列有权采取自卫行动，

---

① "Malaysian PM Joins Thousands to Condemn Israel, Western Allies for 'Barbarism' in Gaza", Reuters, October 25, 2023, https：//www.reuters.com/world/malaysian-pm-joins-thousands-condemn-israel-western-allies-barbarism-gaza-2023-10-24/.

② "Remarks by President Biden and President Joko Widodo of Indonesia before Bilateral Meeting", November 13, 2023, https：//www.whitehouse.gov/briefing-room/speeches-remarks/2023/11/13/remarks-by-president-biden-and-president-joko-widodo-of-indonesia-before-bilateral-meeting-2/.

但"必须遵守国际法、尽可能减少平民伤亡",宣泄情绪式的报复攻击只会让情况变得更糟。新加坡内政部部长尚穆根认为:"对巴勒斯坦人的困境深表同情之余,也应毫不含糊地谴责以色列境内发生的恐怖袭击。"新加坡总统尚达曼指出,每一轮以平民为对象的极端和暴力行径,都会使人心变得更硬,制造新的敌人,也就更难为年轻人找到未来通往和平之路。①

（二）美国布局南海与菲律宾加紧勾连,南海局势升温

2023年美国以美菲同盟为基础,以马科斯政府上台执政为契机,加紧在南海周边布局对抗中国,采取了强化美菲军事合作、扩张在菲军事基地、挑唆菲律宾对华挑衅等一系列行动,意图以南海问题牵制中国,并通过构建军事政治阵营获得针对中国的优势。南海局势出现了由平稳转向动荡的危险倾向。

与杜特尔特政府时期相比,菲律宾现政府的对华政策发生大逆转,从对华友好转向对华敌视,从默契合作转向挑衅对抗。菲律宾在南海的挑衅活动突出表现在如下几个方面。

一是在南海与美西方国家多次举行大型联合军演和海空联合巡逻。

二是组织力量频繁冲闯黄岩岛和仁爱礁海域。

三是采取立法动作,妄图通过法律形式固化对中国岛礁和海域的非法侵占。

四是向美国新增开放4个军事基地②。其中,位于吕宋岛最北部的一处基地,距离中国台湾仅约400公里,而巴拉巴克岛的基地接近南沙群岛。

---

① 《【以哈冲突】情绪蔓延全球 东南亚面临考验》,(新加坡)联合早报网,2023年10月26日,https://www.zaobao.com/news/sea/story20231026-1445854。
② 4个新增军事基地分别是位于吕宋岛北部卡加延省的卡米洛·奥西亚斯海军基地和拉洛机场,位于吕宋岛北部伊莎贝拉省加穆镇的梅尔乔·德拉·科鲁兹营地,以及位于巴拉望省巴拉巴克岛的1处基地。

四 结语

预期 2024 年亚太地区国家政局仍将在总体上保持稳定，但是在国际秩序重塑的大背景下，依然存在诸多的不确定性。

2024 年将迈入"世界选举年"。在全球范围内，许多国家将举行大选，产生新一届政府和国家领导人。这些国家涵盖了全球 41% 的人口和 42% 的国内生产总值。① 从亚太地区来看，美国、印度、巴基斯坦、孟加拉国、印度尼西亚等多国将进行大选。这些国家的选举进程和选举结果，不仅决定着本国的政局走向和政府政策，还将对地区局势产生重大影响。

少数深陷政治社会动荡的国家面临诸多复杂挑战，其国内问题不可能在一朝一夕得到解决。大国竞争对区域内国家政局和政府政策的影响持续扩大，可能引发政治安全风险的概率在上升。俄乌冲突和巴以冲突两场危机仍在持续，将对国际政治格局重塑和地缘政治变迁留下深深的烙印。一些地区热点问题仍在发酵，对亚太政治安全环境的影响不可小觑。

---

① Enda Curran & Alan Crawford, "In 2024, It's Election Year in 40 Countries", Novermber 2, 2023, https：//www. bloomberg. com/authors/ASJnLeYEat4/enda-curran.

B.4
亚太地区外交动向：大国竞争加剧与地区总体稳定

张心宇　王俊生*

摘　要：　2023年，亚太地区外交总体上呈现大国竞争加剧与地区总体稳定态势。拜登政府为推进"印太战略"服务大国竞争，加速组建各种"小圈子"，给亚太地区的和平与稳定带来了巨大威胁。这一年，朝鲜半岛局势对抗性明显加剧。与此同时，各方均致力于推动地区局势总体稳定，中韩关系出现一定回暖迹象，中印关系斗而不破，南海问题和平解决趋势没有改变，中国与太平洋国家关系继续发展。中国为亚太地区局势总体稳定做出了重要贡献，积极加强与美国沟通交流、推动中美关系止跌回稳，积极深化中俄新时代全面战略协作伙伴关系，积极推动构建亚洲命运共同体，同时，在地区热点问题上积极担当作为。

关键词：　亚太地区　外交动向　大国竞争　中国担当

2023年，世界百年未有之大变局加速演进，俄乌冲突还在继续，巴以爆发新一轮大规模冲突，地区冲突多点爆发，全球发展和安全形势错综复杂。后疫情时代，全球经济复苏进程依然缓慢。聚焦亚太地区，拜登政府继续加大力度拉拢相关国家以联手"围堵"中国，亚太地区矛盾点有增多之势。

---

* 张心宇，中国社会科学院大学国际政治经济学院2023级博士研究生，主要研究方向为中国周边外交、国际政治经济学；王俊生，博士，中国社会科学院亚太与全球战略研究院研究员，主要研究方向为中国外交战略、东北亚安全以及朝鲜半岛问题。

一　美国加强介入亚太地区事务

（一）拜登政府继续对华进行全方位打压

2023 年，拜登政府在安全、经济、科技以及"人权"领域持续打压中国。其一，拜登政府继续加强在亚太地区的军事存在。2022 年 12 月，美国参众两院先后批准通过 2023 财年《国防授权法案》，该法案授权的国防经费达 8579 亿美元，法案中多次提及"中国"，并再次展现其"以台制华"的计谋，这是美国首个对中国台湾地区制定的国防现代化计划，美国将在 2023~2027 年，每年向台湾地区提供 20 亿美元的军事援助。[①] 不仅如此，拜登政府继续与亚太地区盟友加强军事安全合作，企图联手"围堵"中国。1 月，美日在华盛顿举行"2+2"对话，在联合声明中，美日认为中国对国际秩序构成了"前所未有"的威胁，要加强合作以应对，并公布了加强联盟的计划。[②] 2 月，美国国防部部长奥斯汀访问菲律宾，菲律宾政府同意在《加强防务合作协议》（EDCA）框架下，向美军再开放 4 处军事基地。[③] 6 月，在第 20 届香格里拉对话会上，美日澳菲四国频繁互动，美国谋求联手多国合力"打压"中国。[④] 其二，加大对华科技围堵力度。1 月，美国、日本、荷兰三国达成协议，限制向中国出口制造先进半导体所需的设备，联手

---

① 《美国国会参议院批准 2023 财年国防授权法案》，新华网，2022 年 12 月 16 日，http://www.xinhuanet.com/world/2022-12/16/c_1129213539.htm。

② Lolita Baldor, Matthew Lee, "US, Japan Unveil Plans to Strengthen the Alliance", AP News, January 12, 2023, https://apnews.com/article/biden-british-politics-japan-government-b9bc24a7a37479bb1060f3717e69b2ec.

③ Jim Garamone, "Austin Visit to Philippine Base Highlights Benefits of U.S-Philippine Alliance", U.S. Dapartment of Defense, February 1, 2023, https://www.defense.gov/News/News-Stories/Article/Article/3284587/austin-visit-to-philippine-base-highlights-benefits-of-us-philippine-alliance/.

④ 《美日澳菲频繁军事互动，要干啥？专家：想在中国周边建新"包围圈"》，新华网，2023 年 6 月 6 日，http://www.xinhuanet.com/mil/2023-06/06/c_1212195977.htm。

阻止中国获取发展先进芯片、量子计算、人工智能等所需的技术。[①] 8 月，拜登正式发布行政令，建立对外投资审查机制，限制美国资本、技术、专业管理能力的对华输出。[②] 10 月，拜登政府发布对华半导体出口管制新规，在 2022 年出台的临时规则基础上，进一步加强对人工智能相关芯片、半导体制造设备的对华出口限制。[③] 其三，以所谓"人权问题"抹黑中国。12 月 10 日，美国驻华大使伯恩斯借"国际人权日"对中国进行无端指责。[④] 这是美方打着"人权"的名号再次污蔑中国，扰乱中国的民族团结与发展。

（二）拜登政府加大对俄制裁力度

俄乌冲突爆发后，美国对俄罗斯实施了规模空前的经济制裁，俄罗斯经济严重受创。2023 年，美国在此前制裁的基础上继续加码。一方面，美国主要将制裁措施集中在有关个人和实体上。2 月，美国财政部颁布新决定，宣布对任何经营或曾经经营俄罗斯金属和采矿业的实体或个人实施经济制裁。5 月，美国财政部宣布继续扩大制裁范围，将建筑、工程、施工、制造、交通行业等纳入其中。7 月，美国财政部发布对俄新制裁，涉及近120 个俄罗斯实体及个人，这些制裁将限制俄罗斯获取关键材料，削弱其

---

① Ana Swanson, "Newthlands and Japan Said to Join U. S. in Curbing Chip Technology Sent to China", The Newyork Times, January 28, 2023, https：//www. nytimes. com/2023/01/28/business/economy/netherlands-japan-china-chips. html.

② "Executive Order on Addressing United States Investments in Certain National Security Technologies and Products in Countries of Concern", The White House, August 9, 2023, https：//www. whitehouse. gov/briefing - room/presidential - actions/2023/08/09/executive - order - on - addressing-united-states-investments-in-certain-national-security-technologies-and-products-in-countries-of-concern/.

③ Peter Hoskins, "US Orders Immediate Halt to Some AI Chip Exports to China", BBC News, October 25, 2023, https：//www. bbc. com/news/business-67213134.

④ "Statement from U. S. Ambassador Nicholas Burns on International Human Rights Day 2023", U. S. Embassy & Consulates in China, December 11, 2023, https：//china. usembassy - china. org. cn/statement-from-u-s-ambassador-nicholas-burns-on-international-human-rights-day-2023/.

能源生产和出口能力。① 11 月，美国财政部宣布由于向俄罗斯提供了受制裁的产品，将中国、阿联酋及土耳其共十余家企业列入制裁黑名单。② 另一方面，美国联合西方国家对俄实施全面制裁。5 月，七国集团（G7）会议在日本广岛召开，并就俄乌问题进行了讨论，G7 领导人在联合声明中表示，将进一步扩大针对俄罗斯的制裁措施。③ 10 月，美国商务部与欧盟、英国、日本联合发布《常见高优先级物项清单》，其中电子元器件被列为最高优先级，而该物品在俄罗斯先进精确制导武器系统的生产中发挥重要作用。

（三）美国在亚太地区大力构建"小多边"机制

为维持自身霸权，拜登政府不断拉拢"小圈子"加剧地区军备竞赛和军事博弈。其一，2023 年，美日韩三国领导人互动频繁，以 8 月举行的戴维营会谈为标志，美日韩三方合作的领域和深度不断延伸拓展，三边合作机制的构建有了实质性进展。其二，拜登政府以"美英澳三边安全伙伴关系"（AUKUS）为支点，频繁释放扩员信号，引诱日韩加入，寻求在东北亚地区的有力抓手，企图以更大力量服务"对华战略竞争"。其三，美国试图推动美日印澳"四边机制"（QUAD）纳入新的合作对象，不仅积极拉拢韩国和越南，同时有意将"五眼联盟"中的新西兰和加拿大纳入其中。④ 不仅如此，5 月，四方领导人在日本广岛举行美日印澳峰会，各方表示将加深与太

---

① Antony J. Blinken, "Imposing Additional Sanctions on Those Supporting Russia's War Against Ukraine", U. S. Embassy in Ukraine, July 20, 2023, https：//ua. usembassy. gov/imposing - additional sanctions-on-those-supporting-russias-war-against-ukraine/.

② 《美国将 130 个涉俄实体列入黑名单，包括 5 家中国实体》，中国国际贸易促进委员会北京市分会网站，2023 年 11 月 13 日，http：//www. ccpitbj. org/web/static/articles/catalog _ 40fcc036830c53550183597640d5026e/article _ ff808 0818abfb00a018c386feac60350/ff8080818 abfb00a018c386feac60350. html。

③ " G7 Hiroshima Leaders' Communiqué ", The White House, May 20, 2023, https：// www. whitehouse. gov/briefing - room/statements - releases/2023/05/20/g7 - hiroshima - leaders - communique/.

④ 赵明昊：《美国构建亚太"小多边"机制的进展、特征与影响》，《当代世界》2023 年第 3 期。

平洋岛国帕劳群岛的合作，以实现在电信基础设施方面"去中国化"的目的。[①] 美方的一系列行为加剧了亚太地区的紧张局势。

二 亚太地区次区域外交形势复杂

（一）东北亚地区阵营对抗趋势有所显现

2023年，拜登政府在日韩两国消解分歧与走向和解基础上，推动构建美日韩三边合作机制。日本在二战时期强征韩国劳工受害者赔偿一事是横亘在日韩两国间的历史遗留问题。对此，尹锡悦政府采取单方面妥协的方式，在3月6日公布的赔偿方案中表示，由韩国行政安全部下属的财团筹措资金，以代替日本企业支付赔偿金。[②] 尹锡悦政府的"单方面"示好得到了日本积极回应，3天后，日本首相岸田文雄邀请尹锡悦访日。尹锡悦于3月16～17日访问日本，岸田文雄于5月7日对韩国进行回访。拜登政府高度"赞扬"日韩两国关系翻开了新篇章。此外，美日韩三国之间双边、三边高层互动频繁。1月13日，岸田文雄访问美国。4月24日，尹锡悦赴美进行为期7天的国事访问。5月21日，美日韩三国领导人在日本广岛出席G7峰会期间举行首脑会谈，三方决定将三边合作提升至全新水平。6月15日，美日韩三国国安首长在日本东京举行会谈，三方以朝鲜问题、地区安全局势和美日韩合作为主题进行磋商，商定进一步巩固三方合作。[③] 8月18日举行的戴维营会谈是三国领导人首次独立于多边场合举行的三边会晤，三方承诺强化军事安全、产业链与供应链等全球议题

---

① 蔡翠红、李煜华：《美日印澳四边机制网络安全合作探析》，《现代国际关系》2024年第5期。
② 《韩政府公布二战被日强征劳工索赔案解法》，韩联社，2023年3月6日，https：//cn.yna.co.kr/view/ACK20230306002900881。
③ 《韩美日国安首长开会商定加强安全合作应对朝鲜问题》，韩联社，2023年6月15日，https：//cn.yna.co.kr/view/ACK20230615005900881？section＝search。

以及"印太战略"等诸多方面合作。① 戴维营会谈是美日韩三边合作在机制建设上逐渐成熟的重要标志。11 月，美日韩三国首脑借亚太经合组织（APEC）第三十次领导人非正式会议之机在美国旧金山再度举行会谈，议题涉及朝鲜半岛、台海局势、气候变化等。

中日关系继续陷入困境。2023 年恰逢中日两国缔结和平友好条约 45 周年，但两国关系持续陷入低谷。2023 年，随着美日同盟关系强化，日本在外交路线上继续紧随美国，成为美国"遏华战略"的积极响应者，对华采取强硬措施，进一步激化了中日两国间的既有矛盾，使两国关系更加复杂严峻。其一，粗暴干涉中国内政，在台湾问题上指手画脚。5 月，美日首脑会谈扬言要"维护台海和平与稳定"。7 月 22 日，日本防卫副大臣井野俊郎接受英国媒体采访时称，"如果中国大陆对台湾地区动武，日本很有可能向台湾提供防卫装备或后勤支持"。② 7 月 28 日，日本防卫省发布 2023 年度《防卫白皮书》，再次渲染台海紧张局势。③ 其二，大肆渲染"中国威胁"论。5 月 20 日，日本在其极力推动的 G7 广岛峰会联合声明中大肆炒作涉华议题，渲染"中国威胁"，并以所谓"经济胁迫"影射中国，④ 企图联手 G7 其他成员一同制衡中国。日方在 2023 年度《防卫白皮书》中提及中国是"前所未有的最大战略性挑战"，并将"增强防卫力量""深化美日同盟"，"与志同道合的国家加强合作"。⑤ 其三，单方面强行启动福岛核事故污染水排海。

---

① "The Spirit of Camp David：Joint Statement of Japan, the Republic of Korea, and the United States", The White House, August 18, 2023, https：//www. whitehouse. gov/briefing - room/statements-releases/2023/08/18/the - spirit - of - camp - david - joint - statement - of - japan - the - republic-of-korea-and-the-united-states.

② 《2023 年 7 月 25 日外交部发言人毛宁主持例行记者会》，中国外交部网站，2023 年 7 月 25 日，https：//www. mfa. gov. cn/web/fyrbt_673021/jzhsl_673025/202307/t20230725_11117587. shtml。

③ 《防卫白皮书 2023》，日本防卫省，2023，https：//www. mod. go. jp/en/publ/w_paper/wp2023/DOJ2023_Digest_CH. pdf。

④ 《外交部发言人就七国集团广岛峰会炒作涉华议题答记者问》，中国外交部网站，2023 年 5 月 20 日，https：//www. mfa. gov. cn/web/fyrbt _ 673021/dhdw _ 673027/202305/t20230520 _ 11080726. shtml。

⑤ 《防卫白皮书 2023》，日本防卫省，2023，https：//www. mod. go. jp/en/publ/w_paper/wp2023/DOJ2023_Digest_CH. pdf。

8月24日,日本政府无视国际社会的强烈反对,启动福岛核事故污染水排海,为维护食品安全和中国人民的身体健康,中国海关总署决定自当日起全面暂停进口原产地为日本的水产品。日方非但不进行自省,反而频繁指责中国行为。上述种种行为使得中日关系面临严峻局面。

中韩关系有所改善。2023年,尹锡悦政府继续大力推行"价值观外交",追随美国对华战略打压,将中韩关系置于美韩同盟的框架下处理,尤其在台湾问题等方面触及中国核心利益,使中韩关系受到严重冲击。4月,尹锡悦在访美出发之前接受采访中,公然将台湾问题与朝鲜半岛问题相提并论。① 4月26日,美韩联合发布《纪念美利坚合众国和大韩民国结盟70周年的领导人联合声明》,其中重申所谓"维护台湾海峡和平与稳定的重要性"。② 与此同时,值得关注的是,中韩关系有一定的稳定迹象,中韩高层保持一定互动。2023年9月23日,中国国家主席习近平在杭州会见来华出席第19届亚洲运动会开幕式的韩国总理韩德洙。习近平指出,"中韩关系走稳走实,符合两国和两国人民共同利益"。③ 在人文领域,随着新冠疫情的结束,两国之间的人文交流逐步恢复,双方在科技、时装艺术、民俗文化等领域继续开展多姿多彩的人文交流活动。这些也表明中国并不希望看到东北亚地区形成阵营对抗与冷战格局。

在美国加大对华打压与对俄打压力度、美日韩三方为此加强合作的同时,美日韩三方也加强了对朝鲜的施压。2023年2月,韩国发布《2022国

---

① 《外交部副部长孙卫东就韩国领导人涉台湾问题错误言论向韩国驻华大使提出严正交涉》,中国外交部网站,2023年4月23日,http://new.fmprc.gov.cn/web/wjbxw_new/202304/t20230423_11063780.shtml。

② "Leaders' Joint Statement in Commemoration of the 70th Anniversary of the Alliance Between the United States of America and the Republic of Korea", The White House, April 26, 2023, https://www.whitehouse.gov/briefing-room/statements-releases/2023/04/26/leaders-joint-statement-in-commemoration-of-the-70th-anniversary-of-the-alliance-between-the-united-states-of-america-and-the-republic-of-korea/.

③ 《习近平会见韩国总理韩德洙》,中国政府网,2023年9月23日,https://www.gov.cn/yaowen/liebiao/202309/content_6905978.htm。

防白皮书》，其中再度称朝鲜为"敌人"。[①] 4 月 26 日，美韩首脑签署的《华盛顿宣言》明确指出，"美国对在朝鲜半岛可能部署核武器与韩国保持磋商"，同时表示"美韩将建立核磋商小组加强延伸威慑，讨论核计划"，并强化涉朝情报共享。[②] 美韩双方于 7 月和 12 月分别召开第一次、第二次"核磋商小组会议"。此外，美日韩三方针对所谓"朝鲜威胁"频繁开展多领域军事演习。7 月 16 日，三方在朝鲜半岛东侧的日本海公海海域联合举行导弹防御演习；10 月 22 日，三方在朝鲜半岛附近上空首次举行空中联演，美军 B-52 战略轰炸机及三国的战斗机参与演习。不仅如此，美日韩三方于 12 月 19 日正式启动"朝鲜导弹预警信息实时共享体系"，以实现对朝鲜发射导弹情报的实时共享与协同应对。从朝鲜方面来看，2023 年，朝鲜频繁发射弹道导弹，朝俄首脑于 9 月会晤，双方表示将加强全方面合作。

（二）东南亚地区热点问题再现但总体平稳

2023 年，拜登政府为推进"印太战略"，继续加强与东南亚多国的战略沟通和双边关系提升。4 月，美菲时隔 7 年再次举行"2+2"部长级对话会，双方就强化军事合作达成一致，并提及"南海仲裁案"和台海问题。[③] 9 月，美国总统拜登对越南进行国事访问，其间双方宣布将双边关系由全面伙伴关系提升至全面战略伙伴关系。10 月，美印尼举行首届高层"2+2"对话，双方就关键矿产、网络、海事安全、半导体、供应链等议题进行了讨论，并就中东及南海问题交换意见，强调有意将双边关系提升至全面战略伙伴关系。11 月，印度尼西亚总统佐科访美，两国确认将双边关系提升至全面战略伙伴关系。考虑到东南亚地区战略重要性及整体实力不断增强，拜登政府对东南亚地区加大外交力度，旨在加强在该地区的存在。

---

① 《2022 韩国防白皮书将朝军表述为敌人》，韩联社，2023 年 2 月 16 日，https：//cn. yna. co. kr/view/ACK20230216001300881? section＝search。

② "Washington Declaration", The White House, April 26, 2023, https：//www. whitehouse. gov/ briefing-room/statements-releases/2023/04/26/washington-declaration-2/.

③ 《美菲重启"2+2"对话，菲专家：美首要任务不是保护菲，它正推动战争》，新华网，2023 年 4 月 12 日，http：//www. news. cn/mil/2023-04/12/c_1212018922. htm。

　　尽管受到拜登政府"印太战略"挤压，中国—东盟命运共同体建设依然稳步向前。2023年是构建中国—东盟命运共同体提出10周年，这一年，中国与东南亚国家间高层互动频繁，取得了丰硕成果。柬埔寨两任首相洪森与洪玛奈分别于2月和9月访华。3月，马来西亚总理安瓦尔访华，双方就共建中马命运共同体达成共识。4月，新加坡总理李显龙访华，双方就新时期中新关系发展全面交换意见，明确了中新"全方位高质量的前瞻性伙伴关系"的新定位。10月，印度尼西亚总统佐科访华并出席第三届"一带一路"国际合作高峰论坛，双方表示愿进一步加强沟通合作，增强互信，发展更加紧密的关系。12月，中国国家主席习近平对越南进行国事访问，两国确立携手构建具有战略意义的中越命运共同体。不仅如此，2023年恰逢中国加入《东南亚友好合作条约》20周年，7月，中国与东盟发表联合声明，肯定中国为推动实现更紧密的中国—东盟合作所做的积极努力，并表示中国—东盟关系在过去30年发展、成熟，成为东盟同对话伙伴关系中最具活力、最富内涵、最为互利的关系之一。①

　　值得关注的是，2023年，在美方的怂恿和支持下，菲律宾在仁爱礁、黄岩岛附近海域频繁挑衅，导致南海形势持续升温，中菲关系受到严重影响。但与此同时，中国与东盟国家仍共同致力于推动南海问题解决与维护地区和平稳定。2月，印度尼西亚外长蕾特诺参加东盟外长非正式会议期间表示，身为东盟轮值主席国，印度尼西亚将推动东盟各国与中国进行有关落实"南海行为准则"的磋商谈判。3月，在印度尼西亚的组织下，中国与东盟国家在雅加达举行新一轮落实《南海各方行为宣言》联合工作组会，就"南海行为准则"进行磋商。各方一致同意在海洋科研、海洋环保、海上搜救等领域举办多个务实合作项目，加强对话沟通，深化互利合作，共同维护

---

　　① 《中国—东盟关于纪念中国加入〈东南亚友好合作条约〉20周年的联合声明》，中国外交部网站，2023年7月14日，https://www.fmprc.gov.cn/gjhdq_676201/gjhdqzz_681964/lhg_682518/zywj_682530/202307/t20230714_11113546.shtml。

南海的和平与稳定。① 7 月，中国与东盟成功完成"南海行为准则"案文二读。10 月，中国与东盟国家共同宣布"南海行为准则"案文三读正式启动，并争取早日达成"准则"，将南海建设成和平、友谊、合作之海。②

（三）南亚某些大国外交呈"倚美抗华"态势

2023 年，印度莫迪政府在"全球领导型大国"战略目标下积极开展外交活动。其一，加强与美合作联手遏华。2023 年，美印两国数次公开发表对华挑衅言论。6 月初，两国就国防工业合作路线图达成一致，双方承诺分享尖端技术，并加强在情报、侦察和监视技术等方面的合作。③ 紧接着，也是在 6 月，印度总理莫迪访美，双方称美印关系进入新纪元，并宣布多项因应中国影响力的国防与商业协议，会后双方发表联合声明，其中再次提及东海及南海问题。9 月，拜登与莫迪在二十国集团（G20）领导人第十八次峰会召开前夕会面并发表联合声明，双方重申美印两国密切、持久的伙伴关系，并承诺在"民主价值观"、半导体供应链、量子计算等一系列领域进行合作。④ 11 月，美国与印度"2+2"对话会在新德里召开，印度国防部部长辛格表示，美印两国在许多战略问题上能够达成一致，其中包括抗衡中国日益增长的国际影响力，并认为两国之间的合作关系对"印太区域保持自由、开放和有章可循起到至关重要的作用"。美国国防部部长奥斯汀表示，"面对紧迫的全球挑战，世界上两个最大的民主国家交换意见、找到共同目

---

① 《外交部发言人介绍落实〈南海各方行为宣言〉第 38 次联合工作组会情况》，中国政府网，2023 年 3 月 14 日，https：//www.gov.cn/xinwen/2023-03/14/content_5746685.htm。
② 《落实〈南海各方行为宣言〉第 21 次高官会在北京举行》，中国外交部网站，2023 年 10 月 26 日，https：//www.fmprc.gov.cn/wjdt_674879/sjxw_674887/202310/t20231026_11169020.shtml。
③ Nick Wadhams，Peter Martin，"US and India Renew Push to Deepen Defense Industry Ties"，Bloomberg，June 6，2023，https：//www.bloomberg.com/news/articles/2023-06-05/us-and-india-renew-push-to-deepen-defense-industry-ties？srnd=premium-asia.
④ 《拜登和莫迪会谈后发联合声明　美国支持印度入常》，（新加坡）联合早报网，2023 年 9 月 9 日，https：//www.zaobao.com/realtime/world/story20230909-1431706。

标……比以往任何时候都更重要"。① 其二，将"全球南方"纳入外交议程。近年来，随着"全球南方"的崛起，尤其是在 2022 年俄乌冲突爆发后，"全球南方"没有盲目跟随西方，坚持中立立场，国际影响力不断增强。考虑到"全球南方"的战略价值，莫迪政府围绕此展开一系列外交活动。1月，印度举行首次"全球南方之声"线上峰会，向 120 多个发展中国家的政府首脑、外长和财长发出了邀请，讨论发展中国家金融发展和能源安全等问题。9月，在新德里举行的 G20 峰会上，非洲联盟整体受邀成为 G20 的正式成员，印度作为轮值主席国力推"全球南方"议程。11月，印度举行第二届"全球南方之声"线上峰会，强调在"全球南方"国家面临挑战时应团结一致，共同推进全球治理体系改革以适应全球性挑战。② 印度在"全球南方"相关活动中频频以代言人角色自居，旨在通过实现对"全球南方"的"领导"服务其大国战略。其三，中印关系持续陷入低谷。受 2020 年加勒万河谷事件影响，2023 年中印关系仍然在低位徘徊。4月，中国对藏南地区的部分地名进行标准化处理，这完全是中国主权范围之内的事情，却被印度官员无端指责。印度还在中印边境地区加大基础设施建设投入，其"防范中国"的目的显而易见。不仅如此，印度不断插手台湾问题，③ 印方一系列行为使中印关系更趋紧张。

尽管如此，中印双方依然保持机制化互动与联系，两国都希望双边关系保持一定稳定。2月，中印边境事务磋商和协调工作机制（WMCC）第 26 次会议在北京举行，双方回顾了前期中印边境管控取得的积极进展，对两国边防部队前期在加勒万河谷等四个地点脱离接触成果予以肯定，并就

① 《美印"二加二"会谈 承诺扩大战略伙伴关系》，（新加坡）联合早报网，2023 年 11 月 10 日，https://www.zaobao.com/news/world/story20231110-1449284。

② "Chair's Summary: 2nd Voice of the Global South Summit", Ministry of External Affairs, Government of India, November 17, 2023, https://www.mea.gov.in/bilateral – documents.htm? dtl/37278/Chairs_summary_2nd_Voice_of_the_Global_South_Summit_November_17_2023.

③ Sudhi Ranjan Sen, "India's Military Studying Options for Any China-Taiwan War", Bloomberg, September 8, 2023, https://www.bloomberg.com/news/articles/2023 – 09 – 08/india – s – military-studying-options-for-any-china-war-on-taiwan.

下阶段磋商思路深入交换意见，并达成共识。① 5 月，该机制第 27 次会议在新德里举行，双方充分肯定此前外交军事沟通取得的成效，并就当前共同关切的问题及下阶段工作思路深入交换意见，并达成共识。② 中印两国高层还在 2023 年进行多次会谈，7 月，中共中央外办主任王毅在雅加达会见印度外长苏杰生。王毅表示，习近平主席和莫迪总理达成将中印关系稳定下来的重要共识，双方要为此付诸行动，坚持双边关系正确方向，把握好世界发展大势，推动中印关系企稳改善。苏杰生表示，中印关系正常化符合双方共同利益。印方愿本着开放心态，妥善应对双方分歧，推动两国关系尽快重回正轨，为下阶段高层交往创造良好条件。双方同意尽快就边界问题举行下一轮军长级会谈，并同意启动金砖国家扩员进程，并就此达成原则共识。③

（四）大国对南太地区关注度不断提高

为全面深入推进"印太战略"，拜登政府加大对太平洋岛国的战略投入。2 月，美国驻太平洋岛国所罗门群岛大使馆时隔 30 年后重开。5 月，美国正式开设驻汤加大使馆。也是在 5 月，美国国务卿布林肯出访巴布亚新几内亚，双方签署了新《防务合作协议》。美国国务院表示，决定加强双边关系，提高巴布亚新几内亚国防军的能力，并加强该地区的稳定与安全。④ 9 月，第二届美国—太平洋岛国峰会在华盛顿举行，拜登重申了加强与太平洋

① 《中印举行边境事务磋商和协调机制第 26 次会议》，中国外交部网站，2023 年 2 月 22 日，https：//www. fmprc. gov. cn/web/wjdt _ 674879/sjxw _ 674887/202302/t20230222 _ 11029614. shtml。

② 《中印举行边境事务磋商和协调工作机制第 27 次会议》，中国外交部网站，2023 年 6 月 1 日，https：//www. mfa. gov. cn/web/wjdt_674879/sjxw_674887/202306/t20230601_110870 50. shtml。

③ 《王毅会见印度外长苏杰生》，中国外交部网站，2023 年 7 月 15 日，https：//www. fmprc. gov. cn/wjdt_674879/gjldrhd_674881/202307/t20230715_11113734. shtml。

④ "Secretary Antony J. Blinken and Papua New Guinean Prime Minister James Marape at a Joint Press Availability", U. S. Department of Defense, May 22, 2023, https：//www. state. gov/secretary- antony-j-blinken-and-papua-new-guinean-prime-minister-james-marape-at-a-joint-press- availability/.

岛国伙伴关系的承诺，并宣布一系列新举措，包括首次承认库克群岛和纽埃为主权独立国家并宣布与它们建立正式的外交关系，以及与蓝色太平洋伙伴一道增加气候援助等。① 澳大利亚学者对此认为，拜登政府不断加强在该区域的部署，代表美对华战略竞争的进一步"全球化"。双方的竞争已经从东亚和欧洲的传统战场转移到太平洋地区。②

同时，拜登政府与澳大利亚和新西兰继续强化合作。7 月，一年一度的美澳部长级联合磋商会谈在澳大利亚布里斯班举行，双方在联合声明中公然发表涉华言论，表示支持"台湾实质性地参与国际组织"，深化经贸和人文关系，并承诺在太平洋地区加强与台湾的发展协作。③ 其后，美国国务卿布林肯与新西兰总理希普金斯举行会晤，讨论双边、地区和全球问题，布林肯表示欢迎新西兰加入 AUKUS。④

2023 年，中国与南太平洋国家关系保持健康稳定发展。其一，中澳高层互动逐步恢复，给中澳关系回暖注入了正能量。7 月，中共中央外办主任王毅在雅加达会见澳大利亚外长黄英贤，双方就中澳关系开展沟通交流，推动中澳全面战略伙伴关系重回正轨。⑤ 9 月，中国国务院总理李强在雅加达出席东亚合作领导人系列会议期间会见澳大利亚总理阿尔巴尼斯，双方对两国关系的重要性予以肯定，阿尔巴尼斯表示愿同中方推进对话交流，深化经

---

① "Background Press Call by Senior Administration Officials to Preview the U. S. -Pacific Islands Forum Summit", The White House, September 25, 2023, https: //www. whitehouse. gov/ briefing-room/press-briefings/2023/09/25/background-press-call-by-senior-administration-officials-to-preview-the-u-s-pacific-islands-forum-summit/.

② 《中美博弈与南太平洋之争：拜登取消访问巴新 美国是否能抗衡中国影响力》，BBC 新闻中文网，2023 年 5 月 19 日，https: //www. bbc. com/zhongwen/simp/world-65632968。

③ "Fact Sheet: 2023 Australia -U. S. Ministerial Consultations (AUSMIN)", U. S. Department of Defense, July 29, 2023, https: //www. defense. gov/News/Releases/Release/Article/3476036/fact-sheet-2023-australia-us-ministerial-consultations-ausmin/.

④ 《布林肯声称对新西兰等参与"奥库斯"敞开大门，外媒炒：可能激怒中国》，环球网，2023 年 7 月 27 日，https: //hqtime. huanqiu. com/article/4DsTWcwEWAt。

⑤ 《王毅会见澳大利亚外长黄英贤》，中国外交部网站，2023 年 7 月 14 日，https: //www. mfa. gov. cn/zyxw/202307/t20230714_11113045. shtml。

贸等领域合作，扩大人文交往，妥善管控分歧，构建稳定和建设性的双边关系。^① 11 月，澳大利亚总理阿尔巴尼斯访华，这是 2016 年以来澳大利亚总理首次访华，双方发布《中澳总理年度会晤联合成果声明》，两国领导人再次确认支持中澳全面战略伙伴关系，重申稳定、建设性双边关系的重要性，并在政治对话、双边贸易、气候、能源、环境和人文交流等领域达成广泛共识。^② 其二，中新关系稳步前进，2023 年两国保持密切往来。1 月，中国国务院总理李强致电希普金斯，祝贺他就任新西兰政府总理。^③ 3 月，王毅在北京会见新西兰外长马胡塔，双方就中新关系、南太合作及乌克兰危机交换看法。6 月，新西兰总理希普金斯对华进行正式访问，两国发布《关于全面战略伙伴关系的联合声明》，强调加强各领域的合作。11 月，中国国务院总理李强致电拉克森，祝贺他就任新西兰政府总理。12 月，中国外交部部长王毅同新西兰副总理兼外长彼得斯通电话，双方一致肯定两国关系的重要性，愿共同推动中新关系不断发展，维护和促进两国的共同利益，并期待加强贸易、旅游等领域合作，双方还就巴以冲突、乌克兰危机等国际热点问题交换了意见。^④

不仅如此，中国与南太平洋岛国也保持着密切外交互动。5 月，中国国家主席习近平致电西米纳，祝贺他就任密克罗尼西亚联邦总统。^⑤ 7 月，所罗门群岛总理索加瓦雷对华进行正式访问，中国和所罗门群岛正式建立新时代相互尊重、共同发展的全面战略伙伴关系。^⑥ 10 月，巴布亚新几内亚总理

① 《李强会见澳大利亚总理阿尔巴尼斯》，中国政府网，2023 年 9 月 7 日，https：//www. gov. cn/yaowen/liebiao/202309/content_6902621. htm。
② 《中澳总理年度会晤联合成果声明（全文）》，中国政府网，2023 年 11 月 7 日，https：// www. gov. cn/yaowen/liebiao/202311/content_6914025. htm。
③ 《李克强向新西兰新任总理希普金斯致贺电》，中国外交部网站，2023 年 2 月 2 日，https：//www. mfa. gov. cn/web/zyxw/202302/t20230202_11018762. shtml。
④ 《王毅同新西兰副总理兼外长彼得斯通电话》，中国外交部网站，2023 年 12 月 19 日，https：//www. mfa. gov. cn/web/wjbzhd/202312/t20231219_11207119. shtml。
⑤ 《习近平向密克罗尼西亚联邦新任总统西米纳致贺电》，中国外交部网站，2023 年 5 月 21 日，https：//www. mfa. gov. cn/web/zyxw/202305/t20230521_11080901. shtml。
⑥ 《习近平会见所罗门群岛总理索加瓦雷》，中国外交部网站，2023 年 7 月 10 日，https：// www. mfa. gov. cn/web/zyxw/202307/t20230710_11110927. shtml。

马拉佩出席第三届"一带一路"国际合作高峰论坛，并对华进行正式访问，双方发表联合声明，并就双边关系、共建"一带一路"合作以及共同关心的问题深入交换意见，达成共识。① 11月，中国国家主席习近平在旧金山会见斐济总理兰布卡。②

三 中国积极推动亚太地区局势稳定

中国积极推动中美关系稳定。2023年1月，"无人飞艇事件"再次暴露两国关系的脆弱性。中方经核查后已多次告知美方，中国民用无人飞艇误入美领空完全是由不可抗力导致的意外、偶发事件。但美方置若罔闻，执意对即将离开美领空的民用飞艇滥用武力，明显反应过度。③ 6月，美国国防部表示，无人飞艇在飞越美国期间并没有搜集和传输情报。④ 可见，中美关系陷入僵局的一个关键原因是美国的对华战略认知误差。2月，美国国务卿布林肯罔顾事实，公然宣称台海问题"是全球性问题"。⑤ 这些负面事件使2022年底中美领导人巴厘岛会晤后中美关系的回暖迹象骤然消失。在双方共同努力尤其是在中国积极推动下，2023年下半年，两国关系呈现一定的缓和态势。美国国务卿布林肯、财政部部长耶伦、商务部部长雷蒙多等先后访华，就中美关系、经济问题、亚太和海上事务磋商等进行了探讨。10月，

---

① 《中华人民共和国和巴布亚新几内亚独立国联合声明（全文）》，中国外交部网站，2023年10月17日，https：//www. mfa. gov. cn/web/ziliao＿674904/1179＿674909/202310/t20231018＿11162574. shtml。

② 《习近平会见斐济总理兰布卡》，中国外交部网站，2023年11月17日，https：//www. mfa. gov. cn/web/zyxw/202311/t20231117＿11182172. shtml。

③ 《外交部副部长谢锋就美方武力袭击中国无人飞艇向美国驻华使馆负责人提出严正交涉》，中国外交部网站，2023年2月6日，https：//www. mfa. gov. cn/web/wjbxw＿673019/202302/t20230206＿11019999. shtml。

④ Simone McCarthy, Haley Britzky, "Chinese Surveillance Balloon did not Collect Information over US, Pentagon says", CNN News, June 30, 2023, https：//edition. cnn. com/2023/06/29/politics/china-surveillance-balloon-pentagon-intl-hnk/index. html.

⑤ 《2023年2月28日外交部发言人毛宁主持例行记者会》，中国外交部网站，2023年2月28日，https：//www. mfa. gov. cn/web/fyrbt＿673021/202302/t20230228＿11032791. shtml。

中美两国高层进行互访。美国加利福尼亚州州长纽森先行抵京，中国国家主席习近平与其进行了会谈，双方就中美关系等议题交换了意见。随后，中国外交部部长王毅访美与拜登进行了会谈，双方就切实落实在巴厘岛达成的重要共识达成一致。[①] 11月，应美国总统拜登邀请，中国国家主席习近平赴美国旧金山举行中美元首会晤，同时应邀出席亚太经合组织第三十次领导人非正式会议，两国元首就事关中美关系的战略性、全局性、方向性问题以及事关世界和平与发展的重大问题坦诚深入地交换了意见。[②]

中俄关系奋力前进。2023年，面对动荡不安的国际局势，中俄两国携手加强在政治、经贸、人文等领域的合作。第一，政治互信不断深化。元首互访为中俄关系注入强劲动力，3月20~22日，中国国家主席习近平应邀对俄罗斯进行国事访问，两国元首共同签署《中华人民共和国和俄罗斯联邦关于深化新时代全面战略协作伙伴关系的联合声明》和《中华人民共和国主席和俄罗斯联邦总统关于2030年前中俄经济合作重点方向发展规划的联合声明》，对下一阶段两国在各领域合作进行了规划，并重申在涉及彼此核心利益问题上继续相互支持，共同抵御外部势力干涉内政图谋。10月18日，中国国家主席习近平与来华出席第三届"一带一路"国际合作高峰论坛的俄罗斯总统普京举行会谈，并就双边关系以及共同关心的重大国际和地区问题深入交换意见。第二，双边贸易保持良好发展势头。2023年，中俄双边贸易额达2401亿美元，同比增长26%，中国连续14年成为俄罗斯第一大贸易伙伴国，双方在能源、化工、航空航天等领域的合作不断加深，推动中俄经贸合作再上新台阶。第三，人文交流焕发新貌。中俄端午节、第七届中俄油画交流展、中俄民间体育艺术节等各领域活动的展开增进了两国人民的相互了解和友好感情。人文交流与合作作为中俄关系的重要组成部分，推动中俄新时代全面战略合作伙伴关系不断深入与快速发展。

---

① 《美国总统拜登会见王毅》，中国外交部网站，2023年10月28日，https：//www.mfa. gov.cn/web/wjbzhd/202310/t20231028_11170037.shtml。

② 《习近平同美国总统拜登举行中美元首会晤》，中国外交部网站，2023年11月16日，https：//www.mfa.gov.cn/web/zyxw/202311/t20231116_11181125.shtml。

  中国积极推动周边外交。2023 年恰逢习近平主席提出亲诚惠容周边外交理念 10 周年。10 年来，中国积极践行这一重要理念，始终将周边置于中国外交全局的首要位置，与周边国家携手前行，在国际风云激荡中守护来之不易的和平安宁，在重重危机挑战中建设全球最有活力的发展高地。① 2023 年 5 月，中国举办了中国—中亚峰会，中亚五国元首均出席，习近平主席同中亚五国元首签署了《中国—中亚峰会西安宣言》，通过了《中国—中亚峰会成果清单》，并成立了中国—中亚元首会晤机制。② 9 月，中国—东盟博览会在广西举行，柬埔寨首相洪玛奈、老挝总理宋赛、马来西亚总理安瓦尔、越南总理范明政、印度尼西亚副总统马鲁夫、泰国副总理兼商业部部长普坦、东盟秘书长高金洪等人出席，东盟国家高度赞赏习近平主席提出的亲诚惠容周边外交理念，以及中国为促进地区和平与繁荣做出的重要贡献。③ 10 月，中国举办了第三届"一带一路"国际合作高峰论坛，共 150 多个国家的代表参加，形成 458 项成果，习近平主席同与会的所有外方领导人举行会见会谈，达成一系列重要合作共识。④ 除此之外，习近平主席还会见了孟加拉国总理哈西娜、尼泊尔总理普拉昌达、巴基斯坦总理卡卡尔和斯里兰卡总统维克拉马辛哈，并分别就双边关系进行了深入交流。

  中国还积极斡旋热点问题，彰显大国责任担当。2023 年，地区热点问题此起彼伏，局部冲突频发，国际社会经历前所未有的多重风险挑战。2 月，中国正式发布《全球安全倡议概念文件》，呼吁各国同舟共济、团结协作，构建人类安全共同体。紧接着，中国发布《关于政治解决乌克兰危机的中国立场》，中方一贯秉持客观公正的立场，积极劝和促谈，为推动危机

①《王毅出席纪念亲诚惠容周边外交理念 10 周年国际研讨会开幕式》，中国外交部网站，2023 年 10 月 24 日，https：//www. mfa. gov. cn/web/wjbz＿673089/xghd＿673097/202310/t20231024＿11167132. shtml。

②《习近平主持首届中国—中亚峰会并发表主旨讲话》，中国外交部网站，2023 年 5 月 19 日，https：//www. mfa. gov. cn/web/zyxw/202305/t20230519＿11080034. shtml。

③《李强出席第二十届中国—东盟博览会开幕式并致辞》，中国外交部网站，2023 年 9 月 17 日，https：//www. mfa. gov. cn/web/zyxw/202309/t20230917＿11144239. shtml。

④《王毅谈第三届"一带一路"国际合作高峰论坛重要成果》，中国外交部网站，2023 年 10 月 19 日，https：//www. mfa. gov. cn/web/wjbzhd/202310/t20231019＿11163476. shtml。

解决发挥建设性作用。3 月，在中国的斡旋下，沙特和伊朗在断交 7 年后恢复建交，中沙伊三方发表联合声明，三国均表示愿尽一切努力，加强国际地区和平与安全。4 月，中国发布《关于阿富汗问题的中国立场》文件，为阿富汗克服困难和挑战提供帮助与支持。10 月，巴以爆发新一轮军事冲突，中方对此表示，停火止战是当务之急，并积极参与联合国安理会的紧急磋商，支持古特雷斯秘书长关于保护平民的紧急呼吁，同时将通过联合国渠道向加沙地带以及巴勒斯坦民族权力机构提供紧急人道援助。[1] 11 月，中方发布《中国关于解决巴以冲突的立场文件》，提出全面停火止战、切实保护平民、确保人道主义援助、加大外交斡旋、寻求政治解决五点建议，[2] 为推动巴以实现持久和平发挥重要作用。

---

[1] 《王毅：在巴勒斯坦问题上，中方站在和平一边、站在人类良知一边》，中国外交部网站，2023 年 10 月 13 日，https：//www.mfa.gov.cn/web/wjbzhd/202310/t20231013_11160787.shtml。

[2] 《中国关于解决巴以冲突的立场文件》，中国外交部网站，2023 年 11 月 30 日，https：//www.mfa.gov.cn/wjbxw_new/202311/t20231129_11189399.shtml。

B.5

亚太地区安全形势：美国纵深推动
"印太战略"与亚太安全秩序重构

李志斐*

摘　要：　2023 年，美国整合升级盟伴体系，纵深推进"印太战略"实施，重视加强对亚太地区安全议程的控制，"规锁"中国态势加剧。在乌克兰危机持续和大国竞争激烈的叠加影响下，亚太主要安全力量继续推动自身对外战略调整，东北亚阵营化格局持续；印度默许美西方加强在南亚渗透，达成制衡中国"统一阵线"；东盟强化战略自主性建设，努力巩固东盟中心地位，次区域安全格局的差异化明显。亚太地区"双安全"风险持续上升，地区性军备竞赛不断升温，领土领海争端持续发酵，恐怖主义、电信诈骗、气候变化等非传统安全挑战增多。亚太地区安全架构和秩序在动荡中重塑，地区安全形势面临的不确定性和不稳定性仍在持续增加。

关键词：　"印太战略"　亚太安全　大国竞争

　　2023 年亚太地区秩序和架构依旧在重塑过程中，大国博弈激烈并依旧是影响亚太地区安全形势走向的关键性因素。在美国强推"印太战略"冲击下，乌克兰危机的地区外溢影响不断凸显，亚太地区主要力量加速分化组合，区域热点争端持续发酵，传统安全和非传统安全威胁相互交织，台海、南海问题局势"波澜不静"，次区域安全格局差异化更加明显。亚太安全环境错综复杂，不确定性和不稳定性持续增加。

---

* 李志斐，博士，中国社会科学院亚太与全球战略研究院研究员，主要研究方向为中国周边安全。

一　美国整合升级盟伴体系，"印太战略"纵深推进

2023 年美国继续在亚太地区强推"印太战略"，通过整合、升级盟伴体系，加速推进"亚太北约化"进程和"印太经济框架"建设，推进产业链和供应链的"去中国化"，"提质升级"对中国的全面竞争与全方位遏制，提升对亚太地区安全合作议程和安全形势发展的控制力、影响力。

（一）整合盟伴体系，加强"小多边"安全架构发展

美国已经在亚太地区建立了"辐辏式"联盟体系，随着"印太战略"的深入，2023 年美国从结构上不断强化"小多边"安全架构发展，力图进一步整合盟伴体系，强化对亚太安全议程的控制力和影响力。美国负责亚太安全事务的助理国防部部长伊利·拉特纳（Ely Ratner）声称："2023 年是美国在印太地区军事态势最具变革性的一年。"[1] 美国继续将美日印澳"四边机制"（QUAD）作为"印太战略"的核心依托平台，在深化传统双边盟友和伙伴内部合作作为优先事项的基础上，推动美日韩、美日菲、美澳菲三边机制"协同式"发展。

拜登政府将 QUAD 升级为首脑级别机制，并通过六个工作组，在新冠疫情应对和全球卫生安全、气候变化、关键和新兴技术、网络空间、太空和基础设施等重点领域加强四方合作。2023 年 3 月，美日印澳外长级"四方会谈"重申了所谓"支持自由开放、包容和有弹性的印太地区的坚定承诺"。[2] 5 月，第二届 QUAD 领导人线下峰会发布联合声明，强调要扩大机制接触范围，提升欧盟在"印太地区"的参与度，同时创新合作方式，同

---

[1] "The Transformation of the U. S. -Philippines Alliance", https：//www. csis. org/analysis/transformation-us-philippines-alliance.

[2] "Joint Statement on Australia-U. S. Ministerial Consultation（AUSMIN）2023", U. S. Department of Statement, July 29, 2023, https：//www. state. gov/joint-statement-on-australia-u-s-ministerial-consultations-ausmin-2023/.

意在"印太海域态势感知伙伴关系"（IPMDA）、"印太人道主义援助和灾害救援四方伙伴关系"（HADR）、"四方债务管理资源门户"（QDMRP）机制下，在海上合作、公共产品供给、基础设施等领域加强合作。① 峰会还出台《四方安全对话领导人愿景声明——印太地区的持久伙伴》《印太清洁能源供应链四方原则声明》《全球粮食韧性安全广岛行动声明》《Open RAN 安全性报告》《关键和新兴技术标准四方原则》《四方网络安全伙伴关系：安全软件联合原则》等多份文件。② 四方合作的维度和深度都大大扩展，进一步夯实了"小多边"合作基础。

2023 年，美国通过积极构筑美日韩、美日菲、美日澳三边机制，深度捆绑日韩澳菲四国，使其成为美国强推"印太战略"实施的四大机制支柱。在美国推动下，日韩重启首脑互访后，举行了首次经济安全对话、三方戴维营会谈等多轮会晤，达成了《戴维营原则》，同意扩大三国的安全和经济合作，发布了《戴维营精神》（Spirit of Camp David）、《戴维营原则》（Camp David Principles）、《协商约定》（Commitment to Consult）三份"成果文件"，强调要在地缘政治竞争、气候危机、乌克兰危机、核挑衅考验的历史关键时刻团结一致、协调行动，扩大三方合作，开启美日韩伙伴关系新时代。③ 美国将美日和美韩统合到美日韩三边机制框架中，使两国有力协助推进美国在东北亚的军事战略部署。

2023 年 6 月，美日菲三国防长在新加坡举行三方会晤，重申了深化三方在关键问题上的合作以促进所谓"自由开放的印太"的重要性，包括信息共享、高级别政策磋商和三方军事演习，美日菲三方安全合作模式向纵深发展。美日澳三国防长同月在夏威夷召开了三边防长会议，发

---

① 《四方安全对话领导人联合声明》，澳大利亚驻华大使馆网站，2022 年 5 月 24 日，https：//china. embassy. gov. au/bjngchinese/quadjointleadersstatement. html。

② 《四方安全对话领导人联合声明》，澳大利亚驻华大使馆网站，2022 年 5 月 24 日，https：//china. embassy. gov. au/bjngchinese/quadjointleadersstatement. html。

③ "The Spirit of Camp David: Joint Statement of Japan, the Republic of Korea, and the United States", U. S. Mission Korea, August 19, 2023, https：//kr. usembassy. gov/081923 - the - spirit-of-camp-david-joint-statement-of-japan-the-republic-of-korea-and-the-united-states/.

布联合声明，承诺将持续开展三边活动和演习，未来两年进行三边 F-35 联合攻击战斗机训练，提升澳大利亚北部高端三边演习的频率和复杂性，同时加强导弹防御等跨领域战略合作，深化与东盟国家、印度、韩国等国对话，建立包容性伙伴关系。① 在此基础上，美澳强调将共同致力于联盟运作，强化两国军事联盟，包括通过加强军力部署合作，支持美国武装部队进入澳大利亚，允许美国核潜艇对澳大利亚进行更长时间、更频繁的访问。②

（二）推动"北约亚太化"和"亚太北约化"继续相向而行

在美国鼓动和策划下，"北约亚太化"和"亚太北约化"继续相向而行，北约成员国与亚太四国的关系向纵深发展。2023 年 7 月，日本、韩国、澳大利亚、新西兰 4 个亚太国家第二次参加北约峰会，此次峰会上北约将与日韩澳三国的合作由个别伙伴关系和合作计划（IPCP）升级为"新伙伴关系协议"（ITPP），合作范围进一步扩大，合作进一步制度化。在涉及中国议题上，峰会强调中国对北约形成了"系统性挑战"，威胁北约利益、安全和价值观。③ 北约希望在日本东京设立联络处，但由于法国反对暂时停滞，④ 而韩国官方积极赞成与北约及其成员国加强合作。2023 年 6 月，日本作为除瑞典外唯一一个非北约成员国参加北约历史上最大规模的"空中卫士 2023"演习，体现出日本积极向北约靠拢的政策取向。⑤ 韩国和北约签署了

---

① "United States-Japan-Australia Trilateral Defense Ministers' Meeting (TDMM) 2023 Joint Statement", U. S. Department of Defense, June 3, 2023, https：//www. defense. gov/News/Releases/Release/Article/3415881/united-states-japan-australia-trilateral-defense-ministers-meeting-tdmm-2023.

② "Joint Statement on Australia-U. S. Ministerial Consultations 2023", July 29, 2023, https：//www. state. gov/joint-statement-on-australia-u-s-ministerial-consultations-ausmin-2023/.

③ "Japan, S. Korea, Australia, N. Z. to Hold Talks at NATO Summit", June 30, 2023, https：//japannews. yomiuri. co. jp/politics/defense-security/20230630-119629/.

④ 《法国为何力阻北约设东京"据点"法媒给出三个原因》，新华网，2023 年 6 月 7 日，http：//www. news. cn/mil/2023-06/07/c_1212196652. htm。

⑤ 《日本与北约勾连破坏地区稳定》，人民网，2023 年 6 月 26 日，http：//military. people. com. cn/n1/2023/0626/c1011-40021220. html。

包含网络安全、新技术、气候变化、国防工业等新领域合作的 11 个文件的"新伙伴关系协议"。①

同时，北约多个成员国不断加强与亚太国家的军事合作和安全互动。英法德分别与日本建立外长和防长"2+2"对话机制，并计划将战斗机联合训练等防务活动机制化、常态化。英国持续强化与日本和印度的军事互动，与日本签署《互惠准入协定》,② 与韩国签署经济和军事协议，计划在澳大利亚储备弹药和燃料。2023 年 9 月，日本和德国正式启动《物资劳务相互提供协定》政府间谈判，并首次参加美澳主导的"护身军刀"联合演习等。

北约名义上是防御性军事联盟，但在亚太地区"越界扩权"的姿态愈加变本加厉，不断推动与美国亚太盟伴体系的战略对接，成为美国"印太战略"实施的强力助手，其行为不可避免地在亚太地区挑动对立，激化亚太地区紧张局势。

（三）中美博弈更加激烈，但管控安全风险渐成高层重要共识

2023 年 2 月上旬，一艘中国民用气象无人飞艇意外进入美国领空，美国大肆炒作"无人飞艇事件"，对中国"飞艇是民用性质，是因不可抗力误入美国领空"③ 的解释"置之不理"，执意将国务卿布林肯访华行程推迟。美国通过不断渲染"中国威胁论"，使盟伴体系的共同目标定位于"一致抗衡中国"，建立围堵遏制中国的行动共识。美国不断渲染台海紧张局势，在政治舆论造势和炒作中加速"武装台湾"，拿台湾问题制约中国。2023 年 7

---

① Nam Hyun-woo, "S. Korea, NATO Sign New Partnership to Cooperation in Security, Technology", July 1, 2023, https：//www. koreatimes. co. kr/www/nation/2023/07/113_354747. html.

② 《日英正式签署〈互惠准入协定〉》，中国新闻网，2023 年 1 月 12 日，https：//www. chinanews. com. cn/gj/2023/01-12/9933422. shtml。

③ 《外交部发言人就中国无人飞艇因不可抗力误入美国领空答记者问》，中国外交部网站，2023 年 2 月 3 日，https：//www. mfa. gov. cn/web/fyrbt_673021/202302/t20230203_11019482. shtml。

月，拜登首次以"总统拨款权"向我国台湾地区提供 3.45 亿美元军事援助，[①] 8 月宣布 5 亿美元的第 11 轮对台军售，[②] 以及以"外国军事融资"的方式向我国台湾地区提供 8000 万美元军事援助。[③] 美国短短一个月近 10 亿美元的对台军事援助，严重破坏台海和平。

此外，在南海问题和科技领域，美国也频频对中国发难。2022 年美国政府通过的《出口管理条例》将 31 个中国实体列入"未经核实清单"之后，2023 年 1 月，美国联合日本与荷兰限制向中国出口先进芯片制造设备；2 月，美国司法部和商务部联合成立所谓"颠覆性技术打击小组"，加强对华出口管制的监督执法；3 月，美国商务部公布《芯片法》护栏条款的拟议规则，禁止受资助实体 10 年内同中国进行任何半导体产能的实质性扩产交易；8 月，拜登签署对外投资审查行政令，严禁美国企业及公民对中国半导体等尖端领域投资。[④] 美国妄图通过"科技战"对中国高科技企业进行毁灭性打击。同时美国以"支持俄罗斯国防工业基础"为理由，将 42 家中国企业列入出口管制"实体清单"，实施制裁。[⑤]

但 2023 年明显的另一个现象是中美高层互动达到过去 5 年来的新水平，美国国务卿布林肯、财政部部长耶伦、商务部部长雷蒙多、总统气候变化事务特使克里、参议员舒默、加州州长纽森等相继访华，中国外长王毅、国务院副总理何立峰等访美，中美在亚太事务、海洋、外交政策、军控等领域开展对话，并建立商务、经济和金融工作组。2023 年 11 月 15 日，中国国家主席习近平与美国总统拜登在旧金山举行中美元首会晤，对于中美关系发展

① 《外交部发言人就美国政府决定向中国台湾地区提供军事援助答记者问》，中国外交部网站，2023 年 8 月 2 日，https：//www.mfa.gov.cn/tyrbt_673021/202308/t20230802_11121277.shtml。
② 《美宣布 5 亿美元对台军售案，中方：将坚决有力捍卫国家主权和领土完整》，中国青年网，2023 年 8 月 24 日，https：//news.youth.cn/gj/202308/t20230824_14741826.htm。
③ 《美首次提供台 8000 万美元军事融资贷款，国台办回应》，央视网，2023 年 9 月 13 日，https：//news.cctv.com/2023/09/13/ARTIziZBXtEm7JNT5JjeiuMh230913.shtml。
④ 《国家安全部：美国一年的加码"科技战"，赢了吗？》，新浪网，2023 年 10 月 7 日，https：//news.sina.com.cn/c/2023-10-07/doc-imzqfqmv2011431.shtml。
⑤ 《又打压！外媒：美国商务部将 42 家中国企业列入出口管制清单》，光明网，2023 年 10 月 7 日，https：//world.gmw.cn/2023-10-07/content_36874458.htm。

方向提出共同展望，强调要共同浇筑中美关系的五根支柱：共同树立正确认知，共同有效管控分歧，共同推进互利合作，共同承担大国责任，共同促进人文交流。① 中美元首外交发展和高层会晤增多，对于管控中美激烈博弈的"擦枪走火"起到重要的"压舱石"作用。

二 地区力量分化组合加剧 同盟阵营化趋势明显

乌克兰危机持续、巴以冲突延宕、大国地区竞争加剧，世界格局加速演进，国际局势愈加动荡。亚太地区主要力量面临国际国内局势发展，继续推动自身对外战略调整，日本、韩国和澳大利亚继续加固与美国的联盟合作，印度亲美态势不减，对华强硬成为新常态，东北亚和南亚地区阵营化趋势进一步明显，东盟努力加强战略自主，巩固东盟中心地位。三个次区域安全格局的差异使亚太地区安全形势在不确定性中发展。

（一）日韩加强与美国全面合作，朝俄关系发展迅速，东北亚阵营对抗升级

2023 年日本宣布对"防卫装备转移三原则"和运用指南方针进行修订，并连续推出《防卫白皮书》《太空安全保障构想》《防卫技术指针 2023》等文件，对防卫装备出口制度进行根本性调整，大力推动防卫建设发展，不断突破"和平宪法"限制。日韩在 2023 年 3 月重启情报共享机制，韩方宣布正式恢复《韩日军事情报保护协定》。美韩首脑在 2023 年 4 月签署《华盛顿宣言》，被称为第二个《美韩共同防御条约》，两国宣布设立新的延伸威慑机制——核咨商小组（NCG），"以期共同探讨核计划与战略计划并管控朝鲜对核不扩散机制的威胁"，决定实现韩国常规作战力量对美国核作战的

---

① 《习近平同美国总统拜登举行中美元首会晤》，求是网，2023 年 11 月 16 日，http：//www.qstheory.cn/yaowen/2023-11/16/c_1129977788.htm。

支援，并加强在朝鲜半岛执行核威慑所需的联合演练。①

2023 年 6 月，美日韩三国防长在新加坡举行三方会晤，重申了深化三方在关键问题上的合作以促进所谓"自由开放的印太"的重要性，并宣布将在年底前交换实时导弹预警数据，提高各国探测和评估朝鲜发射导弹的能力。② 8 月，戴维营美日韩三方会谈进一步将防务合作机制化，强化对朝战略，加紧利用朝鲜半岛紧张局势加强联合军演、情报共享等，提升对朝鲜威慑力。2023 年，美日韩针对朝鲜的联合军事演习频繁且规模不断扩大，韩国海军"栗谷李珥"号"宙斯盾"驱逐舰、美军"本福德"号导弹驱逐舰、日本自卫队"羽黑"号"宙斯盾"驱逐舰参演。演习模拟朝鲜发起"弹道导弹挑衅"的情境，重点练习三国军舰探测、追踪虚拟导弹靶标并共享情报等流程。③

美日韩升级防务合作水平对朝施压的行为，直接大大缩小了朝核问题协调解决的政治空间和战略信任基础，使朝鲜更加坚定了"拥核自保"的决心，采取对韩国更加强硬的对抗措施，宣布大幅增加导弹和其他武器产量，将核武力政策写入宪法，将增强侦察能力应对美韩威胁列为"优先"事项。2023 年 11 月，朝鲜成功发射侦察卫星"万里镜-1"号，④ 标志着朝鲜有能力主动监控美韩军事态势。同时朝鲜宣布将不再受制于韩朝《9·19 军事协议》，并立即恢复因该协议停止的所有陆海空军事措施，在韩朝军事分界线（MDL）地区加强武力部署并引进新型军事装备。⑤ 朝韩边境重返军事对峙态势。

① 《韩美首脑发表〈华盛顿宣言〉阐明加强对朝延伸威慑》，韩联社网站，2023 年 4 月 27 日，https：//cn. yna. co. kr/view/ACK20230427001300881。

② "United States-Japan-Republic of Korea Trilateral Ministerial Meeting（TMM）Joint Press Statement"，U. S Department of Defense，June 3，2023，https：//www. defense. gov/News/Releases/Release/Article/3415860/united-states-japan-republic-of-korea-trilateral-ministerial-meeting-tmm-joint/.

③ 《针对朝鲜！美日韩举行联合反导演习》，新华网，2023 年 8 月 30 日，http：//www. xinhuanet. com/mil/2023-08/30/c_1212261724. htm。

④ 《朝中社：朝鲜成功发射侦察卫星"万里镜-1"号》，新华网，2023 年 11 月 22 日，http：//world. people. com. cn/n1/2023/1122/c1002-40123311. html。

⑤ 《朝宣称不再受制于韩朝军事协议　将加强前线武力部署》，韩联社网站，2023 年 11 月 23 日，https：//cn. yna. co. kr/view/ACK20231123000300881。

同时，朝鲜与俄罗斯不断加强合作伙伴关系，形成同美日韩的地区对抗态势。2023 年 9 月，朝鲜最高领导人金正恩访问俄罗斯远东地区，并参观俄罗斯最新的航天发射场（东方航天发射场）、一家生产先进喷气式飞机的工厂以及位于符拉迪沃斯托克（海参崴）的俄罗斯太平洋舰队。朝俄首脑实现 2019 年以来首次会晤，强调朝俄全方位关系发展包括军事技术合作和安全问题交流，[①] 金正恩表示将把朝鲜与俄罗斯关系发展作为首要任务。11 月，俄罗斯自然资源与生态部部长科兹洛夫访朝，表示俄罗斯将全面加强与朝鲜关系发展。[②] 在韩国不断渲染"朝鲜威胁论"的情境下，朝鲜加强与俄罗斯军事合作，采取对美日韩行动的对等反制，美日韩与俄朝的地区对抗态势日渐明朗，东北亚局势进入一种螺旋式上升的恶性循环状态。

（二）印度继续"西倾联美"，域外国家加大区域渗透力度，南亚安全形势复杂演进

2023 年南亚国家进入选举周期，印巴国内政治生态变化影响对外关系发展。印度莫迪政府面对 2024 年大选，将塑造"全球领导型大国"作为争取选票的重要砝码，对外以美印关系发展为抓手，不断加强与域外国家关系发展，在实现"联合制衡中国"的目的同时，获取外部力量支持以塑造印度主导的南亚地区战略环境。

印度致力于"全球南方"国家代言人形象塑造。2023 年 1 月邀请 120 个发展中国家参加"全球南方国家之声"线上峰会，主题确定为"声音一致，目标一致"，旨在将"全球南方"国家聚在一起，在一个共同平台上分享观点和优先事项。[③] 印度主张发展中国家在决定未来发展方向上发挥更大作用，呼吁共同制定一个包括回应、承认、尊重和改革在内的"4R 全球议

---

① 《佩斯科夫：俄朝全方位关系包括军事技术合作和安全问题交流》，中国网，2023 年 9 月 14 日，http：//news. china. com. cn/2023-09/14/content_116677948. htm。

② 《俄自然资源和生态部部长：俄罗斯有意全面加强与朝鲜的关系》，俄罗斯卫星通讯社网站，2023 年 11 月 17 日，https：//sputniknews. cn/20231117/1055070523. html。

③ "Voice of Global South Summit", Ministry of External Affairs, January 6, 2023, https：//www. mea. gov. in/press-releases. htm？ dtl/36087/Voice_of_Global_South_Summit。

程"，强调通过制定一个包容和平衡的国际议程回应"全球南方"的优先事项。① 印度作为二十国集团（G20）轮值主席国，将2023年9月在新德里召开的G20第十八次峰会视为建构"全球南方'领导者'"地位的重要契机，莫迪明确表示将重点关注发展中国家，并提议给予非洲联盟常任理事国的地位，六大核心议题集中围绕发展中国家发展，如绿色发展、包容性增长、联合国可持续发展目标进展、技术转型、面向21世纪的多边机构和妇女主导的发展。② 但由于成员国涉及乌克兰危机措辞的分歧，此次峰会只发表了一个领导人会晤声明，强调了"为共同的世界提供解决方案的共同承诺"。③ 印度所谓的针对发展中国家和南方国家明确将中国排除在外，凸显与中国竞争的明显态势。

印度从新兴技术和防务两个层面加强与美国战略捆绑。在新兴技术合作方面，2023年1月美印启动"美印关键和新兴技术倡议"（iCET），加强两国在军事装备、半导体和人工智能等方面与中国的竞争。④ 3月，美印签署半导体供应链和创新伙伴关系协议，加强半导体供应链韧性和多元化方面的合作机制建设。⑤ 在安全防卫方面，美印两国认为通过联合演习、加强国防工业合作、年度"2+2"部长级对话等磋商机制，两国军队在各领域密切协作的先进全面防务伙伴关系建设取得实质性进展，尤其是"国防工业合作路线图"的达成，使先进防御系统的联合生产以及项目的合作研究、测试

---

① "PM's Remarks at Opening Session of Voice Global South Summit 2023", Ministry of External Affairs, https：//www. pmindia. gov. in/en/news_updates/pms-remarks-at-opening-session-of-voice-of-global-south-summit-2023/.

② "Outcome of the 2023 G20 Summit in New Delhi, India", EPRS, https：//epthinktank. eu/2023/09/15/outcome-of-the-2023-g20-summit-in-new-delhi-india/.

③ "Joint Statement from the United States, India, Brazil, and South Africa on the G20", The White House, September 9, 2023, https：//www. whitehouse. gov/briefing-room/statements-releases/2023/09/09/joint-statement-from-the-united-states-india-brazil-and-south-africa-on-the-g20/.

④ 《"美印关键和新兴技术倡议"正式启动，外媒：拜登希望借此对抗中国》，新华网，2023年2月2日，http：//www. news. cn/mil/2023-02/02/c_1211724304. htm。

⑤ "MoU on Semiconductor Supply Chain and Innovation Partnership Between Lndia and US Signed Following the Commercial Dialogue 2023", Press Information Bureau of India, March 10, 2023, https：//pib. gov. in/PressReleasePage. aspx？ PRID＝1905522.

和原型制造成为可能。美国欢迎印度采购 MQ-9B "海上卫士"无人机。①

印度还支持美西方加大对南亚小国的渗透力度,推进在尼泊尔落地"千年挑战计划"(MCC),加强对斯里兰卡的经济援助和实施经济体制改革,推进 QUAD 与环印度洋联盟(IORA)对接,在绿色航运和港口、灾害风险管理、气候信息交换、抗灾基础设施等方面展开沟通协作。

2023 年,印度继续对华采取强硬姿态,加勒万河谷冲突之后,边境对峙力量有增无减,不断加大对中国在印投资企业的审查力度,以防范所谓的"投机性收购",要求小米、OPPO、VIVO 等中国智能手机制造商在印企业的首席执行官、首席运营官、首席财务官和首席技术官必须是印度籍,并强迫他们将合作制造工作委托给印度公司。印度还以所谓的"非法向外国实体转移资金"为由,于 2022 年冻结了小米 48 亿元人民币,相当于小米当年净利润的 57%。② 莫迪政府的强势姿态和机会主义倾向,决定了中印关系处于低位徘徊的状态。

相比于印度加剧南亚地区动荡的行为,巴基斯坦通过强化与华关系和调整对印、对美政策,发挥了维护地区整体稳定的"压舱石"作用。新上台的巴基斯坦夏巴兹政府将发展对华关系放在优先位置,强调中巴关系始终是巴基斯坦外交政策的基石,推进"中巴经济走廊"建设和共建"一带一路"合作,将经济建设、产业发展、科技交流、人才培养、国防安全领域的深化合作作为丰富中巴全天候战略合作伙伴关系的重要内容。巴基斯坦还缓和与印关系,与印度开展"有意义的接触,和平解决争端",适度发展与美欧关系,与美国在气候变化、阿富汗安全、克什米尔问题上达成合作共识。巴基斯坦的外交政策调整一定程度上维护了南亚地区的安全稳定。

---

① "Joint Statement from the United States and India", U. S. Embassy & Consulates in India, June 22, 2023, https://in. usembassy. gov/joint-statement-from-the-united-states-and-india/.

② 《印度向中国手机制造商提新条件,要求印籍人士担任 CEO 等职位》,新浪网,2023 年 6 月 14 日,https://news. sina. com. cn/w/2023-06-14/doc-imyxfafu7492867. shtml。

（三）东盟聚焦经济复苏和"中心地位"维护，领土领海安全挑战增多

2023 年东南亚国家的国内政局和社会形势保持了整体稳定，新加坡、柬埔寨和泰国政权和平交替，内政外交政策保持了基本稳定与延续。东盟国家经济从新冠疫情冲击中恢复，经济发展势头良好。东盟国家普遍将国内经济发展放在优先位置，重点聚焦区域经济发展，将经济发展作为维护东盟"中心地位"的重要砝码。2023 年第 43 届东盟峰会以"东盟举足轻重：打造经济增长中心"为主题，强调深化东盟内部及与各方合作，东盟继续作为地区经济发展中心，保持经济快速、包容和持续性增长。[①] 东盟通过落实《东盟印太展望》与主要域外国家进行战略对接，印度尼西亚作为 2023 年东盟轮值主席国推动中国、美国、韩国、新西兰等国与东盟发表联合声明，确认在《东盟印太展望》的框架下加强合作。东盟将互联互通、数字经济、可持续性与创新金融投资、绿色工业等新兴经济产业作为复苏地区经济的重点合作领域。

面对中美博弈、乌克兰危机和巴以冲突，东盟仍然试图以"一个声音"来保持东盟的统一性和在亚太地区安全结构中的"中心地位"。2023 年 9 月的东亚峰会集合了中国、美国、日本、印度和俄罗斯等诸多大国并发表了联合声明，声明中达成了三个共识：维系东亚峰会；大国缓和关系、避免冲突是地区国家的普遍希望；聚焦区域经济合作。[②] 东亚峰会声明的发布一定意义上证明了东盟在维护亚太地区安全合作中的"中心地位"。

2023 年美国加强了对亚太同盟体系的结构调整，在菲律宾新增军事驻点、暗中纵容菲律宾激化中菲南海争端，并以菲律宾为据点，加强在台海和

---

① 《第 43 届东盟峰会聚焦区域经济增长》，新华网，2023 年 9 月 5 日，http：//www. news. cn/world/2023-09/05/c_1129846341. htm。

② "Chairman's Statement of the 18th East Asia Summit", ASENA Main Portal, September 7, 2023, https：//asean. org/wp-content/uploads/2023/09/Final-Chairmans-Statement-of-the-18th-East-Asia-Summit-. pdf.

南海军事活动，增加了中美发生海上摩擦和冲突的风险，破坏了亚太安全。菲律宾马科斯政府在对外关系上完全"倒美"，不断加强与日本、澳大利亚的安全合作，公开支持"美英澳三边安全伙伴关系"（AUKUS），并在南海屡屡生事，不断在中国南沙群岛仁爱礁海域侵权挑衅，并持续散布虚假信息、渲染炒作、抹黑中国，还分别和美国、澳大利亚联合巡逻，加剧南海紧张局势。①

巴以冲突爆发后，东盟国家的立场出现分化，印度尼西亚和马来西亚国内举行了对巴勒斯坦的声援集会，主张对美施压，但新加坡等表示以色列有权对哈马斯恐怖主义行为进行自卫。继在乌克兰危机议题上东盟国家立场分化之后，对待巴以冲突的不同观点也显示东盟内部对地区安全问题的认知仍面临统一难以达成的问题。

（四）俄罗斯外交加速"转向东方"，中国—中亚关系全面升级，中亚地区安全形势稳定向好

俄罗斯发布《俄罗斯联邦对外政策构想》，外交加速"转向东方"，积极拓展亚太地缘战略空间，中俄关系持续健康稳定发展，2023 年中俄贸易额增长 26.3%，达到创纪录的 2401.1 亿美元。② 俄罗斯还与印度发展全面战略伙伴关系，与朝鲜发展全面合作关系，与缅甸、越南发展传统关系。

2023 年，中亚地区安全形势相较于 2022 年呈现稳定向好的趋势。吉尔吉斯斯坦与塔吉克斯坦完成了超过 90% 的共同边境线划分，③ 有利于降低边界冲突发生的可能性。同时，受乌克兰危机影响，中亚各国对国际安全形势做出新的判断，重点提升军事防御能力并强化地区安全合作。哈萨克斯坦和

---

① 《中方对菲律宾发出明确警告：中菲关系已站在十字路口，菲方务必要慎重行事》，新浪网，2023 年 12 月 22 日，https://news.sina.com.cn/c/2023-12-22/doc-imzyvqyi4434159.shtml?cre=tianyi&tr=174。

② 《中国海关总署：2023 年中俄贸易额增长 26.3%，达到创纪录的 2401.1 亿美元》，俄罗斯卫星通讯社网站，2024 年 1 月 12 日，https://sputniknews.cn/20240112/1056298976.html。

③ 《吉塔 90% 国界已划定》，丝路新观察网站，2023 年 12 月 13 日，http://www.siluxgc.com/static/content/rcmnd/2023-12-13/1184593402307575808.html。

吉尔吉斯斯坦相继发布新版军事学说，声明将应对新的安全威胁作为军事安全战略目标。但吉尔吉斯斯坦和乌兹别克斯坦之间、塔吉克斯坦和乌兹别克斯坦之间仍就边界划分问题存在争议。有关国家在水资源使用和开发上的纠纷也未得到有效解决。未来，中亚地区因边界划分、水资源分配等问题导致冲突的可能性仍然存在。①

在对外关系上，中亚国家将对华关系发展放在重要位置。2023 年中国—中亚关系全面升级，在元首外交的战略引领下，无论是政治和安全互信，还是经贸和人文交流，都达到了一个更高的水平。双方在地区和国际事务中加强战略互动，携手构建更加紧密的命运共同体，各个领域、各个层次的合作都展现良好的发展势头和前景。2023 年新年伊始，土库曼斯坦总统别尔德穆哈梅多夫就在双方建交 31 周年的特殊时间节点访问中国，宣布将中土关系提升为全面战略伙伴关系，中亚成为与中国建立全面战略伙伴关系"全覆盖"的地区。2023 年 5 月，中亚五国和中国的"C5+1"峰会在中国西安举行，建立中国—中亚元首会晤机制，在重点优先合作领域建立部长级会晤机制。此次峰会提出落实三大倡议、八点建议，并细化出 54 条主要合作共识和倡议、19 个中方倡议成立的多边合作平台以及 9 个多边合作文件，为构建中国—中亚命运共同体指明路径。②

在乌克兰危机持续背景下，美国和盟友进一步强化对中亚渗透，试图对冲中俄两国影响力，中亚国家也顺势推进多元化外交发展，与欧盟、美国、德国等加强关系发展。2023 年 2 月，美国国务卿布林肯访问中亚宣布追加 2500 万美元援助，帮助中亚"拓展贸易路线"，发展经济可持续发展倡议项目。9 月，美国总统拜登与中亚五国领导人在联合国大会期间举行会谈，首次将美国与中亚五国自 2015 年建立的"C5+1"对话机制提升到元首层级，并提出支持和扩大美国—中亚伙伴关系，在发表的联合声明中宣布将在国防、执法和反恐活动、边境保护和移民监管、遣返叙利亚东北部难民、打击

---

① 《2023 年，中亚形势出现新一轮变化》，凤凰网，2023 年 12 月 28 日，https：//news. ifeng. com/c/8VsacZ0tWOd。

② 《中亚国家推进多元化经贸合作》，《经济日报》2024 年 5 月 24 日。

引发暴力的极端主义等安全领域的合作，以此作为应对地区共同挑战以及维护中亚国家主权和独立的重要基石。① 美国此举旨在以中亚国家的安全需求上升为契机，诱导中亚国家与俄罗斯"保持安全距离"，不但可以制造双方的战略隔阂与信任危机，也可以将中亚作为对俄斗争的"中间地带"予以争取，促使中亚在乌克兰危机问题上出现立场摇摆。美国还将与中亚五国共同打造"C5+1 经济能源走廊"，包括投资和开发"跨里海国际运输通道"，连接中亚和南亚的能源基础设施和运输网络等，还提出将"C5+1"的经济合作纳入七国集团（G7）主导的"全球基础设施和投资伙伴关系"（PGI）框架，以此对冲"丝绸之路经济带"和欧亚经济联盟等现有倡议和机制。②

三　地区热点持续发酵，"双安全"风险螺旋上升

受国际局势动荡和大国博弈加剧影响，亚太地区的传统安全与非传统安全（以下简称"双安全"）风险交织并存，挑战同步加剧，亚太地区形势不稳定性增加。在美国"印太战略"和乌克兰危机的双重刺激下，亚太国家军事预算继续"不约而同"地上浮调整，地区安全热点的对抗性风险上升。南海问题和台海问题持续发酵，成为美国拉拢东南亚国家的"王牌"。以气候变化、电信诈骗、恐怖主义等为代表的非传统安全问题的挑战更加凸显。"双安全"风险居高不下，亚太地区安全面临的综合性挑战增加。

（一）地区性军备竞赛持续升温

2023 年亚太主要国家持续增加国防投入，纷纷调高军事预算，推动军备发展，强化军力部署，增加军事演习次数和扩大规模，并且具有明显的对抗性。美国不仅通过多种手段和多种借口提高投入亚太地区的军事预算，在

---

① 《美国与中亚五国发表联合声明称将发展安全领域合作》，俄罗斯卫星通讯社网站，2023 年 9 月 22 日，https：//sputniknews.cn/20230922/1053555438.html。
② 《美国升级"C5+1"机制，但中亚国家不会想成为"棋盘"》，新浪网，2023 年 9 月 29 日，https：//finance.sina.com.cn/jjxw/2023-09-29/doc-imzpitxr2293747.shtml。

2024 年财年的 8420 亿美元国防预算需求中，美军"印太司令部"不仅单独编设 153 亿美元预算，还向国会专门提交约 35 亿美元的优先事项"愿望清单"，拟进一步扩大在亚太地区的军费投入规模。美陆军继续投资"高超音速武器计划"，提升在亚太地区的"反介入/区域拒止"能力。美海军将采购 9 艘舰艇，提升在西太平洋地区海上作战能力。美空军 87 架战斗机采购计划也涉及在亚太地区部署。①

日本军费开支继续保持"节节攀升"态势，2023 年的国防预算达到了 520 亿美元，国防开支首次突破 6 万亿日元，占日本国内生产总值的比重超过了 1%，日本宣称到 2027 年国防预算将占到国内生产总值的 2%。② 日本大幅增加"防区外防卫能力""无人装备防卫能力"等相关预算，并扩充弹药储备、增强防卫设施作战持续性，如修建地下司令部、增强军事设施抗打击能力等。日本防卫省在冲绳部署"爱国者-3"防空导弹系统，并提出研发远程导弹，建造新型"宙斯盾"舰，量产"高速滑翔弹"等武器装备发展计划。韩国发布《国防革新 4.0》计划和《2023—2027 年国防中期计划》，将军费年增长率提升到 6.8%，并大力强化"韩国型三轴作战体系"建设，加速武器装备研发和列装。美国联合日本、韩国、菲律宾等盟国在台海、南海等地举行各类联演联训，刺激更多亚太国家加强军事装备。

近年来，东南亚国家纷纷增加军事预算，2023 年印度尼西亚防务开支总额达 88 亿美元，成为东南亚仅次于新加坡的第二大军费开支国。到 2028 年，印度尼西亚军费开支预计达 97 亿美元，印度尼西亚希望通过现代化计划扩大防御态势，加强本土防务制造业工业联合体建设；与此同时，提高应对安全与恐怖威胁的能力。③ 马来西亚积极寻求国防和军队转型发展，2023

---

① 《美不断追加军费投入亚太地区》，《中国国防报》2023 年 4 月 10 日。

② Jennifer Kavanagh, "Japan's New Defense Budget is Still not Enough", Carnegie Endowment for International Peace, February 8, 2023, https：//carnegieendowment.org/posts/2023/02/japans-new-defense-budget-is-still-not-enough? lang=en.

③ 《最新报告显示印尼成为东南亚第二大军费开支国》，腾讯网，2023 年 10 月 18 日，https：//new.qq.com/rain/a/20231018A031TP00。

年国防开支增幅达 8.4%，2027 年国防开支将达 52 亿美元，预计 2022～2027 年，该国国防开支年均增长率将达到 5.3%。[①] 菲律宾已经加快军队现代化计划的“地平线3”（2013～2018 年）阶段推进，加强对多用途战斗机、指挥和控制系统、岸基威慑装备、现代化潜艇等的研发和布置。目前菲律宾已经编列 1 亿~1.5 亿美元的两艘新型潜艇采购计划。

2023 年 11 月，俄罗斯总统普京签署了 2024 年预算案，国防费用达约 1200 亿美元，是苏联解体后俄罗斯国防费用首次超过社会保障费用。印度的 2023 年国防预算也大幅提高 13%，提升至 5.94 万亿卢比（725 亿美元），继续保持全球军费第三的高位，其中 220 亿美元用于购买新武器、飞机、军舰和其他军事硬件。[②]

（二）域外大国加大对南海问题介入力度，传统安全风险被推高

在南海地区，菲律宾频频勾结美国在南海挑衅推高南海区域发生冲突的风险。菲律宾加强与美国在南海区域的防务合作，增加自身对抗中国的砝码。2023 年 2 月，菲律宾同意向美军再开放国内 4 个军事基地的使用权，根据 2014 年美菲签署的《加强防务合作协议》，美军被允许进入菲律宾 5 个军事基地，目前美军在菲律宾共有 9 个军事基地可供使用。4 个新增军事基地中 3 个位于吕宋岛北部（卡加延省 2 个、伊莎贝拉省 1 个），还有 1 个位于巴拉望省的巴拉巴克岛。吕宋岛的基地与中国台湾岛“隔海相望”，其中 1 处距离台湾岛仅约 400 公里，而巴拉望省巴拉巴克岛的基地则靠近中国南沙群岛。[③] 4 月，美菲两国举行了史上规模最大的联合军演；11 月，美菲在南海启动为期 3 天的联合海上和空中巡逻。菲律宾配合美国“印太战略”

① 《马来西亚加快军备建设步伐》，人民网，2023 年 2 月 13 日，http://military.people.com.cn/n1/2023/0213/c1011-32622691.html。

② 《增长 13%！印度大幅提高国防预算》，新华网，2023 年 2 月 7 日，http://www.news.cn/mil/2023-02/07/c_1211726126.htm。

③ “Philippines Reveals Locations of 4 New Strategic Sites for U. S. Military Pact”, National Post, April 3, 2023, https://nationalpost.com/pmn/news-pmn/philippines-reveals-locations-of-4-new-strategic-sites-for-u-s-military-pact.

纵深实施而做出的搅乱南海局势的挑衅进一步加剧了南海问题的"国际化"，加剧了南海局势的紧张和复杂。

同时，菲律宾频频在南海挑起事端，侵犯中国领土主权和海洋权益。2023 年 8 月，派出 2 艘船只擅自闯入仁爱礁海域①；9 月，菲律宾渔业与水产资源局 1 艘公务船擅自闯入黄岩岛附近海域，并企图冲闯黄岩岛潟湖；10 月，2 艘民用船和 2 艘海警船擅自闯入仁爱礁邻近海域；11 月，2 艘运补船和 3 艘海警船擅自闯入仁爱礁邻近海域；12 月，公务船、运补船、海警船擅自侵闯黄岩岛邻近海域和中国南沙群岛仁爱礁邻近海域，企图向仁爱礁非法"坐滩"的军舰运送建筑物资。② 菲律宾的挑衅滋事是美国在背后"站台"支持，美国国防部部长奥斯汀也在公开表态中将《美菲共同防御条约》"适用"于在南海任何区域攻击菲武装力量、公共船只或飞机的情形。菲方蓄意挑衅、蓄谋炒作，美国等域外国家怂恿挑唆、煽风拱火，二者勾结起来不断导致事态升级，严重威胁地区和平稳定。③

中国积极管控南海局势发展，在积极维护国家主权的同时，坚持"双轨思路"，一方面同菲律宾举行磋商对话，避免矛盾激化升级；另一方面积极推进与东盟国家的"南海行为准则"磋商，就全面有效落实《南海各方行为宣言》深化共识，在 2023 年 10 月启动"南海行为准则"案文三读，力争和平解决南海纷争。

（三）非传统安全问题新旧交织，现实性威胁扩大

亚太地区是对气候变化影响敏感的区域，2023 年因受天气、气候及水相关危害影响，亚洲成为世界上灾害最多发的地区之一，洪水和风暴造成的人员伤亡和经济损失最高。印度、巴基斯坦、尼泊尔、也门、俄罗斯等国洪

---

① 《中国海警局新闻发言人就菲律宾非法侵闯仁爱礁发表谈话》，人民网，2023 年 8 月 22 日，http://politics.people.com.cn/n1/2023/0822/c1001-40061751.html。
② 《国际观察丨菲美勾结在南海挑衅危害地区和平稳定》，新华网，2023 年 12 月 17 日，http://www.news.cn/world/2023-12/17/c_1130032013.htm。
③ 《国际观察丨菲美勾结在南海挑衅危害地区和平稳定》，新华网，2023 年 12 月 17 日，http://www.news.cn/world/2023-12/17/c_1130032013.htm。

水灾害和风暴事件造成了大量的人员伤亡,俄罗斯远东地区大约 4 万公顷农村土地受灾。① 极端天气导致的粮食和能源危机威胁南亚、南太平洋地区中小国家民众的生存安全。

恐怖主义袭击在亚太多区域频发、多发。"伊斯兰国呼罗珊省"(ISKP)与阿富汗塔利班政府的矛盾不断激化,频繁在阿富汗境内制造针对平民的恐怖主义袭击事件,严重威胁阿富汗国内安全问题与塔利班转型。巴基斯坦塔利班将在巴基斯坦境内恐怖主义袭击范围扩展至该国主要城市,袭击频率持续提高。"俾路支解放军"(BLA)等地方分离武装力量联合起来制造恐怖袭击事件,严重威胁中国在巴基斯坦的投资安全。在东南亚地区,2023 年 6 月越南发生两起袭击警察局的恐怖袭击事件,与美国恐怖组织有关;12 月菲律宾南部反政府武装和极端组织发动恐怖爆炸事件,造成 11 名平民伤亡。②

缅北电信网络诈骗是 2023 年东南亚地区较为突出的非传统安全挑战。电信网络诈骗威胁中国和部分东南亚国家民众的生命与财产安全,中缅联合打击电诈集团、解救被困人员,强化了联合执法打击跨境犯罪问题。2023 年 10 月缅北地区内战的爆发,对中国的边境安全和在缅利益形成一定冲击。缅甸军方和反军方势力的冲突连续不断,国内政治局势紧张所引发的多种安全影响给东南亚安全形势发展带来更多不确定性。

四 亚太安全形势发展趋势:在变局和挑战中前行

当前及未来一段时间内,亚太地区主要力量的战略调整将继续进行,美国会纵深推进"印太战略"实施,继续增强对中国的结构性制度压力,中美博弈虽然暂时不会发生大规模军事冲突,但"经济的安全化"和"安全

---

① 《世界气象组织:2023 年气候变化和极端天气严重困扰亚洲》,联合国网站,2024 年 4 月 23 日,https://news.un.org/zh/story/2024/04/1128206。

② 《已确认死亡 11 人!菲总统用"最强烈言辞谴责"》,新浪网,2023 年 12 月 3 日,https://news.sina.com.cn/w/2023-12-03/doc-imzwtpas6520059.shtml。

的经济化"两个维度的博弈将更加激烈。乌克兰危机叠加选举年的国内政治溢出效应，传统安全与非传统安全问题将进一步复杂化，局部冲突和地区热点叠加的安全困境还将持续存在。在共建"一带一路"进入高质量发展阶段后，中国将推动亚太命运共同体建设作为重要目标，对亚太地区秩序重构的能力将进一步提升。亚太地区逐渐实现经济复苏，国际货币基金组织在2024年1月发布的《世界经济展望》中预测，2024年和2025年亚洲新兴市场和发展中经济体的经济增速分别为5.2%和4.8%。[①] 所以，亚太地区安全形势将在变局和挑战中前行，风险与机遇同在，谋发展与求和平仍是亚太国家的主要选择。

（一）中美关系走向仍有很大不确定性

中美大国关系仍是影响亚太地区安全形势发展的主要因素。美国开展对华战略竞争，对话、打压和围堵成为拜登政府对华政策的"主旋律"，对中国实施结构性围堵和制度性遏制实现常态化，打造对抗中国的盟伴体系，加速"亚太北约化"和"北约亚太化"的发展，会继续成为较长一段时期内美国在亚太地区的主要动向。2024年美国大选会对中美关系发展形成冲击，摩擦、分歧将不可避免，由此导致中美关系走向仍有很大的不确定性。2024年1月1日是中美建交45周年纪念日，美国已经开始对中国实行"一手软一手硬"的战略，即一方面对中国的科技战、贸易战、数据战、市场战、产业链战不断升级深化，另一方面全面恢复中美之间的高峰对话和其他机制。中美关系将在博弈激化的同时，对冲突激化进行适度管控，保持"斗而不破"的状态。[②] 虽然美国对华全面战略竞争短期内不会发生根本性变化，但2023年底中美元首旧金山会晤表明稳定中美关系仍旧是两个大国的

---

① 《全球增长面临的风险大致平衡，经济有可能实现"软着陆"》，国际货币基金组织网站，2024年1月31日，https://www.imf.org/zh/Publications/WEO/Issues/2024/01/30/world-economic-outlook-update-january-2024。

② 《2024年中美关系走势分析》，中美聚焦网站，2024年2月26日，https://cn.chinausfocus.com/foreign-policy/20240226/43133.html。

基本共识，中方展现出真正从对历史、对人民、对世界负责的态度来稳定改善中美关系的大国责任与担当。①

（二）"选举年"背景下国内政治形势变化的地区效应将凸显

2024 年亚太多个国家将迎来国内重要选举，包括日本执政党自民党总裁选举、韩国国会选举、印度人民院（议会下院）选举、印度尼西亚总统选举、巴基斯坦国民议会（议会下院）选举等。这些选举将对相关国家政局产生重要影响，进而对双边关系、地区局势产生外溢效应。尤其是美国在大选背景下，不排除出于国内政治需要加大对亚太地区的搅局力度，在台海、南海问题上煽动分裂对抗、施压制衡中国，从而进一步加剧地区安全形势的不稳定性、不确定性。

乌克兰危机尚未出现结束的征兆，美西方国家继续以"阵营化"模式对抗俄罗斯，并捆绑中俄，施压亚太国家"选边站"，乌克兰危机的地缘政治效应持续存在。台湾问题涉及中国核心利益，美西方不断通过军售、军事融资等方式强化台湾防卫能力，为未来拿台湾问题做"中国文章"做充足准备。

（三）中国控新局、控变局的能力进一步提升

中国一直致力于为亚太地区和平与安全积极提供中国方案，贡献中国智慧。2023 年是构建人类命运共同体理念提出 10 周年，中亚五国和澜湄五国都实现了命运共同体建设的全覆盖。2023 年也是"一带一路"倡议提出 10 周年，"一带一路"国际合作高峰论坛的召开为高质量共建"一带一路"指明了新的方向，绿色"一带一路"、安全"一带一路"、数字"一带一路"、人文"一带一路"的构建将为全球治理四大赤字提供更多国际公共产品。2023 年中国在全球发展倡议、全球安全倡议之后，又提出了全球文明倡议，提出了构建和平安宁、繁荣美丽、友好共生的亚洲家园政策理念，体现了中

---

① 《开辟中美关系面向未来的新愿景》，《人民日报》2023 年 11 月 17 日。

国促进亚太地区和平与发展的大国担当。根据 2023 年 12 月中共中央外事工作会议精神，中国将以构建亚太命运共同体为目标，推动亚太开放、包容、合作的地区秩序建设。可以肯定，中国将在复杂交织的亚太地区安全环境中坚定地做和平的维护者、发展的促进者，控新局、控变局的能力将进一步提升。

区域合作

B.6
RCEP 全面生效：评估与展望

杨 超 李天国*

摘 要： 在《区域全面经济伙伴关系协定》（RCEP）对菲律宾正式生效后，RCEP 于 2023 年 6 月对 15 个签署方全面生效。2021~2023 年，中国对 RCEP 其他成员的出口平均增速为 3%，快于这一时期中国出口整体增速 2.3 个百分点，RCEP 其他成员在中国出口中的份额稳定在 27% 左右。2023 年中国从 RCEP 其他成员的进口较 2022 年和 2021 年有所回落，RCEP 其他成员在中国进口市场的份额稳定在 35% 左右。RCEP 生效整体上有利于跨境投资流入 RCEP 成员，但该增长势头在 2023 年有所放缓。东盟十国引入的外商直接投资整体呈上升趋势。未来，应继续发挥 RCEP 在区域内促进产业链供应链合作的关键作用，不断加强 RCEP 机制建设，提升协定的整体实施质量，确保 RCEP 始终对投资、贸易增长和成员间经贸合作具有促进作用。

* 杨超，博士，中国社会科学院亚太与全球战略研究院助理研究员，主要研究方向为世界经济；李天国，博士，中国社会科学院亚太与全球战略研究院副研究员，主要研究方向为国际经济学、新兴经济体、朝韩经济。

关键词： RCEP 贸易 投资 经贸规则

一 RCEP 全面生效

2020 年 11 月 15 日，东盟十国和中国、日本、韩国、澳大利亚、新西兰共同签署《区域全面经济伙伴关系协定》（RCEP）。2022 年 1 月 1 日，RCEP 对文莱、柬埔寨、老挝、新加坡、泰国、越南等 6 个东盟成员国和中国、日本、新西兰、澳大利亚等 4 个非东盟成员国正式生效。2022 年 5 月 1 日 RCEP 对缅甸生效，2023 年 6 月 2 日对菲律宾生效，至此 RCEP 对 15 个签署方全面生效。RCEP 的 15 个成员拥有人口规模约 22.7 亿人，占全球人口的 30%，成员 GDP 之和约 26 万亿美元，覆盖全球 GDP 的 30%，是人口最多、贸易规模最大、最具发展潜力的自由贸易区。RCEP 全面生效意味着全球近 1/3 的经济体通过友好磋商建成了一体化大市场。

RCEP 全面生效对中国的高水平对外开放和以规则为基础的多边贸易体制发展具有重要意义。中共二十大报告明确提出，"实行更加积极主动的开放战略，构建面向全球的高标准自由贸易区网络"。RCEP 全面生效后，中国对外签署的自贸协定达到 22 个，中国首次与东亚邻国日本建立中日自贸关系，这是中国首次与世界前十的经济体签署自贸协定，使中国与自贸伙伴贸易覆盖率由目前的 27% 提升至 35%，"高标准自由贸易区网络"已经在中国的周边区域初步形成。RCEP 全面生效对世界的自由贸易体制也具有重要意义。当前，一些国家对以 WTO 为中心的多边贸易体制的有效性、公平性存在质疑，频繁启动加征关税、针对特定技术和行业实施出口管制、限制国外企业在本国市场投资等贸易保护主义措施，加剧了全球贸易环境的动荡和不确定性。在此背景下，RCEP 全面生效为全球自由贸易体制注入了信心，表明多边主义和开放经济体制依然具有较强的吸引力和生命力。

RCEP 的全面生效，将有利于推进中日韩经济一体化，也为达成中日韩自贸协定奠定基础。中日韩三国作为 RCEP 的核心成员，经济体量、贸易规

模均不容忽视，2022 年中日韩三国 GDP 之和占全球 GDP 的 23.4%，中日韩三国的贸易额之和占全球贸易额的 18.7%，① 中日韩的经济合作是 RCEP 成员间合作的重要组成部分。RCEP 全面生效有利于促进供应链和产业链的深度融合与协调，中日韩在电子产品、汽车制造、化工等领域具有互补的产业结构和技术优势，RCEP 全面生效可以进一步加强产业链的整合与协作，提升生产效率，实现资源优化配置和互利共赢。

对于中国企业而言，RCEP 正式生效以来政策红利不断释放，帮助企业降低了贸易成本。2023 年，中国企业因 RCEP 生效而享受到进口减让税款23.6 亿元人民币，同时其他 RCEP 成员的企业从中国进口产品享受的优惠达到 40.5 亿元人民币。② 2023 年，全国贸促系统 RCEP 原产地证书签证金额共计 72.10 亿美元，同比增长 5.54%；签证份数共计 21.81 万份，同比增长 38.15%。RCEP 也为在华外资企业提供了更广阔的市场和更便捷的经营环境，在华外资企业能够更充分地利用亚太地区的经济增长和市场机遇，进一步促进了区域经济一体化和合作发展。这说明 RCEP 生效为成员和企业带来了实实在在的政策红利。③

二 RCEP 全面生效对成员贸易、投资的影响

（一）中国对 RCEP 其他成员的进出口

1. 中国对 RCEP 其他成员的出口

2023 年中国对 RCEP 其他成员出口额为 9294.97 亿美元，与 2021 年相

---

① 数据来源于中日韩三国数据统计中心，https://data.tcs-asia.org/zh（最后访问日期：2024 年 4 月 1 日）。

② 《国务院新闻办就稳中求进、以进促稳推动商务高质量发展取得新突破举行发布会》，国务院新闻办网站，2024 年 11 月 27 日，https://www.gov.cn/lianbo/fabu/202401/content_6929003.htm（最后访问日期：2024 年 4 月 1 日）。

③ 《中国贸促会举行 2024 年 1 月例行新闻发布会》，中国贸促会网站，2024 年 1 月 30 日，https://www.ccpit.org/a/20240130/20240130f96q.html（最后访问日期：2024 年 4 月 1 日）。

比增长 6.2%，与 2022 年相比减少 6.7%，2021~2023 年平均增长 3.06%。中国对大多数 RCEP 成员的出口实现正增长，2021~2023 年，中国对老挝的出口平均增长 41.84%；中国对新加坡的出口平均增长 20.23%；中国对文莱的出口平均增长 19.31%。中国对以上 3 个 RCEP 成员的出口实现两位数增长。中国对 8 个 RCEP 成员的出口实现个位数增长，2021~2023 年年均增速从高到低依次为：中国对马来西亚出口平均增长 6.78%，对澳大利亚出口平均增长 6.56%，对柬埔寨出口平均增长 5.80%，对泰国出口平均增长 5.26%，对缅甸出口平均增长 5.01%，对印度尼西亚出口平均增长 4.18%，对越南出口平均增长 1.41%，对韩国出口平均增长 0.14%。中国对 3 个 RCEP 成员的出口出现下降趋势，2021~2023 年年均降幅从低到高依次为：中国对日本出口平均下降 2.38%，中国对菲律宾出口平均下降 2.83%，中国对新西兰出口平均下降 3.81%（见表 1）。

从 RCEP 市场在中国对外贸易中的地位看，向 RCEP 市场的出口额占中国出口总额的比重总体呈上升趋势。2021 年中国对 RCEP 出口额占中国出口总额的 25.98%，2023 年该比例上升至 27.16%，说明 RCEP 生效后，RCEP 市场在中国对外贸易中的地位有所提高。

表 1　2021~2023 年中国对 RCEP 其他成员的出口情况

单位：亿美元，%

RCEP 成员	中国对 RCEP 其他成员的出口额			平均增速
	2021 年	2022 年	2023 年	
澳大利亚	664.81	789.83	754.84	6.56
日本	1659.02	1730.96	1580.90	−2.38
新西兰	85.69	91.88	79.28	−3.81
新加坡	550.40	820.05	795.62	20.23
韩国	1505.54	1640.78	1509.61	0.14
文莱	6.21	8.34	8.84	19.31
柬埔寨	115.79	142.29	129.61	5.80
印度尼西亚	607.09	715.03	658.90	4.18
老挝	16.72	23.71	33.64	41.84
马来西亚	789.18	951.20	899.81	6.78
缅甸	105.42	136.84	116.24	5.01

续表

RCEP 成员	中国对 RCEP 其他成员的出口额			平均增速
	2021 年	2022 年	2023 年	
菲律宾	572.16	649.00	540.19	-2.83
泰国	693.86	788.04	768.76	5.26
越南	1379.54	1476.35	1418.72	1.41
对 RCEP 市场出口额	8751.42	9964.29	9294.97	3.06
中国出口总额	33682.17	36044.81	34221.70	0.8
对 RCEP 市场出口额占中国出口总额比例	25.98	27.64	27.16	——

资料来源：作者根据环亚经济数据有限公司（CEIC）数据计算整理。

2. 从 RCEP 其他成员进口

2023 年，中国从 RCEP 其他成员进口 8813.46 亿美元。受基数效应影响，与 2021 年相比下降 11.2%，与 2022 年相比下降 7.2%，与 2020 年相比增长 13.3%。2021~2023 年，中国从 5 个 RCEP 成员的进口呈现正增长，中国从老挝进口平均增长 18.74%；中国从缅甸进口平均增长 8.81%；中国从印度尼西亚进口平均增长 8.16%；中国从马来西亚进口平均增长 2.34%；中国从越南进口平均增长 0.31%。2021~2023 年，中国从大多数 RCEP 成员的进口呈负增长。下降幅度从高到低依次为：中国从韩国进口平均下降 12.76%；中国从日本进口平均下降 11.68%；中国从菲律宾进口平均下降 11.08%；中国从新加坡进口平均下降 9.83%；中国从泰国进口平均下降 9.02%；中国从新西兰进口平均下降 8.57%；中国从文莱进口平均下降 5.57%；中国从澳大利亚进口平均下降 2.25%；中国从柬埔寨进口平均下降 0.74%（见表 2）。

从 RCEP 市场在中国对外贸易中的地位看，中国从 RCEP 市场的进口额占中国进口总额的比重呈缓慢下降趋势。2021 年中国从 RCEP 市场进口额占中国进口总额的 37.04%，2023 年该比例下降至 34.38%，说明从进口看中国企业对 RCEP 市场的依赖程度有所下降。

表 2　2021~2023 年中国从 RCEP 其他成员进口情况

单位：亿美元，%

RCEP 成员	中国从 RCEP 其他成员的进口额			平均增速
	2021 年	2022 年	2023 年	
澳大利亚	1621.83	1407.07	1549.68	-2.25
日本	2061.53	1848.31	1608.22	-11.68
新西兰	161.41	159.71	134.92	-8.57
新加坡	387.03	339.50	314.71	-9.83
韩国	2135.55	2001.63	1625.49	-12.76
文莱	21.81	22.02	19.45	-5.57
柬埔寨	21.01	18.38	20.70	-0.74
印度尼西亚	636.33	779.05	744.47	8.16
老挝	26.64	33.59	37.56	18.74
马来西亚	981.60	1098.92	1028.00	2.34
缅甸	80.77	114.60	95.63	8.81
菲律宾	247.35	231.29	195.56	-11.08
泰国	617.03	565.28	510.72	-9.02
越南	922.66	879.35	928.33	0.31
从 RCEP 市场进口额	9922.52	9498.69	8813.46	-5.75
中国进口总额	26788.57	27153.70	25635.85	-2.18
从 RCEP 市场进口额占中国进口总额比例	37.04	34.98	34.38	—

资料来源：作者根据 CEIC 数据计算整理。

（二）RCEP 成员进出口情况

就出口而言，2021~2023 年，15 个 RCEP 成员中有 10 个成员对 RCEP 市场的出口平均增速为正，5 个成员对 RCEP 市场的出口平均增速为负。2021~2023 年，柬埔寨对 RCEP 市场出口平均增长 14.94%，增长速度居首位；老挝对 RCEP 市场出口平均增长 9.4%；越南、澳大利亚对 RCEP 市场出口平均增速均超 4.8%；马来西亚对 RCEP 市场出口平均增长 3.55%；中国对 RCEP 市场出口平均增长 3.06%；新加坡对 RCEP 市场出口平均增长 2.81%；印度尼西亚对 RCEP 市场出口平均增长 2.15%；新西兰对 RCEP 市

场出口平均增长 0.84%；泰国对 RCEP 市场出口平均增长 0.11%。另外，2021~2023 年，日本对 RCEP 市场出口平均增速为-7.48%；缅甸对 RCEP 市场出口平均增速为-5.35%；韩国对 RCEP 市场出口平均增速为-4.87%；菲律宾对 RCEP 市场出口平均增速为-1.16%；文莱对 RCEP 市场出口平均增速为-0.16%。

就进口而言，2021~2023 年，15 个 RCEP 成员中有 12 个成员从 RCEP 市场进口的平均增速为正，3 个成员从 RCEP 市场进口的平均增速为负。2021~2023 年，老挝从 RCEP 市场进口平均增长 16.5%，增长速度居首位；文莱从 RCEP 市场进口平均增长 13.18%；新西兰从 RCEP 市场进口平均增长 9.33%；澳大利亚从 RCEP 市场进口平均增长 6.9%；印度尼西亚从 RCEP 市场进口平均增长 6.01%；马来西亚从 RCEP 市场进口平均增长 3.73%；菲律宾从 RCEP 市场进口平均增长 2.55%；缅甸从 RCEP 市场进口平均增长 2.22%；韩国从 RCEP 市场进口平均增长 1.29%；日本从 RCEP 市场进口平均增长 1.18%；泰国从 RCEP 市场进口平均增长 0.91%；新加坡从 RCEP 市场进口平均增长 0.68%。

就各成员的出口对 RCEP 市场依赖度而言，与 2021 年水平相比，2023 年有 6 个成员出口对 RCEP 市场依赖度有所上升，9 个成员出口对 RCEP 市场依赖度有所下降。对 RCEP 市场依赖度上升的成员有：柬埔寨出口中的 RCEP 市场比重从 29.63%上升至 32.75%；越南出口中的 RCEP 市场比重从 40.05%上升至 42.26%；澳大利亚出口中的 RCEP 市场比重从 71.84%上升至 73.30%；马来西亚出口中的 RCEP 市场比重从 55.51%上升至 56.93%；中国出口中的 RCEP 市场比重从 25.98%上升至 27.16%；新加坡出口中的 RCEP 市场比重从 52.95%上升至 53.79%。对 RCEP 市场依赖度下降的成员有：印度尼西亚出口中的 RCEP 市场比重从 57.28%下降至 48.41%；菲律宾出口中的 RCEP 市场比重从 50.34%下降至 43.51%；缅甸出口中的 RCEP 市场比重从 65.33%下降至 60.33%；日本出口中的 RCEP 市场比重从 45.98%下降至 41.49%；韩国出口中的 RCEP 市场比重从 48.65%下降至 44.85%；新西兰出口中的 RCEP 市场比重从 62.83%下降至 59.68%；泰国出口中的

RCEP 市场比重从 53.88% 下降至 51.12%；老挝出口中的 RCEP 市场比重从 89.40% 下降至 87.82%；文莱出口中的 RCEP 市场比重从 93.06% 下降至 92.95%。

就各成员的进口对 RCEP 市场依赖度而言，与 2021 年水平相比，2023 年有 7 个成员进口对 RCEP 市场依赖度有所上升，8 个成员进口对 RCEP 市场依赖度有所下降。对 RCEP 市场依赖度上升的成员有：文莱进口中的 RCEP 市场比重从 52.25% 上升至 76.39%；柬埔寨进口中的 RCEP 市场比重从 81.04% 上升至 87.19%；新西兰进口中的 RCEP 市场比重从 59.85% 上升至 63.12%；老挝进口中的 RCEP 市场比重从 93.92% 上升至 96.63%；澳大利亚进口中的 RCEP 市场比重从 56.20% 上升至 57.94%；越南进口中的 RCEP 市场比重从 73.29% 上升至 73.41%；日本进口中的 RCEP 市场比重从 50.04% 上升至 50.12%。对 RCEP 市场依赖度下降的成员有：缅甸进口中的 RCEP 市场比重从 84.22% 下降至 76.96%；菲律宾进口中的 RCEP 市场比重从 69.25% 下降至 63.41%；泰国进口中的 RCEP 市场比重从 69.25% 下降至 63.41%；印度尼西亚进口中的 RCEP 市场比重从 66.61% 下降至 62.73%；中国进口中的 RCEP 市场比重从 37.04% 下降至 34.38%；马来西亚进口中的 RCEP 市场比重从 61.97% 下降至 59.81%；新加坡进口中的 RCEP 市场比重从 49.02% 下降至 47.68%；韩国进口中的 RCEP 市场比重从 48.03% 下降至 47.17%（见表 3）。

表 3　2021 年和 2023 年 RCEP 成员在 RCEP 市场进出口情况

RCEP 成员	出口至 RCEP 市场				从 RCEP 市场进口			
	2021 年出口额（亿美元）	2023 年出口额（亿美元）	平均增速（%）	RCEP 市场占比变化（百分点）	2021 年进口额（亿美元）	2023 年进口额（亿美元）	平均增速（%）	RCEP 市场占比变化（百分点）
中国	8751.42	9294.97	3.06	1.18	9922.52	8813.46	−5.75	−2.66
日本	3476.48	2975.71	−7.48	−4.49	3846.37	3937.32	1.18	0.08
韩国	3134.75	2837.05	−4.87	−3.80	2954.35	3031.01	1.29	−0.86
澳大利亚	2472.16	2722.96	4.95	1.46	1479.60	1690.77	6.90	1.74

续表

RCEP 成员	出口至 RCEP 市场				从 RCEP 市场进口			
	2021 年出口额（亿美元）	2023 年出口额（亿美元）	平均增速（%）	RCEP 市场占比变化（百分点）	2021 年进口额（亿美元）	2023 年进口额（亿美元）	平均增速（%）	RCEP 市场占比变化（百分点）
新加坡	2422.17	2560.34	2.81	0.84	1991.47	2018.64	0.68	-1.34
马来西亚	1659.86	1779.90	3.55	1.42	1482.40	1594.92	3.73	-2.16
越南	1323.38	1455.69	4.88	2.21	2380.70	2314.98	-1.39	0.12
泰国	1434.90	1438.18	0.11	-2.76	1646.69	1676.92	0.91	-4.01
印度尼西亚	1326.18	1383.95	2.15	-8.87	1306.34	1468.11	6.01	-3.88
菲律宾	375.67	367.04	-1.16	-6.83	861.43	905.89	2.55	-5.84
新西兰	248.64	252.84	0.84	-3.15	266.48	318.50	9.33	3.27
文莱	102.48	102.15	-0.16	-0.11	44.40	56.88	13.18	24.14
缅甸	102.81	92.11	-5.35	-5.00	122.39	127.88	2.22	-7.26
老挝	70.70	84.62	9.40	-1.58	69.18	93.90	16.50	2.71
柬埔寨	57.69	76.21	14.94	3.12	239.09	211.02	-6.05	6.15

注：RCEP 市场占比计算方法取 RCEP 成员对 RCEP 市场出口额（进口额）与该成员出口总额（进口总额）之比，RCEP 市场占比变化若为正表示与 2021 年相比，2023 年该成员对 RCEP 市场的依赖程度上升，若为负则对 RCEP 市场的依赖程度降低。

资料来源：作者根据 CEIC 数据计算整理。

（三）跨境投资

1. 外商直接外资

从 RCEP 成员历年的情况看，大部分的东盟国家是跨境投资的引进国，中国、日本、韩国、澳大利亚和新西兰是跨境投资的投资国。表 4 给出了 2020 年第一季度至 2024 年第一季度全球流向东盟十国的外商直接投资情况。可以看出，东盟十国引入的外商直接投资整体呈上升趋势，2021 年四个季度的外商直接投资净流入量分别为 574 亿美元、584 亿美元、542 亿美元、573 亿美元，2023 年四个季度的外商直接投资流入量分别为 611 亿美元、589 亿美元、500 亿美元、724 亿美元，分别在 2021 年四个季度的基础上增长 6.45%、0.85%、-7.75%、26.35%。从东盟国家内部情况看，新加坡引进外商直接投资在东盟十国引进外商直接投资中的占比最高。2021 年的四个季度，新加坡引进外商直接投资占东盟引进外商直接投资的比重分别为 63%、67%、60%、52%；2023 年的四个季度，新加坡引进外商直接投资占东盟引进外商直接投资的比重分别为 68%、75%、66%、77%，外资流入总体呈现向新加坡集中的趋势。

表 4　2020 年第一季度至 2024 年第一季度东盟十国引进外商直接投资情况

单位：亿美元

年份季度	文莱	柬埔寨	印度尼西亚	老挝	马来西亚	缅甸	菲律宾	新加坡	泰国	越南
2020 年第一季度	4.77	9.58	50.14	3.69	11.52	6.57	16.39	258.88	25.61	30.20
2020 年第二季度	1.58	7.93	52.13	1.71	0.76	3.59	14.29	172.87	2.05	37.40
2020 年第三季度	2.46	7.30	37.43	1.81	15.59	8.49	20.44	161.78	1.82	40.80
2020 年第四季度	-3.16	11.47	52.04	2.47	12.74	3.38	17.10	214.47	-78.95	49.60
2021 年第一季度	0	8.04	54.46	3.68	24.49	2.91	23.71	363.66	59.96	32.80
2021 年第二季度	0	8.39	61.91	2.03	40.76	2.27	19.63	389.88	17.64	41.20
2021 年第三季度	0	10.06	46.08	2.93	61.97	2.06	29.18	324.90	33.13	31.50
2021 年第四季度	0	8.61	49.67	2.08	75.30	2.81	47.31	295.39	40.85	51.10
2022 年第一季度	0	8.06	59.35	2.07	30.14	19.96	26.13	371.91	64.50	35.20
2022 年第二季度	0	8.45	79.63	0.51	47.00	3.24	21.90	342.06	4.80	45.10
2022 年第三季度	0	10.09	55.89	2.08	39.39	2.49	21.52	318.51	20.80	42.50
2022 年第四季度	0	9.32	52.16	2.60	33.82	4.12	25.37	455.36	22.21	56.20

年份季度	文莱	柬埔寨	印度尼西亚	老挝	马来西亚	缅甸	菲律宾	新加坡	泰国	越南
2023 年第一季度	0	11.19	62.63	2.07	25.01	8.30	20.90	418.29	27.95	34.50
2023 年第二季度	0	9.77	54.27	3.51	10.44	1.69	19.27	442.25	2.18	45.50
2023 年第三季度	0	8.56	51.08	8.29	20.95	2.75	22.96	330.63	8.24	46.70
2023 年第四季度	0	10.08	50.96	3.94	22.86	0	25.52	561.28	−8.69	58.30
2024 年第一季度	0	0	61.80	3.61	42.36	0	29.69	402.34	0	0

注：表中数据为外商直接投资流量，负数表示净投资减少。

资料来源：CEIC、东盟经济数据库。

2. 对外直接投资

(1) 中国

2022 年，中国向 RCEP 其他成员的对外直接投资主要流向新加坡、印度尼西亚、澳大利亚、越南、泰国等，投资规模与前三年相比，整体上呈上升趋势。2022 年，中国对新加坡直接投资 82.95 亿美元，与 2019 年相比增长 72%；对印度尼西亚直接投资 45.50 亿美元，与 2019 年相比增长 105%；对澳大利亚直接投资 27.86 亿美元，与 2019 年相比增长 33.5%；对越南直接投资 17.03 亿美元，与 2019 年相比增长 3.3%（见表 5）。

表 5 2019~2022 年中国向 RCEP 其他成员对外直接投资情况

单位：亿美元

RCEP 成员	2019 年	2020 年	2021 年	2022 年
新加坡	48.26	59.23	84.05	82.95
印度尼西亚	22.23	21.98	43.73	45.50
越南	16.49	18.76	22.08	17.03
泰国	13.72	18.83	14.86	12.72
韩国	5.62	1.39	4.78	5.37

RCEP 成员	2019 年	2020 年	2021 年	2022 年
日本	6.74	4.87	7.62	3.96
澳大利亚	20.87	11.99	19.23	27.86
新西兰	0.11	4.53	2.25	1.17

注：表中数据为对外直接投资流量。由于国别数据缺失，没有列出 2023 年的对外直接投资情况。
资料来源：中经网统计数据库、CEIC。

（2）日本

2023 年，日本制造业向其他 14 个 RCEP 成员的对外直接投资共计 17365.7 亿日元，与 2022 年相比减少 4.2%。其中对中国的直接投资为 2005 亿日元，对澳大利亚的直接投资为 5781.7 亿日元，对东盟十国的直接投资为 9292 亿日元（见表 6）。日本非制造业向其他 14 个 RCEP 成员的对外直接投资共计 40839.4 亿日元，是日本制造业向 RCEP 其他成员的对外直接投资规模的 2.4 倍。日本非制造业向 14 个 RCEP 成员的对外直接投资连续三年增长，比 2022 年的 33531.3 亿日元增长 21.8%，比 2021 年的 30475.7 亿日元增长 34%。2023 年，日本非制造业对中国的直接投资为 1926.4 亿日元，对澳大利亚的直接投资为 19206.8 亿日元，对东盟十国的直接投资为 19145.3 亿日元（见表 7）。

表 6   2019~2023 年日本向其他 RCEP 成员的对外直接投资（制造业）

单位：十亿日元

国家	2019 年	2020 年	2021 年	2022 年	2023 年
中国	766.76	790.55	802.56	442.14	200.50
韩国	140.24	86.16	107.66	-0.28	-8.10
澳大利亚	358.53	1382.79	92.77	301.06	578.17
新西兰	6.40	10.48	25.80	31.77	36.80
东盟十国	891.30	568.44	1984.92	1037.40	929.20
新加坡	198.58	71.39	1069.07	113.77	-2.17
泰国	194.21	170.46	350.50	233.45	259.79
印度尼西亚	196.83	46.20	174.03	262.88	261.03
马来西亚	62.39	83.50	167.62	135.43	178.18

国家	2019 年	2020 年	2021 年	2022 年	2023 年
菲律宾	110.12	81.16	97.12	100.75	64.23
越南	111.43	106.27	119.99	182.34	150.93
文莱	2.88	-0.37	3.40	1.47	1.09
柬埔寨	8.29	1.94	4.39	1.73	3.66
老挝	0.90	0.13	0.03	1.77	0.59
缅甸	5.68	7.75	-1.23	3.82	11.86

注：表中数据为对外直接投资流量，负数表示净投资减少。
资料来源：CEIC、日本银行。

表7　2019～2023 年日本向 RCEP 其他成员对外直接投资（非制造业）

单位：十亿日元

国家	2019 年	2020 年	2021 年	2022 年	2023 年
中国	375.93	279.64	512.08	232.35	192.64
韩国	126.27	85.03	492.29	56.70	-12.21
澳大利亚	752.79	217.33	446.94	1070.26	1920.68
新西兰	19.92	42.76	11.41	123.70	68.30
东盟十国	2434.57	1046.70	1584.85	1870.12	1914.53
新加坡	1223.83	526.59	855.07	730.64	779.72
泰国	170.39	112.97	149.00	557.80	238.36
印度尼西亚	771.09	131.89	148.17	146.24	158.02
马来西亚	-36.37	79.94	98.33	101.76	107.26
菲律宾	75.60	28.59	29.36	69.78	171.44
越南	174.97	145.29	288.67	235.18	439.93
文莱	-0.11	-0.76	0	-0.11	0
柬埔寨	31.93	11.61	16.00	26.80	17.03
老挝	1.68	0.44	0.74	0.46	1.73
缅甸	21.57	10.15	-0.48	1.56	1.03

注：表中数据为对外直接投资流量，负数表示净投资减少。
资料来源：日本银行、CEIC。

（3）韩国

2023 年，韩国向东盟十国的对外直接投资共计 54.5 亿美元，与 2022 年相比下降30%；向中国的对外直接投资为18.67亿美元，向日本的对外直接投资为 6.77 亿美元，与 2022 年相比，向中日的对外直接投资均显著回落。从东盟内部看，越南和新加坡是韩国对外直接投资的主要对象，2023 年韩国向越南和新加坡的对外直接投资分别为 26.37 亿美元和 12.39 亿美元，二者占韩国向东盟的对外直接投资总额的 71%（见表 8）。

表 8　2019~2023 年韩国向 RCEP 其他成员对外直接投资

单位：亿美元

国家	2019 年	2020 年	2021 年	2022 年	2023 年
中国	58.65	51.28	67.48	85.40	18.67
日本	12.96	16.76	11.85	11.51	6.77
东盟十国	97.26	94.2	75.59	77.92	54.50
越南	46.21	29.53	25.16	28.43	26.37
新加坡	34.80	38.66	25.15	30.58	12.39
印度尼西亚	4.53	6.25	3.43	3.71	4.53
马来西亚	2.40	1.39	8.30	5.64	3.38
柬埔寨	2.44	9.33	5.46	3.09	2.58
缅甸	2.87	6.85	4.65	3.46	2.29
泰国	0.93	1.08	2.18	1.41	1.61
菲律宾	2.39	1.07	0.86	0.87	1.01
老挝	0.69	0.02	0.39	0.73	0.34
文莱	0	0.02	0.01	0	0

注：由于缺少数据，表中未列出韩国向澳大利亚和新西兰的对外直接投资情况。
资料来源：CEIC 数据库。

三　结论与展望

2023 年是 RCEP 对全体成员生效的第一年。RCEP 全面生效以来，各成员在市场准入和贸易便利化、投资和服务领域的开放上遵守同一套标准和规则，减少了市场主体在产品合规和市场准入方面临的不确定性，有利于跨国公司在 RCEP 成员内优化和整合供应链。目前，中国香港、斯里兰卡和智利已经提出要申请加入 RCEP，孟加拉国也在考虑申请加入 RCEP，协定有

向南亚地区、拉美地区扩员的潜力，这说明即便在动荡不安的全球贸易局势下，RCEP 的吸引力仍在不断增强。

RCEP 实施效果会受到当前全球经济增长放缓、国际金融动荡、地缘政治、贸易保护主义等多个因素的影响。从近年来的对外贸易现状可以看出，2023 年中国对 RCEP 其他成员的出口高于 2021 年的水平，但与 2022 年相比有所回调。受国内经济增速放缓的影响，中国从部分 RCEP 成员的进口已经出现连续两年回调。就跨境直接投资而言，在美元指数高企的背景下，人民币、日元、韩元的贬值使得 2023 年中国、日本、韩国对 RCEP 其他成员的直接投资与 2022 年相比也有所回落。美国的贸易保护主义举措一定程度上影响了中国与其他 RCEP 成员的贸易和投资。未来，15 个成员在高质量执行 RCEP 的同时，需要加强成员之间在金融和货币方面的协调与合作，缓解区域内贸易和投资对美元过度依赖的不利影响。

总之，RCEP 的全面生效是促进成员经济增长、提升竞争力、加强区域合作、维护全球贸易体系稳定的重要举措。RCEP 对亚太地区和全球经济具有深远的影响，为成员带来了广泛的发展机遇。

2023年 APEC 第三十次峰会评析

苗翠芬*

摘　要：　在新冠疫情后经济复苏艰难、逆全球化思潮蔓延、地缘政治博弈加剧的背景下，2023 年 11 月 16～17 日亚太经合组织（APEC）第三十次领导人非正式会议在美国旧金山举行，会议主题是"为所有人创造一个有韧性和可持续的未来"。此次峰会主要从"贸易和投资自由化便利化""包容和可持续性发展""创新和数字经济"三个方面探索亚太发展的新动力。《2023 年亚太经合组织领导人旧金山宣言》全面反映了 2020 年"布城愿景"制定的三大经济支柱内容，并重申了 APEC 在亚太区域经济合作中的引领作用和主渠道地位，以及实现 2040 年新愿景目标的信心。此次峰会宣言并未将俄乌冲突、巴以冲突等地缘政治问题纳入其中，这充分说明亚太成员希望继续维护 APEC 经贸论坛性质的初心，以防止地缘政治博弈影响亚太经济一体化进程。

关键词：　《2023 年亚太经合组织领导人旧金山宣言》　贸易和投资　包容和可持续性　数字经济

2023 年 11 月 16～17 日，亚太经合组织（APEC）第三十次领导人非正式会议在美国旧金山举办。此次 APEC 会议的主题是"为所有人创造一个有韧性和可持续的未来"，旨在凝聚共识，促进亚太各经济体的包容、可持续、公平和共享。当前，疫情后经济复苏和增长仍面临诸多不确定性。在全

---

* 苗翠芬，博士，中国社会科学院亚太与全球战略研究院助理研究员，主要研究方向为区域经济合作、贸易和投资。

球保护主义、单边主义升温，逆全球化思潮蔓延，地缘政治博弈加剧的背景下，政治因素对全球和亚太地区的经济合作影响日益扩大，这可能会对未来亚太经济一体化进程造成阻碍。作为全球增长的引擎，亚太各成员积极探索实现亚太共同繁荣的新动力。在2020年"茂物目标"到期之际，① APEC制定了引导未来20年发展的《2040年亚太经合组织布特拉加亚愿景》（以下简称"布城愿景"），这标志着亚太区域经济一体化正式由"茂物时代"过渡到"后2020时代"。在新愿景框架下，APEC将通过"贸易和投资""强劲、平衡、安全、可持续和包容增长""创新和数字化"三个方面经济驱动力，实现2040年亚太共同体的目标。《2023年亚太经合组织领导人旧金山宣言》全面反映和契合了"布城愿景"框架下的三大经济支柱内容。

一　坚持开放导向，促进贸易和投资自由化便利化

无论是在"茂物目标"指引的前30年，还是在"布城愿景"指引的未来20年，APEC始终致力于推进亚太地区贸易和投资自由化便利化以及区域经济一体化进程。此次APEC峰会重申了"布城愿景"确定的贸易投资合作目标，即在"后2020时代"，APEC将努力打造自由、开放、公平、非歧视、透明和可预测的贸易和投资环境，以确保亚太地区继续成为全球最具活力和互联互通的区域。在贸易和投资合作领域，此次APEC峰会承诺将继续维护以WTO为核心的多边贸易体制，倡导通过市场力量推进区域经济一体化，解决供应链中断问题并促进亚太地区全方位、无缝的互联互通。

（一）大力支持以WTO为核心的多边贸易体制

秉承自主自愿、协商一致、灵活渐进的原则，APEC从成立之初就确立了WTO坚定拥护者和支持者的立场。APEC与WTO多边贸易体制之间存在

---

① "茂物目标"是1994年在印度尼西亚召开的APEC领导人非正式会议确定的，即要求发达成员不迟于2010年、发展中成员不迟于2020年实现贸易和投资自由化。

一荣俱荣、一损俱损的关系，已成为APEC各成员的广泛共识。^①自1993年举行首次领导人非正式会议以来，APEC历届峰会均强调了维护和支持WTO多边贸易体制的政策主张，并始终将其作为优先议题之一。作为WTO多边贸易规则的"孵化器"和"试验场"，APEC项下推进贸易和投资自由化便利化、加强经济技术合作的举措，为WTO加速乌拉圭回合谈判，开展《贸易便利化协定》、《环境产品协定》、"电子商务联合声明倡议"等方面的谈判起到了重要的示范和推动作用。

2008年国际金融危机以后，逆全球化、贸易保护主义逐渐抬头。在经历中美贸易摩擦、英国脱欧、新冠疫情大流行以及俄乌冲突等一系列重大不确定事件后，全球单边主义和贸易保护主义进一步加剧，反全球化浪潮不断高涨，且有愈演愈烈之势，这对倡导自由贸易的WTO多边贸易体制造成严重打击。当前，WTO面临的挑战和危机主要集中在以下三个方面。一是WTO成员利益分歧以及僵化不变的协商一致原则，导致WTO贸易谈判功能和决策效率低下。二是乏力的贸易政策通报约束机制，致使政策审议监督职能逐渐弱化。三是作为WTO最重要功能之一的争端解决机制面临"停摆"困境。^②自2017年起，美国不断阻挠WTO上诉机构法官的遴选和连任工作，使得WTO上诉机构逐步陷入瘫痪。在此背景下，推进WTO改革已成为各成员广泛关注的重大议题。而在众多改革议题中，破解WTO上诉机构和争端解决机制"停摆"危机成为WTO改革的首选和优先议题。

针对WTO多边贸易体制发展面临的困境和危机，APEC峰会多次表达了对WTO改革提供全力支持的承诺。《2023年亚太经合组织领导人旧金山宣言》再次强调要大力支持以规则为基础、以WTO为核心的多边贸易体制，^③并特别强调了WTO多边贸易体制在推动亚太地区快速发展中发挥的

① 刘晨阳、曹以伦：《APEC三十年与我国参与亚太区域经济合作的战略新思考》，《东北亚论坛》2020年第2期。

② 孟琪：《逆全球化背景下WTO改革的中国方案研究——以上诉机构危机为例》，《国际经济合作》2022年第4期。

③ "2023 Leaders' Golden Gate Declaration"，APEC，November 17，2023，https：//apec. sitefinity. cloud/meeting-papers/leaders-declarations/2023/2023-leaders-declaration.

重要作用。基于此，此次峰会宣言一方面呼吁各成员及时有效落实 WTO 协定，履行其在 WTO 多边贸易体制项下的承诺和义务，并积极维护 WTO 项下的贸易和投资规则；另一方面针对当前 WTO 存在的不足以及面临的迫切问题，此次峰会宣言承诺将致力于对 WTO 进行必要改革，以增强其各项功能，特别是针对 WTO 争端解决机制面临的"停摆"问题，APEC 承诺将对 WTO 争端解决机制改革进行重点讨论，以期在 2024 年前实现全面恢复并运转良好。同时，APEC 承诺将在 2024 年 WTO 第 13 届部长级会议上提出建设性意见，以确保 WTO 改革取得务实成果。

（二）倡导以市场驱动方式推进区域经济一体化

在贸易和投资领域，除了从国际层面积极支持以 WTO 为核心的多边贸易体制外，也需要从地区层面推进区域经济一体化进程，进而营造自由、开放的贸易投资环境。《2023 年亚太经合组织领导人旧金山宣言》不仅强调了推进亚太经济一体化的方式，也指明了实现亚太地区经济一体化的路径。

首先，在驱动方式上，APEC 倡导以"市场驱动方式"推进区域经济一体化。根据区域经济发展相关理论，区域经济一体化的驱动力，一方面来自市场自发的拉动力量，另一方面来自政府主导的推动力量。① 其中，"市场驱动方式"以企业等市场行为主体间的互动力量为主、政府间协商为辅，APEC 始终坚持市场在区域经济合作中发挥的基础作用，各经济体通过发挥比较优势和形成专业化分工，实现资源的最优配置，进而推动政府间的区域经济合作。这种由市场力量拉动的区域经济一体化过程呈现"自下而上"的发展轨迹。"政府推动方式"是以政府或政府性质的团体等非市场行为主体间的互动力量为主，通过政府间的持续性协商、开展贸易投资协定谈判、搭建合作机制平台等方式，活跃区域间的市场主体力量，进而实现区域经济一体化。这种由政府推动的区域经济一体化过程呈现"自上而下"的发展

---

① 徐林清、陈碧莲：《市场驱动的中日韩贸易一体化趋势研究》，《亚太经济》2011 年第 5 期。

轨迹。① 从本质属性看，"市场驱动方式"更强调经济和市场因素，而"政府推动方式"更注重地缘政治因素。

近年来，随着亚太地区在全球政治经济格局中的重要性日益突出，域内部分国家纷纷加大战略投入，大国博弈的色彩日渐浓厚。美国、日本、澳大利亚等APEC成员纷纷实施"印太战略"重塑地区格局，② 并基于此构建"印太经济框架"（IPEF）等具有排他性的经济规则体系。这一方面削弱了经济和市场因素在APEC中发挥的主导作用，另一方面加剧了亚太区域经济合作的碎片化。此外，在新冠疫情反复延宕和俄乌冲突背景下，美国等一些APEC成员过于强调自身的经济安全，加大力度采取惩罚性关税、"出口管制"等贸易保护措施，甚至将经济问题政治化和泛安全化，推行所谓"友岸外包""盟友外包"，构建"可信任供应链"等具有浓重地缘政治色彩的供应链策略，这不仅严重扰乱了全球产业链供应链价值链布局，也对以经济合作为中心的APEC进程产生不利冲击。

自1989年建立以来，APEC坚持"开放的地区主义"，遵循"平等互利、协商一致、自主自愿"原则，始终致力于推进亚太贸易投资自由化和便利化以及区域经济一体化。过去30年，在"茂物目标"的指引下，亚太地区平均关税水平从17%下降至5%，③ 下降幅度达到70%，且APEC工业化经济体和发展中经济体之间的关税差距显著缩小，这为亚太经济一体化留下了"丰富的遗产"。在"后2020时代"，APEC将以"布城愿景"为指引，以"市场驱动方式"继续推进"茂物目标"和区域经济一体化。正是认识到亚太地区地缘政治环境的复杂性，《2023年亚太经合组织领导人旧金山宣言》再次强调市场力量在推动亚太经济一体化中的基础作用，这充分

---

① 李建华、李月：《市场驱动还是政府推动？——基于我国区域经济整合模式的视角》，《江汉论坛》2013年第6期。

② 刘晨阳、杨丁紫薇：《APEC新愿景与我国参与的策略选择》，《南开学报》（哲学社会科学版）2024年第1期。

③ 《同心协力 共迎挑战 谱写亚太合作新篇章——在亚太经合组织工商领导人峰会上的书面演讲》，光明网，2023年11月18日，https：//news.gmw.cn/2023－11/18/content_36973956.htm。

反映了 APEC 在推进区域经济合作中秉承的初心，即不希望地缘政治因素影响亚太经济一体化进程，倡导通过要素禀赋、比较优势、经济结构和规模等经济和市场力量推动区域经济一体化，反对将经贸问题政治化、武器化、泛安全化。①

其次，在区域经济一体化实现路径方面，《2023 年亚太经合组织领导人旧金山宣言》重申了"布城愿景"和《奥特奥罗亚行动计划》项下的承诺，包括支持成员缔结全面、高标准的自由贸易协定，积极推进亚太自贸区（FTAAP）议程。

20 世纪 90 年代以来，区域贸易协定（RTA）日渐成为区域经济一体化的主要载体。截至 2023 年底，APEC 项下的 21 个经济体共对外缔结了 192个有效的区域贸易协定，约占全球区域贸易协定缔结数量的 52%。而 APEC经济体内部缔结的区域贸易协定数量达到 70 个，其中既包括 APEC 成员之间缔结的双边自由贸易协定（FTA），也包括 RCEP、CPTPP 这种诸边、大型自贸协定。② 虽然亚太地区诸多的区域贸易协定可能会产生"意大利面条碗"效应，导致贸易规则的多样化和碎片化，但区域贸易协定同样具有"垫脚石"效应，其不仅为亚太地区形成一个统一的自贸区奠定了基石，也有利于促进 WTO 多边贸易自由化进程。正是认识到区域贸易协定在区域经济一体化中的促进作用，在"后 2020 时代"，APEC 承诺将亚太自贸区作为深化贸易投资自由化和便利化、推动亚太区域经济一体化进程的重要途径。

亚太自贸区的设想最早由 APEC 于 2005 年提出，旨在以亚太地区已有的或正在推进的自由贸易协定为基础，构建一个全面、高标准的区域经济一体化制度框架。③ 但直到 2010 年在日本横滨举行的第十八次领导人非正式

---

① 《坚守初心　团结合作　携手共促亚太高质量增长——在亚太经合组织第三十次领导人非正式会议上的讲话》，人民网，2023 年 11 月 19 日，http：//politics. people. com. cn/n1/2023/1119/c1024-40121250. html。
② 数据来源于 WTO 的区域贸易协定通报系统，https：//rtais. wto. org/UI/PublicMa intain RTAHome. aspx。
③ 刘晨阳、杨丁紫薇：《APEC 新愿景与我国参与的策略选择》，《南开学报》（哲学社会科学版）2024 年第 1 期。

会议上，APEC才达成将亚太自贸区由愿景转化为现实的共识，并将其作为推进亚太经济一体化的重要工具。① 在此基础上，APEC于2014年、2016年相继批准了《亚太经合组织推动实现亚太自贸区北京路线图》和《亚太自贸区利马宣言》，为正式推进亚太自贸区进程制定了行动方案以及全面、详细的规划。② 此后，美国转向实施"印太战略"，联合日本、澳大利亚、部分东盟国家等APEC成员将合作重心从"亚太"转向"印太"，导致APEC项下的亚太自贸区建设进程放缓。

新冠疫情发生以后，在全球经济复苏乏力和经济不确定性扩大的背景下，亚太自贸区议题在APEC中再度升温。2022年在泰国曼谷举行的第二十九次领导人非正式会议上，APEC制定了2023~2026年"亚太自贸区议程工作计划"（FTAAP Agenda Work Plan），以继续推进亚太自贸区议程。③ 本次峰会再次强调了亚太自贸区在推进亚太区域经济一体化中的重要作用。根据"布城愿景"，如果亚太自贸区能够在2040年之前建成，无疑将成为APEC实现亚太共同体目标最具标志性的成果之一。④

（三）解决供应链中断问题，促进全方位、无缝的互联互通

自2017年美国特朗普政府提出"印太战略"以来，美国等部分APEC成员对华实施"脱钩断链""去中国化"等具有歧视性、排他性的策略，通过采取惩罚性关税、"出口管制"、滥用"反倾销反补贴"、投资限制等多种保护主义措施，严重威胁亚太地区甚至全球产业链价值链稳定。新冠疫情和俄乌冲突等重大不确定性事件，进一步加剧了全球供应链产业链的不稳定

① "2010 Leaders' Declaration", APEC, November 13, 2010, https：//www. apec. org/meeting-papers/leaders-declarations/2010/2010_aelm；"2014 Leaders'Declaration", APEC, November 11, 2014, https：//www. apec. org/meeting-papers/leaders-declarations/2014/2014_aelm.

② "2016 Leaders'Declaration", APEC, November 19, 2016, https：//www. apec. org/meeting-papers/leaders-declarations/2016/2016_aelm.

③ "2022 Leaders' Declaration", APEC, November 19, 2022, https：//www. apec. org/meeting-papers/leaders-declarations/2022/2022-leaders-declaration.

④ 刘晨阳、杨丁紫薇：《APEC新愿景与我国参与的策略选择》，《南开学报》（哲学社会科学版）2024年第1期。

性，供应链中断问题凸显。

在后疫情时代，如何解决亚太地区的供应链中断问题，尽快恢复产业链供应链体系并增强其韧性，是 APEC 成员需要共同面对的重大现实问题。基于这一背景，《2023 年亚太经合组织领导人旧金山宣言》再次呼吁各成员要保持市场开放，努力推进亚太地区互联互通。互联互通为产业链供应链合作和联系提供了软硬件环境和基础条件，有助于提高供应链韧性，从而降低供应链中断风险。同时，互联互通有助于实现"以人为本"的经济增长，通过减少不发达地区以及偏远地区经济发展的制约和瓶颈，促进包容性增长。正是认识到互联互通在增强供应链韧性和促进包容性经济增长方面的重要性，此次峰会宣言承诺将继续落实《亚太经合组织互联互通蓝图（2015—2025）》（以下简称《互联互通蓝图》），并强调要促进地区、次区域和偏远地区的互联互通，以实现亚太地区无缝、全方位互联互通。

《互联互通蓝图》于 2014 年在中国北京举行的 APEC 第二十二次领导人非正式会议上批准通过，旨在强化亚太地区的硬件基础设施建设、加强规制建设和协调、便利人员跨境流动和交流，并期望在 2025 年前实现无缝、全面连接和融合亚太的远景目标。① 《互联互通蓝图》可以被认为是 APEC 对贸易投资自由化和便利化的拓展及深化。在"后 2020 时代"，全力推进基础设施硬环境、规制软环境、人员互联互通机制建设是 APEC 深化亚太区域经济一体化、保障全球价值链体系稳定和维护亚太经济开放格局的有效路径之一。②

当前，距离《互联互通蓝图》10 年规划还有 2 年的时间，这意味着 APEC 框架下互联互通进程接近尾声。实践表明，APEC 框架下的互联互通取得了一定的进展和成果：一是在基础设施互联互通方面，APEC 重点改善投资环境，建设高质量基础设施；二是在机制互联互通方面，APEC 重点提

---

① "Annex D-APEC Connectivity Blueprint for 2015–2025", APEC, November 11, 2014, https：//www. apec. org/meeting-papers/leaders-declarations/2014/2014_aelm/2014_aelm_annexd.

② 刘晨阳、曹以伦、景国文：《APEC 机制互联互通合作进展评估及前景展望》，《亚太经济》2021 年第 3 期。

升贸易便利化水平，打通供应链和物流堵点，改善营商环境，加强监管一致性等；三是在人员互联互通方面，APEC重点通过人力资源开发促进商务旅行、跨境教育、专业技术人才流动等。总体而言，亚太地区的互联互通进程与APEC设定的愿景目标还有一定的距离。在后疫情时代，APEC经济体需要采取更加有力、有效的措施，切实推动亚太地区互联互通进程，进而构建强韧、可持续、开放包容的产业链供应链。

二 推进可持续性、包容性经济政策

2008年国际金融危机爆发后，包容和可持续性增长议题日益得到APEC各成员的重视。此后，包容和可持续性成为APEC峰会宣言以及各级会议政策文本中的核心议题。[①] 2020年"布城愿景"将"可持续性和包容增长"作为实现亚太共同体的三大驱动力之一。为推进"布城愿景"，此次APEC峰会主题为"为所有人创造一个有韧性和可持续的未来"，这充分体现了APEC致力于促进亚太地区包容性和可持续发展的承诺。同时，此次峰会强调要以《生物循环绿色经济曼谷目标》为基础，推进可持续性和包容性经济政策，并制定了《贸易和投资政策包容和可持续旧金山原则》。未来，推动经济政策包容性和可持续将继续成为APEC开展国际合作的原则与主旋律。

（一）可持续性经济政策

当前，全球面临的气候变化、环境污染、自然资源枯竭等环境问题日益突出，特别是受气候变化影响，全球极端天气灾害频发，人类传染病蔓延和加剧，不仅严重威胁人身生命安全，也对生产和消费、产业链供应链、贸易和金融等世界经济体系产生巨大冲击。2020年发生的新冠疫情给人类敲响了警钟，气候变化等环境问题引起的风险和挑战已不容忽视。

---

① 盛斌、靳晨鑫：《APEC经济体包容性增长：理念、评估与行动》，《亚太经济》2020年第5期。

从减排责任和义务上讲，APEC 经济体包括全球最大的温室气体排放国。
APEC 人口总量和经济总量分别约占世界的 38%、55%，而温室气体排放
约占全球的 60%，且呈增长趋势。未来，APEC 经济体可能是全球温室气
体排放的最大来源，并将在影响气候变化中发挥决定性作用。此外，由于
亚太地区位置和地理上的多样性，中国、印度尼西亚、日本、墨西哥、菲
律宾、越南等 APEC 经济体，已被确定为最易遭受气候变化影响的国家。
据统计，每年全球 70% 的自然灾害发生在 APEC 经济体。如果不采取减排
政策，预计 APEC 经济总量将在 21 世纪内损失 18.3%。① 基于此，APEC
经济体亟须推行可持续经济政策，加快推动发展方式绿色低碳转型，进而
实现人与自然和谐共生。

在可持续经济政策方面，《2023 年亚太经合组织领导人旧金山宣言》重
点将能源低碳转型和能源安全、农业可持续性和农业安全列为主要议题，以
合力应对气候变化、极端天气、自然灾害等各类环境风险和挑战。在具体措
施方面，APEC 鼓励各成员通过多样的途径推进清洁和低碳能源转型，以实
现 21 世纪中叶左右全球温室气体净零排放（碳中和）的目标，并承诺 2030
年之前将全球可再生能源装机容量扩大到目前的三倍，以保障能源安全。在
农业和粮食安全方面，APEC 承诺将充分落实 2022 年制定的《亚太经合组
织 2030 年粮食安全路线图》，以增强亚太地区农业和粮食系统的韧性和可持
续性。同时，APEC 再次强调要致力于提高农业生产力，畅通粮食贸易通道
并加强节粮减损，以保障粮食安全。

除了强调能源和粮食安全外，此次 APEC 峰会强调要落实 2022 年制定
的《生物循环绿色经济曼谷目标》。② 考虑到集体应对气候变化、降低温室
气体排放的重要性，APEC 呼吁各成员一方面要支持联合国《2030 年可持

---

① "APEC and Climate Change", APEC, 2021, https：//www.apec.org/docs/default-source/info
graphics/2021/1104_apec-and-the-climate-change-crisis_a4.pdf? sfvrsn=f1661200_2.

② "Bangkok Goals on Bio-Circular-Green（BCG）Economy", APEC, November 19, 2022,
https：//www.apec.org/meeting-papers/leaders-declarations/2022/2022-leaders-declaration/
bangkok-goals-on-bio-circular-green-（bcg）-economy.

续发展议程》、《巴黎协定》等全球性努力，并在能力建设和技术资金等关键领域提供国际支持；另一方面要努力实现和遵守各自做出的零排放、碳中和承诺。此外，APEC承诺要促进海洋、渔业、森林等自然资源的可持续利用和管理，保护生物多样性，并通过加强可持续废物管理，实现"零废物"，进而实现自然资源利用和消费平衡。

（二）包容性经济政策

长期以来，经济不平等、贫富差距、发展鸿沟等问题一直是各国现代化发展面临的主要问题，也是滋生各种经济和社会问题的温床。而包容性经济政策通过支持社会弱势群体、促进中小企业发展、推进结构性改革等方式，确保所有民众都有机会参与和分享现代化经济成果，这有利于减少经济不平等、缩小贫富差距、弥合发展鸿沟，进而促进一国或地区和谐稳定发展。

根据2018年世界经济论坛（WEF）发布的"包容性增长指数"，在"包容性"分项上，APEC经济体的得分均未达到最优20%的行列，且较多经济体处于全球后40%的区间，特别是美国、澳大利亚、新西兰、韩国、日本等发达经济体。[①] 2020年发生的新冠疫情，对妇女、老年人、残疾人以及农村和偏远山区人口等弱势群体造成了更大的冲击。由于疫情、通胀成本以及生活成本的多重影响，亚太地区的经济不平等现象明显加剧，收入和贫富差距呈扩大趋势。由此看来，包容性问题仍是APEC各成员需要长期关注且亟待解决的优先议题之一。

《2023年亚太经合组织领导人旧金山宣言》承诺将继续推进包容性的经济政策，并重点在性别平等、劳动力、中小企业等三个方面推进包容性经济政策。在性别平等方面，APEC重申致力于支持妇女全面、充分、平等地参与和领导各种经济和社会事项，包括改善妇女获得资本和资产、市场、技能、发言权和代理权以及创新和技术的机会，增强基于性别平等的护理政策和服务，促进全球价值链中的性别平等，加强针对妇女和女童的教育和人力

---

① 盛斌、靳晨鑫：《APEC经济体包容性增长：理念、评估与行动》，《亚太经济》2020年第5期。

资源开发，防止和应对基于性别的暴力和歧视等。在劳动力方面，APEC承诺将充分利用技术进步，致力于提高劳动力素质以应对未来工作挑战。具体措施包括，推动获得高质量教育和职业培训的包容性与公平性，促进充分就业和人人获得体面工作，加强再培训和职业技能提升，推进终身学习机制等。

作为亚太地区发展的主要力量和引擎，中小企业对促进包容性经济增长至关重要。据统计，亚太地区的中小企业占所有企业的比例达到97%，是APEC大多数经济体的主要企业形式。同时，中小企业也是价值创造的主要贡献者，已成为大多数亚太经济体GDP增长的主要来源。此外，中小企业提供了大部分的就业机会和工作岗位，雇用人数超过总就业人数的一半，是吸纳多样化劳动力的主要力量。① 然而，中小企业面临的经营环境处于弱势，竞争力也相对较弱。支持中小企业发展，并为中小企业提供更好的竞争环境，不仅有利于稳定就业和改善民生，也能促进包容性经济增长。基于此，《2023年亚太经合组织领导人旧金山宣言》强调了竞争力、专业化以及创新能力对各成员发展的重要性，并承诺通过融入全球价值链、与大型企业合作以及使用数字工具和技术，支持中小企业向区域乃至全球市场扩张。此外，APEC强调将在财税金融、政策服务等方面为中小企业提供更加公平、有利的竞争环境。

（三）《贸易和投资政策包容和可持续旧金山原则》

过去几十年，贸易与投资自由化促进了亚太经济的快速增长，使亚太地区成为全球经济增长的先锋。然而，贸易和投资自由化是一把双刃剑，在增加就业、提高收入、扩大经济机会的同时，也可能会导致经济不平等、贫富差距扩大、环境污染等问题。对此，此次APEC峰会专门制定了《贸易和投资政策包容和可持续旧金山原则》（以下简称《旧金山

---

① "2023 APEC Economic Policy Report"，APEC，2023，https：//www.apec.org/publications/2023/11/2023-apec-economic-policy-report.

原则》），旨在通过增强贸易和投资政策的包容性与可持续性，保障所有人享有贸易和投资自由化带来的福利收益，并以此促进亚太地区的高质量发展。

此次APEC峰会确定的《旧金山原则》具体包括以下八个方面内容。第一，要充分认识到包容和可持续性在制定和实施贸易与投资政策方面的重要作用，以支持亚太地区实现强劲、平衡、安全、可持续和包容性的经济增长。第二，要将环境可持续和包容性作为贸易和投资政策的重要标准，以提高经济政策的福利收益，并改善所有人的经济机会。第三，要重视贸易政策的包容性，并加强包容性政策方面合作，以应对亚太经济体共同面临的气候变化以及其他挑战。第四，要使用公开、透明、可预测、公众参与的议程来制定、审议和实施贸易和投资政策，包括公布提案、公众咨询、参与机会等，特别是要酌情考虑中小微企业、妇女、残疾人、农村和偏远山区人口以及土著人等弱势群体的观点和利益。第五，要加强在循环经济方面的合作，并着重提高环境商品和服务方面的贸易与投资机会，以此推进亚太地区的清洁能源转型和环境改善。第六，要充分认识到残疾人、农村和偏远山区人口以及土著人等特定群体在获得国际贸易和投资机会等方面所面临的挑战和壁垒。第七，要认识到定性和定量数据开放与公开的重要性，并加强数据的收集、研究和分析，以了解和监测贸易政策对不同群体的经济、环境和社会影响。第八，探索贸易政策分配效应的具体经济分析、经验和最佳做法。

《旧金山原则》将包容和可持续性纳入贸易和投资政策框架，意味着APEC各成员在衡量一项贸易和投资政策优劣时，不能将经济效益作为唯一的衡量标准，而要兼顾公平和环境，一并将社会效应、环境效应纳入评价和考核体系。《旧金山原则》是APEC落实"以人为本"可持续发展理念的一项重要标志性成果，为当前贸易和投资政策改革提供了指引。《旧金山原则》也充分反映了APEC致力于促进亚太地区包容性和可持续发展的承诺，以构建开放、活力、强韧、和平的亚太共同体，实现所有人民和子孙后代共同繁荣的愿景。

三 坚持创新驱动，促进数字经济发展

随着大数据、云计算、人工智能等新兴技术的应用，全球数字经济发展全面提速。科技创新和数字化转型将是较长时期内亚太地区乃至全球发展的重要方向，但由于数字技术和数字经济本身的特性，各国在数字治理方面面临重大的挑战。同时，数字经济的发展鸿沟日益突出，加剧了亚太地区发展不平衡。在继续推进贸易投资自由化和便利化，构建开放型亚太经济的同时，加强数字治理，以及利用数字技术促进包容性增长已成为 APEC 各成员的共识。在"后 2020 时代"，"布城愿景"将"创新和数字化"作为促进亚太地区共同繁荣的驱动力之一。可以预见，数字经济合作将继续成为 APEC 未来重点关注的议题。

（一）APEC 项下的数字经济合作规划

自 20 世纪 90 年代开始，为促进亚太地区电子商务的发展，APEC 先后成立了电子商务指导小组（ECSG）和互联网经济临时指导小组（AHSGIE）。随着信息技术的广泛应用和数字经济的发展，APEC 顺势而为，在 2018 年对 ECSG 和 AHSGIE 的功能进行整合，先后成立 APEC 数字经济指导小组（DESG）和数字创新工作组（DIWG），以推动各成员就数据治理、数据技术应用等数字政策议程开展交流与合作。①

在工作组的指导下，APEC 制定了一系列促进数字经济发展和合作的计划与安排。2011 年，APEC 建立了"跨境隐私规则"（CBPR），旨在促进亚太地区的跨境电子商务隐私和个人信息保护。2014 年，APEC 通过了《促进互联网经济合作倡议》《亚太经合组织跨境电子商务创新与发展倡议》，以促进跨境电子商务和互联网经济的发展与合作。基于"跨境隐私规则"，APEC 于 2015 年建立了"数据处理者隐私识别体系"（PRP）和"跨境隐私执法安排"（CPEA）。2017 年，APEC 制定了《亚太经合组织互联网和数字

---

① 史佳颖：《APEC 数字经济合作评估及中国的参与策略》，《亚太经济》2021 年第 2 期。

经济路线图》和《亚太经合组织跨境电子商务便利化框架》，以进一步推动电子商务、数字贸易等数字领域的发展。其中，《亚太经合组织互联网和数字经济路线图》确定了数字经济领域的 11 个关键事项，具体包括：发展数字基础设施、促进互操作性、广泛的宽带接入机会、全面的政策框架体系、促进监管一致性、促进数字技术和服务的创新、增强信息技术环境的安全和信任、促进信息和数据的自由流动、改进互联网和数字经济测量方法、促进互联网和数字经济的包容性、加强电子商务与数字贸易合作。《亚太经合组织互联网和数字经济路线图》为近年来亚太地区的数字经济发展和合作提供了重要的政策指引。为尽快落实和全面实施《亚太经合组织互联网和数字经济路线图》，2018 年 APEC 制定了《数字经济行动计划》，主要确定了三项行动议程：一是就路线图的未来实施制定一份全面的计划；二是制定数据分析和支持计划；三是确定数字经济领域的其他关键事项。

随着"茂物目标"的到期，2020 年"布城愿景"指出，APEC 将通过加强数字基础设施建设、加快数字转型、促进数据流动以及增强数字交易中的信任和个人信息保护，着力培育由数字经济和创新支持的经济环境，以实现 2040 年亚太地区共同繁荣的愿景。基于此愿景，《2023 年亚太经合组织领导人旧金山宣言》承诺将致力于为所有人创造良好、包容、开放、公平、非歧视的数字生态系统，以促进亚太地区包容性发展。在具体行动上，APEC 鼓励各成员加快实施《亚太经合组织互联网和数字经济路线图》，以打造包容性数字经济。同时，APEC 强调将重点在以下三个具体领域开展合作：一是释放数字技术潜力，加强数字技术治理；二是加强数字基础设施建设，弥合数字鸿沟；三是加快数字化转型，促进数据流动，增强数字交易中的信任和加强个人信息保护。

总体而言，APEC 项下的数字经济合作从最初的信息通信技术（ICT）创新和应用、数字基础设施建设、跨境电子商务发展等领域，逐步向更深层次的数据跨境流动、数据隐私保护、数字技术创新、网络环境安全等领域拓展，亚太地区的数字经济合作日益全面和深化。

（二）跨境数据流动与隐私保护

在数字经济时代，数据成为一项重要资产和关键生产要素。云计算、大数据、物联网、人工智能等信息技术的快速发展使数据流动需求迅速增长。数据流动不仅包括数据传输，还牵涉隐私权、网络安全、国家主权等方面的复杂问题。数据开发和隐私保护的重要性也日益增强，如何在开发数据的同时加强隐私保护，已成为全球数字治理的重要议题之一。无论是"布城愿景"，还是 2023 年举行的 APEC 第三十次领导人非正式会议，APEC 均承诺要继续促进数据流动，并加强在数据监管、数字交易中的安全和信任、消费者隐私保护等方面开展合作。

长期以来，APEC 一贯重视数据安全和隐私保护。早在 2003 年 APEC 就组建了数据隐私小组，以推动有关数据隐私和个人信息保护等数据治理方面的工作。当前，APEC 项下有关数据隐私保护的最主要成果是"跨境隐私规则"，旨在实现经济体间的数据安全流动，并确保充分保护个人隐私信息。"跨境隐私规则"基于 APEC 隐私框架，要求参与的企业遵守与该框架一致的一套综合性数据保护标准。这些标准涵盖了数据隐私的重要方面，包括个人信息的保护、责任、透明度和选择权。APEC"跨境隐私规则"的建立，有利于约束企业的个人数据跨境传输行为，保障个人信息安全，客观上减少了各成员现行隐私保护规则的差异。未来，APEC 将结合 2015 年推出的"数据处理者隐私识别体系"，协助参与企业识别有权限的处理器，确保个人信息处理过程遵守相关规则，并探索"跨境隐私规则"与欧盟《通用数据保护条例》（GDPR）的对接。[①]

自 2011 年 APEC 正式推出"跨境隐私规则"以来，加入"跨境隐私规则"的亚太经济体包括美国、日本、加拿大、韩国、新加坡、澳大利亚、中国台湾、菲律宾和墨西哥，不及 APEC 总成员数量的一半。总体而言，APEC"跨境隐私规则"的进展和推广非常缓慢，这可能主要受到以下两个

---

① 史佳颖：《APEC 数字经济合作评估及中国的参与策略》，《亚太经济》2021 年第 2 期。

方面因素的影响。一是"跨境隐私规则"的约束力比较弱，亚太地区企业加入"跨境隐私规则"的积极性偏低。从本质属性上看，"跨境隐私规则"是规范 APEC 成员企业个人信息跨境传输活动、自愿的多边数据隐私保护计划。其规范对象仅限于亚太地区涉及个人信息跨境传输业务的企业，而不包括政府。同时，该规则只规范自愿加入的成员企业，对体系外的企业没有约束力。① 二是"跨境隐私规则"的应用和普及仍处于初始阶段。当前，只有总部设在美国、日本、韩国、新加坡的企业才有机会申请"跨境隐私规则"认证，其他 APEC 经济体暂未开始落实。截至 2023 年 12 月，参与"跨境隐私规则"认证的企业仅有 67 家，其中美国企业 48 家、韩国企业 9 家、新加坡企业 6 家、日本企业 4 家。② 与亚太地区规模庞大的贸易量相比，参与"跨境隐私规则"认证的企业数量可以说是微乎其微，这导致 APEC 成员间无法有效落实数字安全合作工作，进而降低"跨境隐私规则"在亚太地区的影响力。

（三）弥合数字鸿沟，促进包容性数字经济发展

数字鸿沟是指在全球数字化发展过程中，由于不同国家、地区、企业、群体在互联网普及程度、信息获取水平、信息技术开发和应用等方面存在差异，进而形成的信息落差。③ 按照不同的分类标准，数字鸿沟可区分为区域数字鸿沟、地区数字鸿沟、企业数字鸿沟以及性别数字鸿沟。其中，区域数字鸿沟主要表现为发达经济体和发展中经济体之间的数字经济发展差距。地区数字鸿沟主要体现为同一经济体在不同城市、城乡之间的数字经济发展差距。企业数字鸿沟主要指因企业类型不同而出现的发展差异。普遍而言，相比于国有或大型企业，中小微企业在数字化转型和获取数据信息方面相对处于弱势。性别数字鸿沟主要指因性别不平等、性别歧视等引

---

① 弓永钦、王健：《APEC 跨境隐私规则体系与我国的对策》，《国际贸易》2014 年第 3 期。
② "CBPR System Directory"，http：//cbprs. org/compliance-directory/cbpr-system/.
③ 乔平平：《APEC 数字经济合作的进展、挑战及中国参与策略》，《对外经贸实务》2022 年第 2 期。

起的信息落差。

APEC 各成员发展差异较大，在互联网开发和应用、数字技术更新迭代和创新、数字技能和素养发展等方面存在明显的差距，新冠疫情进一步加剧了亚太地区的数字鸿沟问题。造成亚太地区数字鸿沟问题的实际原因主要在于以下两个方面。一是信息基础设施发展水平不均衡。当前，亚太发达经济体和发展中经济体在信息基础设施建设、互联网覆盖率等方面存在显著差距。例如，美国、日本、韩国等发达经济体的 5G 覆盖率已超过 75%，而印度尼西亚等一些发展中经济体尚未开通 5G 网络服务。此外，有的成员还存在互联网使用资费偏高、宽带接入速度偏低、移动互联网发展缓慢的问题。二是不同群体之间的数字技能和素养差距明显。当前，亚太地区仍有超过10 亿人无法连接互联网，主要是老年人、妇女、残疾人以及偏远山区人口等弱势群体。他们在使用数字技术、参与数字活动或胜任数字岗位工作等方面存在较大的困难。①

为了弥合数字鸿沟，促进亚太地区的包容性数字经济发展以及实现所有人共同繁荣的目标，《2023 年亚太经合组织领导人旧金山宣言》承诺将致力于消除数字鸿沟，特别是在性别数字鸿沟方面，APEC 承诺将在 2030 年将性别数字鸿沟减少一半，这表明了 APEC 各成员致力于促进亚太地区性别平等、加强女性参与数字经济活动的决心。在具体行动上，APEC 主要通过以下两方面的措施来缩小数字鸿沟。一是加强数字基础设施建设，以此增加所有人获得信息和通信技术产品与服务的机会。数字基础设施是发展数字经济的必要基础和重要条件。APEC 将通过《互联互通蓝图》，推进亚太地区高质量的信息通信设施建设，并通过监管一致性、规制改革等软联通提升数字技术治理水平。二是加强数字技能和数字素养的发展，特别是针对妇女、老年人、残疾人以及偏远山区人口等弱势群体，通过增强他们在数字经济发展中所需的必要技能，使更多群体参与数字经济活动，确保人人享有数字经济发展成果。

---

① 史佳颖：《APEC 数字经济合作评估及中国的参与策略》，《亚太经济》2021 年第 2 期。

四 结语

总的来说，《2023年亚太经合组织领导人旧金山宣言》完全是基于2020年"布城愿景"三大经济支柱而达成的共识和承诺。除了将包容和可持续性纳入贸易和投资政策外，2023年美国议程并没有太多的创新性，这说明美国推动亚太地区合作的意愿正在下降。但这种下降并非只表现在2023年，而是伴随美国对华全面竞争加剧而日益增强的。自2017年美国实施"印太战略"以来，美国将合作重心从"亚太"转向"印太"，并加紧构建"印太经济框架"等排除中国的经济规则体系。鉴于中国在全球供应链、价值链、产业链中的重要性，美国推行的带有政治色彩的"去中国化"策略，不仅不利于亚太区域的发展，也将对全球经济稳定和发展造成不良冲击。

作为此次会议的东道主，美国寄希望于借助APEC平台为2022年启动的"印太经济框架"铺路架桥，带动更多APEC成员将合作重心转向"印太"。但是，会议最终达成的《2023年亚太经合组织领导人旧金山宣言》不仅未提及"印太经济框架"，还重申了APEC在亚太区域经济合作中的引领作用和主渠道地位，以及实现2040年新愿景目标的信心，这充分表明，APEC将秉持一贯坚持的合作初心，继续拓展和深化新时期的亚太区域经济合作，以防止地缘政治博弈影响亚太经济一体化进程。除此之外，APEC成员领导人对俄乌冲突、巴以冲突等地缘政治问题的讨论，也未出现在宣言中，而是作为一份单独的《主席声明》另行发布。此次峰会宣言并未将政治安全等敏感问题纳入其中，这充分说明APEC成员希望继续维护APEC经贸论坛性质的初心，而非讨论地缘政治问题的场所，以消除地缘政治因素对亚太区域经济合作的干扰。

作为亚太地区层级最高、领域最广、最具影响力的经济合作机制，APEC在过去30年有力促进了亚太地区贸易和投资自由化便利化、经济技术发展、物资人员流动，创造了举世瞩目的"亚太奇迹"。① 但 APEC 也面临成员间目标不统一、利益分歧加剧、象征意义日益突出等发展瓶颈，存在逐渐走向"虚化"境地的风险。在当前世界百年变局加速演进，世界经济面临多种风险挑战的新形势下，亚太经济体应继续坚持经济合作初心，摒弃政治安全因素干扰，继续发挥 APEC 在亚太地区的引领和主渠道地位，通过促进贸易和投资自由化便利化、坚持包容性和可持续发展原则、推动创新和数字化转型等路径，积极打造亚太发展的下一个"黄金三十年"，推动亚太地区建成一个开放、活力、强韧、和平的亚太共同体，实现亚太地区的共同繁荣。

---

① 《坚守初心 团结合作 携手共促亚太高质量增长——在亚太经合组织第三十次领导人非正式会议上的讲话》，人民网，2023 年 11 月 19 日，http：//politics. people. com. cn/n1/2023/1119/c1024-40121250. html。

B.8
亚太巨型自由贸易协定与"印太经济框架"：进展及影响

张 松 张中元*

摘 要： 21世纪以来，作为对WTO诸边自由贸易协定的补充，双边和区域自由贸易协定蓬勃发展，为各地区经济注入了新的动力。《区域全面经济伙伴关系协定》（RCEP）和《全面与进步跨太平洋伙伴关系协定》（CPTPP）是亚太地区的两个巨型自由贸易协定（mega-FTA）。RCEP与CPTPP的签署极大地促进了区域间的经贸合作，有利于成员共同有效应对全球经济变局，拓展和稳定供应链、产业链，使亚太区域经济一体化推进了一大步。然而，为了弥补"印太战略"在经济领域的不足，美国政府于2022年启动了"印太经济框架"。"印太经济框架"的目的是在亚太区域与中国展开竞争，会对亚太经济合作及区域一体化带来不确定的影响。

关键词： 巨型自由贸易协定 "印太经济框架" 亚太区域一体化

一 亚太地区的自由贸易协定

第二次世界大战结束以后，国际贸易显著促进了世界经济增长。然而，全球贸易增速自2008年国际金融危机以来开始放缓，直到2015年才有所恢复。但2018年开始的中美贸易摩擦以及2020年全球新冠疫情的发生，使得全球

---

* 张松，博士，中国社会科学院亚太与全球战略研究院助理研究员，主要研究方向为国际投资与贸易、发展经济学；张中元，博士，中国社会科学院亚太与全球战略研究院研究员，《当代亚太》编辑部主任，主要研究方向为国际经济学、区域合作。

贸易量再次下降。特别是新冠疫情导致各国的生产和消费锐减，对国际贸易造成了前所未有的破坏。此外，2022年爆发的俄乌冲突和2023年发生的巴以冲突，使本已脆弱的全球贸易复苏前景更加黯淡。结果，全球商品贸易总额在2020年第二季度触底，随后开始缓慢复苏，而2021年商品贸易总额的大幅增长主要被认为是前一年贸易量大幅下降的基数效应。2022年第三季度以来，全球商品贸易总额开始波动下降（见图1）。此外，由于新冠疫情的影响，全球服务贸易的增长落后于商品贸易，特别是与旅游和休闲相关的服务贸易部门。幸运的是，各国逐渐解除了边境限制，服务贸易开始复苏。

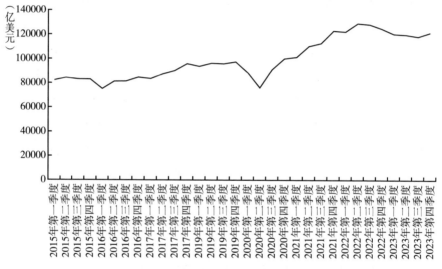

图1　2015年第一季度至2023年第四季度全球商品贸易总额

资料来源：WTO数据库。

1981~2020年，全球商品贸易总额的平均增长速度是世界GDP平均增长速度的1.5倍左右。特别是在20世纪90年代，全球商品贸易总额的增长率是GDP增长率的两倍多。然而，自2008年国际金融危机爆发以来，贸易增长与GDP增长的比例基本持平（除了2010年、2011年和2017年），以WTO为代表的多边贸易体制改革进程缓慢且难以及时应对全球经济发展的新问题、新挑战。因此，进入21世纪以来，许多国家开始尝试建立双边、多边和区域大型自由贸易协定，以促进贸易和经济的增长。这种新的尝试在国际金融危机之前运作良好，但在国际金融危机之后开始显现出局限性。从那以后，贸易保护主义抬头、新冠疫情和局部冲突导致的全球贸易突然下滑，使自由贸易协定下的全球供应链遇到了困难。全球供应链压力在 2021 年底开始减轻，但在 2022 年仍然很高，而俄乌冲突可能导致供应链压力进一步升高。[①]

截至 2023 年底，全球已生效的自由贸易协定有 369 个，其中亚太地区已签署并生效的自由贸易协定有 198 个，已签署但并未生效的有 23 个。与此同时，亚太地区还有 89 个自由贸易协定正在谈判中，86 个自由贸易协定已经提上谈判日程。这些自由贸易协定既有双边的，也有多边的。按已经生效的自由贸易协定排序，新加坡以 31 个自由贸易协定居首位，韩国以 24 个紧随其后，中国（不包括香港）、日本和澳大利亚签署并生效的自由贸易协定数量均为 21 个，并列第三（见表 1）。亚太地区的自由贸易协定为区域内的经济合作与发展发挥了重要的作用。

表 1　截至 2023 年底亚太地区主要经济体已签署并生效的自由贸易协定数量

单位：个

经济体	数量	经济体	数量	经济体	数量
新加坡	31	新西兰	15	菲律宾	10
韩国	24	格鲁吉亚	14	阿塞拜疆	10
日本	21	亚美尼亚	13	中国香港	8
中国	21	吉尔吉斯斯坦	13	塔吉克斯坦	8
澳大利亚	21	哈萨克斯坦	13	缅甸	8
马来西亚	18	巴基斯坦	11	巴布亚新几内亚	7
印度尼西亚	18	文莱	11	斯里兰卡	6
印度	16	乌兹别克斯坦	11	斐济	6
越南	15	柬埔寨	10	所罗门群岛	6
泰国	15	老挝	10	密克罗尼西亚	5

资料来源：Asia Regional Integration Center（https：//aric.adb.org/database/fta）。

[①] Benigno G.，di Giovanni J.，Groen J.，Noble A.，"Global Supply Chain Index：March 2022 Update. Liberty Street Economics"，Federal Reserve Bank of New York，March 3，2022，https：//libertystreeteconomics.newyorkfed.org/2022/03/global-supply-chain-pressure-indexmarch-2022-.

除了双边和多边自由贸易协定外，2015 年美国与多个亚太经济伙伴达成《跨太平洋伙伴关系协定》（TPP），但后来特朗普政府退出该协定。2017 年 11 月，日本与越南共同宣布除美国外的 11 国就继续推进 TPP 达成一致，将签署新的自由贸易协定，并更名为《全面与进步跨太平洋伙伴关系协定》（CPTPP）。CPTPP 于 2018 年 12 月 30 日正式生效。此外，东盟十国和与东盟已有贸易协定的另外 6 个国家进行了深度"10+6"合作，目标是促进东亚区域经济一体化，并将其扩展到亚太地区。经过前后多轮艰苦谈判，由东盟主导的《区域全面经济伙伴关系协定》（RCEP）于 2022 年 1 月 1 日生效，尽管印度在最后阶段退出了 RCEP。在 RCEP 的 15 个成员中，有 7 个成员也参加了 CPTPP。CPTPP 和 RCEP 被认为是巨型自由贸易协定（mega-FTA），自此亚太地区成为巨型自由贸易协定的基地。①

东亚三大经济体中，只有日本同时参与了两个巨型自由贸易协定，而中国和韩国仅参与了 RCEP。由于与安全相关的全球贸易环境迅速变化，以及由美国主导的新全球供应链的建立，中韩两国在 2021 年底表达了加入 CPTPP 的意愿。由于美国政府在 2017 年退出 TPP，因此美国在亚太地区的经贸活动中缺位。2017~2021 年，美国没有在经济最具活力的亚太区域参与重要的大型自贸协定。美国对此深表担忧，并于 2022 年启动了"印太战略"（IPS），急切地想要恢复其在亚太地区的主导地位，并建立一个以美国为中心，多方位、多领域的经济框架，即"印太经济框架"（IPEF）。"印太经济框架"的主要目标是遏制中国发展，并在全球经济中重塑由美国主导的新全球供应链。

二　巨型自由贸易协定重塑亚太区域经贸合作

（一）以东盟为中心的《区域全面经济伙伴关系协定》

东亚地区经济发展水平差异化明显，在产业发展水平上，日本和韩国位

---

①　高文胜、张永涛：《日本"巨型 FTA"战略：演变、特征、评估及对中国的影响》，《日本学刊》2021 年第 5 期。

于产业链高端，中国和东南亚则处于中低端。由于各国地缘政治、经济、历史的原因，加上外部势力干扰，东亚区域一体化程度不高。从世界格局来看，近年来以美国为代表的部分发达国家"逆全球化""反全球化"势力不断抬头，经济全球化面临严峻挑战，亚洲国家更需加强自身团结协作。加之欧盟、北美自由贸易协定等区域合作机制提供经验借鉴，中韩自贸区、中国—东盟自贸区等现有合作机制提供基础保障，东亚区域一体化势在必行。

为了应对亚洲金融危机，东亚地区从1997年开始加强经济合作，当年12月举行了第一次东盟与中日韩领导人非正式会议（即"9+3"，1999年柬埔寨正式加入东盟后自然升级为"10+3"）。1998年韩国政府在第二届领导人会议上提议，为共同克服经济金融困难，成立"东亚展望集团"（East Asia Vision Group，EAVG）。2002年，专家小组集中研究了长期经济合作的目标，进一步发展了"东亚自由贸易区"（East Asia Free Trade Area，EAFTA）的构想，并建议"10+3"部长首先在东盟国家之间进行谈判，然后向其他东亚经济体开放成员资格。

与韩国的提议相似，2006年日本在东盟十国与中日韩澳新印（10+6）部长级会议上提出了"东亚全面经济伙伴关系"（Comprehensive Economic Partnership in East Asia，CEPEA），这是一个涵盖亚太地区16国的区域性自由贸易协定。日本提出"东亚全面经济伙伴关系"的理由是，相信"东亚全面经济伙伴关系"的经济优势将大于"东亚自由贸易区"，因为资源丰富的澳大利亚和快速增长的印度的加入可以促进整个东亚的经济增长。由于中国已在"东亚自由贸易区"推进中占据主导地位，日本希望在"东亚全面经济伙伴关系"中发挥领导作用。

在美国主导的TPP框架下，美国在亚太地区经济的影响力越来越大。东盟不想失去在东亚区域一体化中的中心地位，于2011年提出了包括东盟及其贸易协定伙伴在内的RCEP。特别是2011年日本决定加入TPP后，RCEP谈判议程开始加速。在这种情况下，东盟努力保持其在区域经济合作中的中心地位。东盟与6国分别签署了双边自由贸易协定后，担心出现"意大利面条碗"效应，会成为区域经济网络的新障碍。因此，RCEP作为

整合东盟和东亚经济体的工具，以支持本地区的共同愿景。

RCEP 推进的过程漫长而艰难，16 个参与方于 2012 年 11 月开始谈判。RCEP 同时涵盖了发达国家和发展中国家，而收入水平的差距限制了协定所能达成的目标和共识。但 16 个参与方之间的经济多样性可使劳动分工更加高效，并发挥了现有供应链的潜力。[①] RCEP 于 2022 年 1 月 1 日正式生效。印度在最后关头退出了 RCEP，但以观察员的身份可以随时回归谈判。

RCEP 的成功签订标志着全球最大自贸区的建立，涵盖了全球约1/3人口的 RCEP 超过九成商品将做到零关税，成员之间的贸易往来将会更加频繁。2022 年，RCEP 成员的总人口超过 23 亿人，总产出超过 29.5 万亿美元，贸易总额达 15.9 万亿美元，占世界贸易总额的比重高达 25.6%（见图 2）。其中，中国在 RCEP 中的 GDP 份额为 60.97%，处于绝对优势地位（见图 3）。不仅如此，RCEP 的建立对于成员之间的友好关系将起到实质性推动作用，对处理争端问题也将起到积极作用。

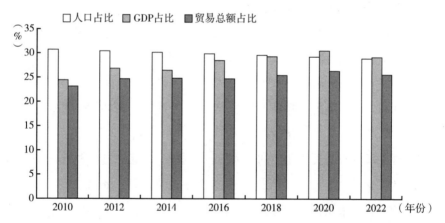

图 2　2010~2022 年主要年份 RCEP 成员人口、GDP 与贸易总额占世界比重
资料来源：世界银行。

---

① Park C. Y., Petri P. A., Plummer M. G., "Economic Implications of the Regional Comprehensive Economic Partnership for Asia and the Pacific", *ADB Economics Working Paper Series*, No. 639, Asian Development Bank, Manila, 2021.

RCEP 的签订不只是促进了地区间的合作，稳固了亚太自由贸易区的基石，也为中日韩自贸区的谈判创造了有益的环境。截至 2010 年，东盟已经与"10+6"中的 6 个国家签订了自由贸易协定，从而建立了数个"东盟+1"的合作网络。这些自由贸易协定在贸易自由化水平和原产地规则等多个方面表现出不同的特点。除此之外，这一地区还存在日澳、韩澳、中韩等双边自由贸易协定，引发"意大利面条碗"效应，这给当地企业的生产和经营活动带来了麻烦。RCEP 生效之后，它将融合之前分散的双边、次区域以及多边自由贸易协定，从而构建一个统一的市场，并执行统一的准则和标准。这将有助于提升贸易和投资的便利性，减少企业的运营成本，推动地区产业链的建设，从而有利于区域经济整合及区域经济一体化。

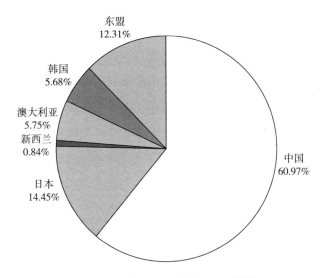

图 3　2022 年 RCEP 成员 GDP 份额

资料来源：世界银行。

（二）日本取代美国主导《全面与进步跨太平洋伙伴关系协定》

CPTPP 是在 TPP 的基础上进一步发展形成的，目的是建立一个更紧密的区域自由贸易体系，以减少贸易成本，促进投资自由化，从而实现亚太地

区乃至全世界的经济繁荣。2002 年，新西兰、智利和新加坡就建立自由贸易区进行了深入的磋商。文莱在 2005 年也加入磋商，并共同签署了被称为"P4 协议"的《跨太平洋战略经济伙伴关系协定》（TPSEP）。尽管该协定因经济规模和地域面积因素在亚太地区和全球范围内的影响力相对较小，但随着美国对加入该协定的兴趣逐渐显现，该协定迅速成为全球关注的焦点。2009 年，奥巴马正式宣告美国加入该协定的磋商，同时澳大利亚、秘鲁和越南也被邀请加入，该协定随后正式更名为《跨太平洋伙伴关系协定》（TPP）。在 TPP 的谈判中，美国始终占主导位置，声称要构建一个涵盖多领域、宽范围且高标准的亚太区域一体化协议。因此，TPP 的成员国数量增长到 8 个，这标志着从"P4"迅速过渡到"P8"，并进一步提高了其对亚太地区其他国家的吸引力。在接下来的三年时间里，马来西亚、日本、加拿大和墨西哥陆续加入了 TPP。2016 年，经过 12 个成员国的协商，TPP 在新西兰正式签署。这表明美国已经将其战略利益延伸至整个亚洲乃至全球经济体系当中，并开始谋求在国际政治经济事务上发挥更大作用。尽管美国在 TPP 的谈判中积极推动与本国有关的议题，并在谈判中起到了主导作用，但由于美国共和党对 TPP 的某些条款持有不同意见，因此在奥巴马的任期内，TPP 的谈判一直受到美国国内的阻碍，谈判进展缓慢。

2017 年，美国共和党总统特朗普上台，他始终坚持"美国优先"和经济单边主义的策略，并坚称美国加入 TPP 将对其国内工人的权益造成损害，因此他宣布美国退出 TPP。作为一个超级大国，美国的 GDP 占到 12 个成员国 GDP 总和的 60.4%，美国的退出对 TPP 的正常推进产生了重大影响。最后，日本开始牵头 TPP 的执行。2017 年 11 月，剩下的国家达成了共识，决定在 TPP 的基础上制定一个新的贸易协定，即 CPTPP，并计划在 2018 年 12 月 30 日开始正式执行。随着中国在国际经济和贸易合作方面的持续壮大，中国在亚太区域的经济影响力和地位也在逐步上升。2021 年 9 月 16 日，中国正式提出了加入 CPTPP 的意向，紧接着，韩国也明确表示希望加入 CPTPP。

CPTPP 是在 TPP 的基础上经过修改演变而来的，其中大部分被搁置或修改的 22 项条款最初是由美国提出的，主要涉及投资和知识产权保护。

CPTPP 作为亚太地区首个达到高标准规格的多边自由贸易协定，对于全球经济和贸易格局具有深远的影响。这份协定覆盖的领域广泛，不仅涵盖了货物贸易、服务贸易、投资等传统领域，还在电子商务、国有企业和竞争等方面制定了新的规则。此外，CPTPP 中也包含了不少新议题，如知识产权问题、环境政策以及劳工标准等。

TPP 在世界经济和贸易中的地位也非常重要。2016 年，12 个成员国的产出总额达到 29.1 万亿美元，约占全球 GDP 的 38%，人口占世界总人口的 10.9%。2016 年 TPP 成员国的贸易总额为 10.9 万亿美元，占世界贸易总额的比重约为 26.5%。然而，2017 年美国退出后，CPTPP 成员国总的经济规模迅速下降。2022 年，CPTPP 成员国在世界人口、GDP 和贸易总额中的占比分别为 6.5%、11.6% 和 14.4%（见图 4）。CPTPP 成为全球第三大自由贸易协定，仅次于 RCEP 与《美墨加协议》（USMCA）。2022 年，日本在 CPTPP 中的 GDP 份额为 36.48%，处于绝对主导地位（见图 5）。

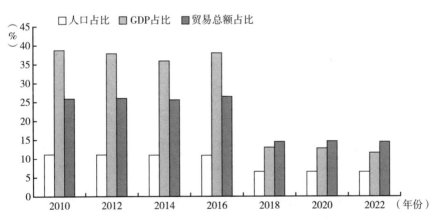

图 4　2010~2022 年主要年份 TPP 与 CPTPP 成员国人口、GDP 与贸易总额占世界比重

注：由于美国在 2017 年退出 TPP 谈判，因此 2018 年及以后的数据不包含美国。
资料来源：世界银行。

CPTPP 被视为目前亚太地区最先进的自由贸易协定，其经贸规则的标准高于 RCEP。CPTPP 的正式实施标志着亚太地区高水平自贸区的建成，不

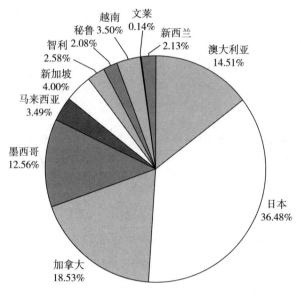

图5 2022年CPTPP成员国GDP份额

资料来源：世界银行。

仅吸引了成员国的关注，也引起了尚未加入该协定的其他亚太国家的兴趣，并为未来其他自由贸易协定的谈判提供了标杆和制度范例。CPTPP的签署符合当前全球化的发展趋势，体现了国际社会对自由贸易的主流呼声，是对自由贸易协定的深化和提升。CPTPP的生效改变了亚太地区的经贸格局，成为亚太经济的新"引擎"，从而促进了区域经济一体化的深入发展。

三 美国在亚太地区的经济介入："印太经济框架"

（一）"印太经济框架"的背景及美国政府对华政策演变

2010年以来，美国越来越关注来自中国的经济竞争压力，并对中国的经济崛起愈加警惕，将战略重心从中东转移到东亚。从那时起，美国的三届政府——奥巴马、特朗普和拜登，均推出了应对中国经济崛起的重要经济战略。

在奥巴马时期，美国致力于建立一个基于规则的国际秩序。作为美国对华经济战略 1.0 版，TPP 的核心是联合 11 个亚太国家，建立一个排除中国的高水平区域自由贸易协定。2016 年 2 月 4 日，12 个 TPP 谈判成员国正式签署了协定，这是美国"重返亚洲"战略的重要制度安排。TPP 不仅为了区域经济一体化，也是出于明显的地缘政治目的，其本质是通过创建一个封闭的区域经济制度安排，削弱中国的经济影响力，并使美国重新获得在亚太地区的领导地位。

特朗普上任后，他完全放弃了与中国接触的政策，将中国定义为"战略竞争对手"，并以更强硬的立场压制中国。然而，特朗普不仅没有延续奥巴马对盟友和伙伴国家的重视，还实施了优先考虑美国利益的单边政策，以迎合国内需求。在其任职第三天，他签署了一项退出 TPP 的行政命令，转而挑起中美贸易摩擦。在此期间，美国试图通过密集而强制性的经济措施，在最短时间内打击和战胜中国。其挑起的对华贸易摩擦主要集中在关税和技术限制上，构成了美国对华经济战略的 2.0 版。这在很大程度上宣布了1979 年以来持续了 40 多年的美国对华经济接触战略的终结，并开启了美国对中国的竞争和遏制政策。

2018 年 7 月 6 日，特朗普政府对价值 500 亿美元的中国商品征收 25%的关税。继中国反制措施后，美国政府于当年 9 月再次对价值 2000 亿美元的中国输美商品加征 10% 的关税，并于 2019 年 5 月将关税进一步提高至25%。2020 年 2 月 14 日中美签署的第一阶段协议生效，中美贸易摩擦暂停。然而，美国对中国的关税仍保持在 19.3% 的高水平，是贸易摩擦前的 6 倍多，占美国自中国进口总额约 3350 亿美元的 66.4%。除了贸易摩擦，美国还对中国发起了高科技制裁。美国商务部工业和安全局将多家中国高科技企业列入"实体清单"，核心目的是通过控制对华技术出口来压制中国高科技企业，阻碍中国制造业的发展。[1]

---

[1] Li W., "Indo-Pacific Economic Framework: Biden's New Institutional Instrument in the Asia-Pacific Region," *East Asian Policy*, 2023, 15 (3): 128-143.

总的来说，除了对越南等其他国家的进口产品有利外，美国挑起的贸易摩擦并未实现其目标。它不仅未能迫使中国屈服，而且部分加剧了美国的通货膨胀，这是美国过去40多年来最严重的通货膨胀。拜登及许多美国官员强调，由于通货膨胀水平太高，应对通货膨胀是联邦政府的首要任务。

拜登上任后开始全面实施"印太战略"，积极开发对华经济竞争的新工具。为了解决"印太战略"缺乏经济基础的弱点，拜登政府开始积极构思和准备"印太经济框架"。"印太经济框架"旨在补充"印太战略"的经济内涵，构成了美国对华经济战略的3.0版。

（二）"印太经济框架"的进展

作为美国政府"印太战略"的一部分，2022年5月23日，美国总统拜登宣布启动"印太经济框架"，以替代CPTPP。"印太经济框架"14个初始成员国是美国、印度、日本、韩国、澳大利亚、新西兰、文莱、印度尼西亚、马来西亚、菲律宾、新加坡、泰国、越南、斐济，包括东盟十国中的7个。它们的经济总量占全球经济总量的40%，高于RCEP的30%，从而成为全球最大的贸易集团。初始成员国发布的《有关印太经济繁荣框架的声明》宣称："我们邀请更多的拥有和我们共同的对该地区的目标、利益和雄心的印太伙伴参与进来。"这意味着"印太经济框架"有可能会进一步扩容。

"印太经济框架"是一个涉及四大支柱的合作框架，成员国可以选择全部接受或自主选择其中一项进行谈判，并达成相关标准。这四大支柱分别是：联通经济、韧性经济、清洁经济、公平经济。其中第一支柱，即"联通经济"关注的是一系列与贸易相关的问题，这些问题在传统贸易协定中并不一定涵盖。其中包括数字经济、劳工和环境问题、贸易便利化、透明度和监管实践以及企业责任规定。第一支柱由美国贸易谈判代表办公室负责协调，而其余三大支柱由美国商务部负责协调（见表2）。总之，"印太经济框架"的四大支柱明确勾勒出美国亚太区域经济战略的关键方向。这四大支柱具有相互补充的关系，反映了美国在亚太地区实施针对中国的经济竞争战略的具体行动路径。然而，"印太经济框架"不是自由贸易协定，它不需要

美国国会批准。从它的概念提出到正式签署协议的节奏可以看出，从 2021
年 10 月提出到 2022 年 5 月启动，因为不用经历美国国会审批流程，进展很
快。此外，由于它不属于自由贸易协定，因此没有涉及太多的实质性贸易条
款，比如没有涉及关税的减让、市场准入等。"印太经济框架"是一个框
架，不是协定。"印太经济框架"重在制定贸易规则而非扩大市场开放，这
是"印太经济框架"和其他区域自由贸易协定最大的不同之处。其中印度
就没有参与第一支柱的谈判。

表 2　"印太经济框架"四大支柱的内容与协调机构

支柱	名称	主要内容	协调机构
一	联通经济 （Connected Economy）	公平和有弹性的贸易。数字经济、劳工和环境问题、贸易便利化	美国贸易谈判代表办公室
二	韧性经济 （Resilient Economy）	提升供应链韧性。旨在促进供应链合作，预测和预防供应链的中断	美国商务部
三	清洁经济 （Clean Economy）	应对气候变化采取的行动，涵盖清洁能源、低碳和基础设施	美国商务部
四	公平经济 （Fair Economy）	重点是税收和反腐败，旨在通过制定有效的税收、反洗钱和反贿赂制度来解决腐败问题	美国商务部

资料来源：作者整理。

尽管每个支柱的谈判进度不一，但"印太经济框架"已于 2023 年 11 月
中旬完成了一轮最为密集的讨论，谈判进程在 2023 年取得了显著进展。美国
贸易代表戴琪领导了第一支柱的谈判，剩余三个支柱的谈判由美国商务部部
长雷蒙多领导。2023 年 9 月 10 日，美国商务部公布了"印太经济框架"的首
份协议文本——"供应链协议"。2024 年 3 月 14 日又公布了"清洁经济协议"
和"公平经济协议"的法律文本。但是第一支柱的谈判相对滞后。对于最关
键的第一支柱，美国副贸易代表比安奇表示，美国和"印太经济框架"各方
还需"重新组织""重新调整"，并在下一轮谈判中采取"不同策略"。[1]

---

[1] "Fate of IPEF Stuck in Limbo Without 4th Pillar", China Daily, November 21, 2023, chinadaily.com.cn/a/202311/21/ws655c19e4a31090082a5ef451.htm.

四 新的制度安排下亚太地区的新变化及中国的应对

尽管美国对"印太经济框架"寄予厚望，但该框架仍存在内在缺陷，可能会破坏美国的努力。首先，美国没有承诺为"印太经济框架"提供有价值的公共产品（例如市场准入），这可能会削弱其对其他国家的吸引力。美国明确表示"印太经济框架"不是自由贸易协定，这也极大地削弱了它的吸引力。但由于"印太经济框架"背后的目的和理念迥异于亚太基于市场开放融合的实践，其可能会给亚太区域合作带来不确定的影响。

一是影响亚太区域认同。在历史与文化视野下，区域认同对区域合作与一体化具有重要意义。"亚太"这一区域概念的起源可以追溯到20世纪六七十年代，经过数十年的实践，"亚太"和"东亚"这些概念逐渐得到了全球的认同和接受，形成了区域认同，为更深入的区域合作和一体化奠定了基础。与此形成鲜明对比的是，"印太经济框架"中的"印太"概念基于空间想象，是以塑造阵营和区分敌我为政治目标进行的地缘构建。美国关于"印太"的论述和理念建构旨在创建一种有利于美国及其盟友的新制度，同时排斥中国及其他竞争对手。这种地缘政治想象既难以产生区域认同，也容易与"亚太"概念产生矛盾，从而不利于亚太区域认同的形成。①

二是导致区域生产价值链的撕裂或脱钩。"印太经济框架"的供应链韧性议题旨在重构亚太的生产价值链，这体现了美国从特朗普政府到拜登政府在亚太生产价值链中的"去中国化"策略和"选择性脱钩"。一旦成功重塑，亚太区域生产价值链将可能发生撕裂或脱钩，形成美国与其盟国作为最终消费市场，而中国作为另一个独立消费市场的格局。此外，东盟在全球及区域价值链中是一个重要节点。"印太经济框架"的主要战略意图之一是在

---

① 刘均胜：《"印太经济框架"及其对亚太区域合作的影响》，《中国发展观察》2023 年第 Z2 期。

新的地缘政治形势下，阻断中国对全球及区域价值链的参与，并将中国排除在国际产业分工体系之外。鉴于中国与东盟各国之间的贸易合作基于全球和区域价值链构建，其中中间产品贸易占双边贸易的 60% 以上，主要由跨国企业在中国和东盟国家的投资企业间进行。在全球价值链重构与跨国公司区域布局调整的背景下，部分跨国公司可能会进行产业链与供应链转移，中间产品贸易将有所减少，东盟国家对华出口替代效应将持续存在。随着国际市场需求大幅收缩，2023 年中国—东盟双边贸易未能保持较快增长态势，中间产品贸易所占份额同比出现了下滑。因此，"印太经济框架"导致的区域价值链重构，可能影响中国与东盟之间的中间产品贸易，进而削弱双边贸易的现实基础。

三是阻碍亚太区域合作和一体化的进程。随着亚太区域经济一体化的不断推进，其宗旨和目标是"通过合作，谋求本地区的可持续和均衡发展，缩小成员间的经济差距，改善人民福利，增强 APEC 的大家庭精神"。亚太地区的贸易和产业链合作日益紧密，相互依赖程度不断加深，使亚太地区成为全球最具增长活力和发展潜力的区域之一。在东盟十国中，有 7 个国家选择加入"印太经济框架"，而它们也面临在中美之间选择立场的压力。这种压力可能会破坏东盟内部的团结，加剧成员在中美关系、贸易规则和供应链安全等方面的矛盾和分歧。"印太经济框架"的启动可能加剧 RCEP 成员之间的分裂，并引发不同区域经济合作机制之间的竞争与对抗。目前阶段，"印太经济框架"尚无法取代 RCEP 在亚太地区经济合作中的作用。然而，随着谈判的推进，经济利益推动的力量可能会减弱，成员的立场可能变得更加犹豫不决。从长远来看，如果"印太经济框架"得以实施，现有的区域经济结构可能面临调整，核心合作机制可能被淡化，而建立的信任网络也可能被破坏。这将对亚太地区经济一体化和区域制度化建设产生更大的挑战。

在应对"印太经济框架"可能对地区产生的负面影响时，中国应坚持多边主义与自由贸易相结合的原则，倡导开放、包容的地区战略，并反对任何歧视性和排他性的制度框架。中国应明确指出，亚太区域国家和地区只有

通过加强经济联系，共同促进多边主义、自由贸易和区域合作的深化，才能保持和平、繁荣和稳定。同时，中国应增强规则制定能力，利用落实"一带一路"倡议和全球发展倡议等机遇，在数字贸易、跨境投资、反腐败和绿色生产等方面与亚太国家合作，推动基础设施建设及其他领域国际规则的联合发展，从而在亚太经济秩序的主导与塑造中发挥更大作用。

B.9

2023年亚太地区能源合作前景

李　冰[*]

摘　要：　　亚太地区作为全球能源生产消费的重要板块，区域内能源合作议题会对世界能源投资贸易格局产生重要影响。2023年，俄乌冲突等的影响继续延宕，亚太地区能源合作呈现清洁能源转型加速、化石能源生产消费提升、能源合作新格局逐步凸显、能源治理机制日趋复杂等新形势。新形势下亚太能源合作也面临新的风险，地缘危机频发、资源民族主义抬头与化石能源投资加大，加剧亚太地区能源市场波动性的同时，也推动关键矿产的大国竞争与清洁能源转型不确定性增强。因此，展望未来，应从推动私营部门参与、推进公正有序能源转型、强化国际制度协作等方面进一步改善亚太地区能源合作。

关键词：　　亚太地区　能源合作　关键矿产　能源转型

进入21世纪以来，亚太地区[①]保持全球能源消费的“领头羊”地位，在全球能源消费中占据的份额持续扩大。2022年，亚太地区能源消费占全球能源消费总量的46%。从全球来看，亚太地区目前占原油贸易总量的57%、天然气贸易总量的42%、煤炭贸易总量的76%。2012~2022年，亚太

---

* 李冰，博士，中国社会科学院亚太与全球战略研究院助理研究员，主要研究方向为能源政治、全球治理。

① 本报告对亚太地区的定义，参照亚太经济合作组织成员范围，为广义上的环太平洋地区，主要有大洋洲、东亚、北美洲和南美洲太平洋沿岸的国家。参见张蕴岭《转变中的亚太区域关系与机制》，《外交评论（外交学院学报）》2018年第3期。

地区能源消费年均增长率为 2.6%，为全球最高，几乎是全球平均水平 1.4%的 2 倍。① 亚太地区能源合作在全球能源事务中扮演重要角色。

一 2023年亚太地区能源合作总体形势

首先，清洁能源转型在亚太地区加速发展，跨境电网建设、技术交流合作与关键矿产安全成为核心议题。当前亚太地区已经成为全球清洁能源转型的重要一环，尽管亚太地区清洁能源发展起步较晚，但强劲的发展势头已经成功吸引了全球目光。预计到 2030 年，亚太地区可再生能源发电量占总发电量的比例将会提升至 30%~50%。2023 年 8 月，国际能源署在《已宣布的承诺情景》（APS）中预计，2022~2030 年亚太地区可再生能源投资将达到 2860 亿美元。② 清洁能源成本持续降低、强化国家气候承诺、私营部门全面参与脱碳、清洁能源本地制造强化、区域内电力系统改革等多方面因素，共同促进了亚太地区清洁能源转型的良好态势。当前对亚太地区能源转型的讨论主要集中在跨境电网、技术合作与关键矿产等方面。一是跨境电网建设正在亚太区域受到持续关注。无论是东北亚"大图们倡议"，还是东南亚的"文印马菲电力一体化项目"（BIMP-PIP）、"老泰马新电力一体化项目"（LTMS-PIP），跨境电网建设与区域电力交易正在由构想向现实转变，清洁能源的发展也为部分亚太地区国家提供了成为跨境电网中心节点的可能。二是技术的交流与合作是亚太地区清洁能源发展的核心支撑。亚太地区地域辽阔，涵盖了发达国家、新兴国家与欠发达国家，不同国家间能源禀赋与能源技术水平差距较大，根据联合国经社理事会数据，亚太地区仍有 1.57 亿无电人口。③ 区域内部南北国家之间的技术交流可以有效推动该地区清洁能源技术的推广，

① Carole Nakhle, "Asia's Energy Market: The New Global Epicenter", December 20, 2023, https://www.gisreportsonline.com/r/energy-market/.

② Marko Lackovic, Christian Romig, Suncica Zdunic, "Asia-Pacific is Ready for Renewables. Are Energy Players?", BCG, April 23, 2024, https://www.bcg.com/publications/2024/apac-markets-offer-potential-for-renewables.

③ "Asia and Pacific", IRENA, https://www.irena.org/How-we-work/Asia-and-Pacific.

推动区域内国家的共同成长。三是关键矿产安全备受关注。长期以来，统筹发展与安全是各国能源政策的出发点，尽管清洁能源改变了化石能源塑造的传统能源地缘异质性格局，但清洁能源设备生产所需要的关键矿产资源正在受到各方的重视，亚太区域内各方当前都将关键矿产的名单制定与低风险供应作为政策的重要一环。

其次，化石能源价格震荡下行，亚太地区油气生产消费保持增长态势。2023 年，布伦特和 WTI 原油全年平均价格分别为 82.3 美元/桶、77.7 美元/桶，同比分别下降 16.9%、17.6%；美国 HH 天然气、荷兰 TTF 天然气和亚洲 JKM 液化天然气全年均价分别为 2.53 美元/百万英热单位、13.2 美元/百万英热单位和 13.9 美元/百万英热单位，同比分别下降 60.7%、67.5%和 59.2%。[①] 亚太地区在本轮油气价格变动中，维持了高增长态势。国际能源署预计，2023~2028 年，全球 90%的石油需求增长将来自亚太地区。[②] 随着各国实现工业化并摆脱对煤炭的依赖，该地区还将在未来十年推动全球液化天然气贸易。亚太地区是全球最大的石油市场，日均石油消费量达 3530 万桶，占 2023 年全球石油消费量的 36%以上。这不仅仅是规模问题。欧洲是一个成熟且处于停滞状态的市场，而亚洲是增长最快的市场之一，2012~2023 年年均增长率为 1.8%（而欧盟同期年均增长率为-0.3%）。亚太地区的石油消费集中在四个主要消费国：中国（占亚太地区石油消费的 40.5%）、印度（14.7%）、日本（9.4%）和韩国（8.1%）。[③] 与之相伴的是，2023 年，国际资本对亚太地区的油气开采充满信心，在亚太地区陆续成功勘探出特大油气项目的同时，积极开展投资并购。2023 年，圭亚那与苏里南持续发现特大油田，东南亚地区也保持了较高的勘探活跃度，印度尼西亚与马来西亚相继发现储量超过 10 亿桶的大型海上油气田。与此同时，埃克森美孚与雪佛龙公司分别以 645 亿美元、530 亿美元的价

---

① 《2023 全球油气市场回顾　在动荡与变局中持续重塑》，中国石油新闻中心，2024 年 1 月 2 日，http：//news. cnpc. com. cn/system/2024/01/02/030121840. shtml。

② "Oil 2023 Analysis and Forecast to 2028"，IEA，https：//www. iea. org/reports/oil-2023.

③ "APERC Oil Report 2023"，APERC，https：//aperc. or. jp/reports/fossil_fuel_report. php.

格收购先锋自然资源公司与赫斯公司,这两笔并购可以在过去十年中排进油气市场并购前三。尽管亚太地区积极推进清洁能源转型,但受到地缘政治风险频发、能源价格波动剧烈等多重因素影响,亚太地区多数国家仍以较为审慎的态度对待化石能源的"退出",化石能源投资贸易也不断在亚太地区呈现新的特征。

再次,俄乌冲突延宕,亚太地区能源生产消费新格局日趋显著。一方面,亚太地区能源消费结构中俄罗斯化石能源比例持续攀升,俄罗斯油气资源加速向亚太地区流动。2023 年,俄罗斯 82%的原油出口流向亚太国家,即约 390 万桶/日,达到 2022 年水平的两倍多。① 2023 年,俄罗斯对亚太地区煤炭出口增长 23%。② 面对俄乌冲突,欧盟加强对俄罗斯制裁,通过多种手段大幅削减从俄罗斯进口油气资源。2022 年 12 月,欧盟停止对俄罗斯海上原油进口;2023 年 2 月,欧盟禁止进口俄罗斯石油产品,作为附加制裁,七国集团(G7)和欧盟还对俄罗斯原油出口价格设定了 60 美元/桶的上限。欧盟计划在 2027 年前对所有来自俄罗斯的能源实施进口禁令。俄罗斯在欧盟以外石油进口中的份额从俄乌冲突前的 27%(2021 年第四季度)急剧下降到禁运生效后的 3%(2023 年第四季度),天然气进口份额也从 33%下降到 13%。③另一方面,美国页岩油气的份额不断提升,亚太地区能源生产结构中美国的比例持续上升。当前国际原油生产环节,美国、俄罗斯、沙特三国优势地位日趋凸显,2023 年全球原油产能达到 9600 万桶/日,其中美俄沙三国产量占据全球产量的 40%。值得注意的是,相较于俄沙两国,美国在全球原油生产中的霸主地位继续巩固。受减产政策影响,2023 年俄罗斯与沙特原油产量分别下降 1.1%与 8.6%,分别降至每日 1060 万桶和 960 万桶,而美国原油产量

① Nick Coleman, "Feature: Russia Defiant Two Years into War Reshaping Global Energy", S&P Global, February 22, 2024, https://www.spglobal.com/commodityinsights/en/market-insights/latest-news/oil/022224-feature-russia-defiant-two-years-into-war-reshaping-global-energy.

② "Russian Coal Exports to Asia-Pacific Surge 23% on 2023, Energy Ministry", https://www.sxcoal.com/en/news/detail/17702549562983388306.

③ Masahide Takahashi. "The Future of Russian Energy Exports Under Sanctions", Sasakawa Deace Foundation, March 11, 2024, https://www.spf.org/iina/en/articles/takahashi_01.html.

则同比提升 8.5%，达到每日 1290 万桶，达到了全球原油生产份额 15.6%的创纪录表现。[1] 天然气市场呈现同样的状况，2023 年全球天然气产量较 2022 年小幅下滑，降至 4.08 万亿立方米，但美国天然气产量增长了 4%，达到 1.03 万亿立方米。美国天然气产量占全球天然气产量的近 1/4，巩固了其全球最大天然气生产国地位。美国天然气产量在过去十年中大幅提升了 3500 多亿立方米。[2] 水力压裂技术完善带来的页岩油气产量增长，为 2023 年美国油气生产霸主地位的维持做出巨大贡献，根据美国能源信息署（EIA）统计，2023 年美国约有 30.4 亿桶（每日 832 万桶）的原油为页岩油，占据其原油总产量的约 64%，[3] 美国页岩气产量占据天然气总产量约 77%。[4]

最后，亚太地区能源治理机制日趋复杂。碎片化与功能重叠是当前亚太地区能源治理机制的两个重要特征。既有包括亚太经合组织、RCEP 在内的区域性经济合作制度安排纳入能源议题，也有东盟等区域一体化组织将能源作为重要议题。此外，亚太地区大部分国家还参与了国际能源署、国际可再生能源署、国际太阳能联盟等全球性能源组织，这些组织长期以来将亚太地区视为能源生产消费关系转变与能源转型技术推广的关键区域，因此围绕化石能源、清洁能源等的大量能源贸易、投资、技术合作议题广泛地分布于各种国际制度之中，不同制度之间存在功能重叠的现象，影响了亚太地区能源治理的效率。[5] 此外，近年来围绕"印太"议题的小多边机制，在亚太地区能源治理进程中不断产生新的影响，美国在美日印澳"四边机制"（QUAD）以及"印太经济框架"（IPEF）等"印太"议题主导的多边机制中，不断

① Robert Rapier, "U. S. Oil Production Extends Massive Lead Over Russia And Saudi Arabia", Forbes, July 6, 2024, https：//www. forbes. com/sites/rrapier/2024/07/05/us-oil-production-extends-massive-lead-over-russia-and-saudi-arabia/.

② Georgia Williams, "Top 10 Countries for Natural Gas Production（Updated 2024）", Investing New Network, July 4, 2024, https：//investingnews. com/top-natural-gas-producers/.

③ "How Much Shale（Tight）Oil is Produced in the United States?", EIA, March 28, 2024, https：//www. eia. gov/tools/faqs/faq. php? id=847&t=6.

④ "How Much Shale Gas is Produced in the United States?", EIA, April 29, 2024, https：//www. eia. gov/tools/faqs/faq. php? id=907&t=8.

⑤ John Ravenhill, "Resource Insecurity and International Institutions in the Asia-Pacific Region," *The Pacific Review*, 2013, 26（1）, pp. 39-64.

引入能源贫困、能源转型以及关键矿产供应链议题，通过增强区域内能源治理"印太"属性，进一步推进亚太能源治理制度的碎片化。

二 亚太地区能源合作最新动向

（一）东北亚地区

一是多机制助推东北亚绿色电力互联加速。当前东北亚各国可再生能源发展迅速，新能源接入带来的高比例波动性影响各国电力系统的稳定性，东北亚各国对跨国电力互联高度关注。亚太经社理事会（ESCAP）与"大图们倡议"在这一过程中扮演重要角色。亚太经社理事会能源司设置了能源互联互通工作组，并针对促进亚太区域电力联网制定了九大战略与具体实施计划，2023 年 11 月，亚太经社理事会同中国电力企业联合会、全球能源互联网发展合作组织共同举办了"东北亚区域电力联网与合作论坛"，发布了东北亚绿色电力通道路线图，对东北亚区域电网互联进行了深入探讨。① 此外，"大图们倡议"也是东北亚绿色电力互联的重要推动者。自 2009 年"大图们倡议"设立能源委员会以来，截至 2023 年已举办 11 次理事会议，十余年间不断推动参与群体的壮大，通过与亚太能源论坛、国际可再生能源大会等不同国际组织的联合会议，吸引了更多私营部门的关注以及推动了合作议题的扩大。② 2023 年 10 月，第 11 届大图们倡议能源理事会在乌兰巴托举行，并将"后疫情时代的东北亚能源合作"作为主题，出版《东北亚地区有效电力互联互通能力建设需求评估》报告的同时，进一步讨论了大图们江区域电力互联互通的制度建设与可能涉及的数据共享议题。③

---

① 《聚焦东北亚绿色电力互联　促进能源转型合作共赢——2023 年东北亚区域电力联网与合作论坛在京成功举办》，中国电力企业联合会网站，2023 年 11 月 15 日，https：// www. cec. org. cn/upload/website/detail/index. html？3-326889。

② Jiyoun Park，"Multilateral Cooperation in Northeast Asia：Insights from Micro-Regional Cooperation in the Greater Tumen Initiative（GTI），" *SAGE Open*，2024，14（2），p. 6.

③ "11th GTI Energy Board Meeting Back-to-Back with the ESCAP-GTI Seminar on Energy Cooperation in North-East Asia"，GTI，November 17，2023，http：//www. tumenprogramme. org/？info-799-1. html.

二是日韩能源合作正在强化。2023 年 5 月 25 日，韩国釜山举办气候产业国际博览会期间，韩国产业通商资源部能源政策局局长李原柱和日本经济产业省国际碳中和政策统括调整官南亮举行了政策会议，双方讨论了加强两国能源政策协调的必要性。日韩认识到，随着俄乌冲突的延宕，能源市场的不稳定将持续，因此有必要加强能源安全和碳中和措施，日本经济产业省宣布双方将密切沟通，将能源合作进一步升级。① 日韩能源合作持续加深，除了能源高对外依存以及碳中和目标达成的相似点外，共同的人口结构与社会结构问题也是推进两国合作的重要因素，两国都面临老龄化、低生育率、人口减少、单人家庭增加以及农村衰落等社会问题，这对国家能源消费有较为深刻的影响，因此日韩未来会在天然气、能源效率与能源回收、核安全、氢能以及智能电网等领域进一步强化合作。②

三是日本在对俄能源议题上愈加务实。2022 年俄乌冲突爆发以来，对俄能源制裁一直是西方国家对俄"经济围剿"的重要战略，日本也积极参与对俄能源制裁，暂停进口部分俄罗斯石油的同时，积极推进"原油价格上限"措施。2022 年日本从俄罗斯进口的石油减少约 56%，煤炭进口量下降 41%。③ 尽管在 2023 年 10 月的第二届日美能源安全年度对话中，日本仍强调要继续降低对俄能源依赖，限制其能源收入与未来开采能力，④ 但事实上日本正在逐步脱离其西方盟友的轨道，在对俄能源合作中逐步采取更加务实的手段。根据日本财务省数据，2023 年 12 月，日本从俄罗斯进口

---

① "The 2nd Japan-Korea Energy Cooperation Dialogue Held", METI, May 25, 2023, https://www. meti. go. jp/english/press/2023/0525_002. html.

② Lim Eunjung, "Electrified Prospects for South Korean and Japanese Energy Cooperation", The National Interest, July 20, 2023, https://nationalinterest. org/blog/korea - watch/electrified - prospects-south-korean-and-japanese-energy-cooperation-206654.

③ AFP, "Sakhalin Exception: The Russian Energy Japan Can't Quit", Euractiv, January 19, 2023, https://www. euractiv. com/section/energy/news/sakhalin - exception - the - russian - energy-japan-cant-quit/.

④ "Joint Statement on the Second Annual Japan-U. S. Energy Security Dialogue", U. S. Department of State, October 26, 2023, https://www. state. gov/joint - statement - on - the - second - annual - japan-u-s-energy-security-dialogue/.

的液化天然气达到了83.3万吨，较上年同期增长了42.5%，月度进口量创近七年新高。① 与此同时，俄乌冲突爆发以来，日本自美国液化天然气进口量持续攀升，弥补了减少的部分自俄罗斯进口份额，但2024年初拜登政府暂停新的液化天然气许可证审批，或将对日美在天然气领域的合作带来不确定性。② 尽管日本迫于西方盟友的压力，在俄乌冲突爆发后退出了大量在俄能源项目，但其对于萨哈林2号项目的立场始终未见松动，这表明日本在能源合作议题上采取更加保守务实的立场，能源安全在其对外政策中占据重要地位。③

（二）东南亚地区

一是加速推进能源转型正在成为东南亚地区能源合作的核心议题。近年来，气候变暖带来的极端天气事件频发，对东南亚地区造成严重损害，全球前20个最易受气候变化影响的国家中，东南亚地区占据5个，到2050年，气候变暖与极端天气可能会对该地区国家GDP造成三成以上的影响，④ 东南亚国家政府开始不断提升对气候变化的重视程度。与此同时，东南亚地区多为发展中国家，正处于经济增长的关键节点，近年来化石能源的使用率不断提升，如何平衡好能源需求与脱碳目标成为考验东南亚地区领导人的新议题。各国高度重视能源转型为东南亚地区带来的契机，并将域外资金技术利用与域内国家间合作看作实现这一进程的重要因素。通过一份对印度尼西亚、老挝、菲律宾、泰国、越南等5国27名政府官员的调研报

---

① Nikolai Mikhalchenko, "Japan's December Imports of Russian LNG Hit 7-Year Record", The Moscow Times, January 24, 2024, https://www.themoscowtimes.com/2024/01/24/japans-december-imports-of-russian-lng-hit-7-year-record-a83839.

② Ben Cahill, Joseph Majkut, "Biden Administration Pauses New LNG Approvals", January 26, 2024, https://www.csis.org/analysis/biden-administration-pauses-new-lng-approvals.

③ "Japan's Foreign Policy to Promote National and Global Interests", Ministry of Foreign Affairs of Japan, https://www.mofa.go.jp/policy/other/bluebook/2023/en_html/chapter3/c030305.html.

④ "Renewable Energy Manufacturing: Opportunities for Southeast Asia", ADB, August 24, 2023, https://www.seforall.org/publications/renewable-energy-manufacturing-opportunities-for-southeast-asia.

告发现，89%的人认为国际合作对于东南亚能源转型至关重要，同时充裕的资金技术价值最佳实践分享与能力建设，是推动东南亚清洁能源转型的关键。① 一方面，东南亚国家充分利用域外资金推进自身能源转型。2023年11月和12月，印度尼西亚与越南分别完成同美、日、欧等国的合作伙伴谈判，正式加入公平能源转型伙伴关系（JETP），两国分别获得200亿美元与155亿美元的融资。另一方面，东南亚域内国家间相互依赖也不断增强。新加坡在2023年11月第28届联合国气候变化大会上宣布新的"亚洲转型融资伙伴关系"（FAST-P），以筹集50亿美元向邻国进行绿色发展项目融资。②

二是东盟能源合作正在电网互联的推动下获得有效进展。东南亚国家电网互联正在取得实质性进展，未来或成为东盟能源合作的重要基石。东盟电网（APG）最初于1997年根据《东盟2020年愿景》设计，旨在通过跨境输电线路和标准化市场连接东南亚各国的电网，目标是"加强东盟的能源连通性和市场一体化，实现全民能源安全、可及性、可负担性和可持续性"，该方案于2003年获得批准，但由于技术障碍与政治互信问题并未得到有效推进。③ 2020年第38届东盟能源部长会议批准了《东盟能源合作行动计划》第二阶段（2021~2025），东盟电网倡议是这一跨境电力系统的核心，东盟电网建设开始全面加速。通过跨国电网，老挝正在成为东南亚的主要电力供应商，2021年老挝有35亿千瓦时的电力用于出口周边国家，占其电力生产总量的八成以上。2022年6月，"老泰马新一体化项目"首次贯通，老挝通过泰国、马来西亚向新加坡

① Thang Nam Do, "Insider Perspectives on Southeast Asia's Clean Energy Transition," *Asia & the Pacific Policy Studies*, 2024, 11 (2), pp. 7-8.
② Geogory B. Poling, Japhet Quitzon, "The Latest on Southeast Asia", December 7, 2023, https://www.csis.org/blogs/latest-southeast-asia/latest-southeast-asia-december-7-2023.
③ Aniruddha Ghosal, Victoria Milko, "Climate Change and the Shift to Cleaner Energy Push Southeast Asia to Finally Start Sharing Power", The Associated Press, September 27, 2023, https://apnews.com/article/asean-grid-renewable-energy-asia-40dcc02e27b130fc014e2b44fbf6aeb1.

输送水电。2023 年 9 月,文莱、印度尼西亚、马来西亚以及菲律宾发布联合声明,推动建立四国电力一体化项目,① 东盟电网互联如火如荼推进。2023 年 8 月举行的第 41 届东盟能源部长会议通过了《关于互联互通实现可持续能源安全的联合宣言》,各国对于电网互联的收益与成效正在逐步达成共识。

三是东南亚地区的液化天然气合作持续开展。俄乌冲突爆发后,欧洲与东北亚地区的需求致使液化天然气价格屡创新高,由于国内产量下降、电力需求增加以及能源转型加速,东南亚地区也逐步成为新的液化天然气消费中心。东南亚地区的液化天然气进口量从 2014 年的 440 万吨增长至 2023 年的 1730 万吨,该地区进口量全球占比也从 2014 年的 2% 抬升至 2023 年的 5%。② 受到能源转型的影响,东南亚国家的煤炭消费正在受到限制,而天然气则逐步成为其发电的替代选项。东南亚液化天然气基础设施主要集中在泰国、马来西亚与印度尼西亚,再加上文莱,四国天然气液化能力达到每年 7000 万吨,约占全球产能的 15%,2023 年越南与菲律宾也开设了首个液化天然气的进口终端,用于进口液化天然气发电。③ 与此同时,能源公司也持续加大在这一地区的天然气勘探力度,以满足日益增长的需求,马来西亚与印度尼西亚持续加大天然气勘探力度,2024 年马来西亚与印度尼西亚分别计划钻探 30 口井和 40 口井,远高于 2021 年的 8 口井和 20 口井。④ 2023 年 12 月,穆巴达拉能源公司在印度尼西亚南安达曼区块发现重要深海气田,

① "Joint Statement of Brunei Darussalam, Indonesia, Malaysia and the Philippines Power Integration Project (BIMP-PIP)", ASEAN, September 4, 2023, https://asean.org/joint-statement-of-brunei-darussalam-indonesia-malaysia-and-the-philippines-power-integration-project-bimp-pip/.

② Jessica Casey, "Room for Growth in Southeast Asia?", May 9, 2024, https://www.lngindustry.com/special-reports/09052024/room-for-growth-in-southeast-asia/.

③ Seth Haskell, "Southeast Asia Embraces LNG", August 31, 2023, https://pemedianetwork.com/petroleum-economist/articles/gas-lng/2023/southeast-asia-embraces-lng/.

④ Emily Chow, "Energy Firms Boost Gas Exploration in Southeast Asia to Meet Growing Demand", March 1, 2024, https://www.reuters.com/business/energy/energy-firms-boost-gas-exploration-southeast-asia-meet-growing-demand-2024-03-01/.

为当年全球第二大深海发现。① 近年来，马来西亚与印度尼西亚陆续发现大量油气资源，将推动东南亚地区的油气勘探投资进一步提升。

（三）北美洲地区

一是美国国际开发署同东盟能源中心签署协议，致力于推进区域内清洁能源发展。2023 年 6 月，美国国际开发署东南亚智能电力计划（SPP）同东盟能源中心签署意向协议，旨在增加清洁可靠的电力、提升经济发展效率、减少空气污染、改善关键基础设施的管理并推进气候变化缓解优先事项。这一协议将作为履行拜登政府承诺通过"气候未来倡议"加强美国与东盟战略伙伴关系的重要一环，力图在 2025 年推动东盟地区可再生能源比例与发电装机容量分别提高 23% 和 35%。②

二是美国依托清洁能源合作推进"印太经济框架"。由于成员国的贸易谈判存在种种分歧，"印太经济框架"在具体落实环节遭遇挑战。2023 年 11 月，"印太经济框架"成员国对外宣布在清洁能源合作与反腐败层面达成一致性合作协议。美国力图将清洁能源合作作为"印太经济框架"的关键支柱，推动清洁能源与气候友好型技术的推广，并出资 1000 万美元发起成立"催化资本基金"，共计募资 3000 万美元。③

三是美国希望通过强化对印能源合作对抗中国在清洁能源领域的领导地位。近年来，为拉拢印度"联美遏华"，美国持续全方位开展对印合作，能源是其中一个重要领域。2023 年 6 月拜登访问印度，美印达成 2030 年气候

① "Mubadala Energy Announces Major Gas Discovery in South Andaman", Retuers, December 20, 2023, https: //www. reuters. com/business/energy/mubadala – energy announces major – gas – discovery–south–andaman–2023–12–20/.

② "USAID Energy Program Signs Agreement with ASEAN Centre for Energy to Advance Regional Clean Energy Priorities", USAID, June 22, 2023, https: //www. usaid. gov/asia – regional/ press–releases/jun–22–2023–usaid – energy – program – signs – agreement – asean – centre – energy – advance–regional–clean–energy–priorities.

③ David Lawder, "US, Indo-Pacific Partners Agree on Clean Energy, Anti-Graft Pillars", Reuters, November 17, 2023, https: //www. reuters. com/sustainability/us – ipef – partners – agree – clean – energy–anti–graft–pillars–2023–11–16/.

与清洁能源议程伙伴关系，同时印度确认加入美国主导的"矿产安全伙伴关系"（MSP）。同年 7 月，美国能源部部长詹妮弗·格兰霍姆访问德里，同印度石油与天然气部部长签订公私协作能源储存工作组协议，并启动美印新兴可再生能源技术行动平台（RETAP），旨在推动美印在氢能、储能等技术领域的一系列合作。①

四是加拿大不断提高对"印太"能源议题的参与度。一方面，加拿大不断扩大与"印太"伙伴在清洁能源技术尤其是关键矿产领域的合作，以期增进自身经济安全与复原力。2022 年 12 月，加拿大推出《关键矿产战略》，并发布《加拿大投资法》修正案《投资国家安全审查现代化法案》，进而保护加拿大的矿产与相关研究安全。2023 年 5 月，加拿大同韩国签署《关于关键矿产供应链、清洁能源转型合作的谅解备忘录》，2023 年加拿大还同日本签署两份合作备忘录，涉及工业科技与电池供应链。另一方面，加拿大注重气候变化与环境保护问题，2022~2026 年加拿大环境与气候变化部提供 750 万美元帮助斐济、萨摩亚等国家减少废物产生部门的甲烷排放。②

（四）南美洲地区

清洁能源转型背景下，关键矿产地位日益突出，全球对南美洲地区能源矿产议题的关注度不断提升。南美洲地区化石能源消费只占其能源消费总量的 2/3，远低于 80% 的全球平均水平，原因在于其可再生能源发电量占总发电量的 60%。南美洲地区拥有丰富的可再生能源，例如巴西的生物质能，巴西、委内瑞拉、墨西哥、哥伦比亚、阿根廷以及巴拉圭的水能，巴西、墨西哥、智利和阿根廷的太阳能与风能。最受关注的仍是大量储存在智利、秘鲁、阿根廷的铜与锂等关键矿产，为此国际能源署于 2023 年 11 月首次发布

---

① Dipka Bhambhani, "Biden Looks to India to Help Counter China Clean Energy Dominance", Forbes, December 11, 2023, https://www.forbes.com/sites/dipkabhambhani/2023/12/11/biden-looks-to-india-to-help-counter-china-clean-energy-dominance/.

② "Canada's Indo-Pacific Strategy-2022 to 2023 Implementation Update", Government of Canada, https://www.international.gc.ca/transparency-transparence/indo-pacific-indo-pacifique/2022-2023.aspx?lang=eng.

了《拉丁美洲能源展望》。

一是国有能源企业强势回归，南美洲清洁能源转型进程受到挑战。新冠疫情与俄乌冲突的影响叠加，推动化石能源价格飙升，持续抬升的石油与天然气价格，使得南美洲国家开始重新关注对油气行业的投资与政策扶持，这会影响各国绿色能源政策的推进。巴西桑托斯盆地与圭亚那苏里南盆地两个大型油气项目，正在不断吸引新的国际投资。[①] 以墨西哥为例，总统洛佩斯任期内，推动以 PEMEX（油气）与 CFE（煤炭发电）为代表的国有企业重新在能源领域占据主导地位，放弃了过去推动可再生能源私人投资的政策，监管政策的变化影响了墨西哥清洁能源发展进程。与此同时，巴西在卢拉再次执政后表现出了同墨西哥相似的倾向，开始大力推动对巴西石油公司的政策倾斜，这给巴西由私营部门主导的清洁能源转型带来负面效应。[②]

二是氢能与绿色交通正在日益成为南美洲清洁能源技术合作的重点领域。在南美洲多数国家，交通运输所消耗的化石能源占据本国进口能源的绝大部分。以乌拉圭为例，其交通运输能源需求占该国能源需求的 2/3。南美洲又是最大铜锂产地，因此南美洲国家对电动汽车与储能领域的发展有着浓厚兴趣。此外，各国也逐步加快在绿色氢能产业的布局，墨西哥 CFE 旗下的绿色氢能工厂已于 2023 年开始投产，哥伦比亚与智利也将自身定位为潜在的大规模氢能生产国。[③] 南美洲两大清洁能源产业的发展，也受到了欧盟及其投资机构的高度关注。欧洲投资银行联合丹麦、西班牙、法国等国机构，正在投资墨西哥北部索诺拉州的电动汽车产业。绿色氢能方面，智利获

① Benjamin Robb, "Latin America's Energy Security Dilemma: A Look into Oil and Green Energy Investments", CSIS, November 13, 2023, https://www.csis.org/blogs/development-dispatch/latin-americas-energy-security-dilemma-look-oil-and-green-energy.

② "Energy Transition: The Current Landscape in Latin America and What to Expect in 2023", https://www.freshfields.us/insights/campaigns/international-arbitration-in-2023/energy-transition-the-current-focus-on-latin-america/.

③ "Latin America & The Caribbean Network", World Energy Council, https://www.worldenergy.org/world-energy-community/members/regional-networks/entry/latin-america-the-caribbean-network.

得了欧盟委员会、欧洲开发银行以及德国开发银行的联合支持，力图在2050年实现供应全球15%的氢能市场。在2023年欧盟—拉共体峰会上，欧盟也同乌拉圭达成了可再生能源制氢的合作协议，乌拉圭政府希望在2040年氢能产业产值占到GDP的2%。[1]

三是南美洲地区关键矿产资源民族主义情绪日趋高涨。随着铜锂等关键矿产在全球经济安全战略中的地位高涨，南美洲国家作为关键矿产资源富集区，正在试图将这种资源优势向更大的政治优势转变。2022年墨西哥总统奥夫拉多尔率先颁布了一项全面的锂国有化政策，并推动成立了一家新的国际锂公司LitioMx，引发了一场南美洲地区的资源民族主义浪潮。2023年4月，全球最大的铜生产国与第二大锂生产国智利的总统博里奇公开提出国家锂战略，试图推进智利锂行业的国有化，引发国际舆论的高度关注。[2] 与此同时，阿根廷代表团在加拿大国际矿业大会（PDAC）年度大会上联合智利、玻利维亚以及巴西提出，应效仿欧佩克成立一个锂业卡特尔组织，对生产流程与定价进行协调。[3] 资源民族主义在南美洲有着深刻的受众市场，例如阿根廷北部三省在2023年6月推动通过宪法修正案，试图通过优化锂矿公司的经营环境与监管标准来吸引外资，但遭到了强烈的抵抗，仅在胡胡伊省的抗议就造成170人受伤与数十人被拘留。在南美洲政坛左右争夺愈加激烈、民粹主义持续高涨的今天，执政团体为获取更稳定的执政地位，持续渲染关键矿产领域的资源民族主义，这为私营部门与国际资本的参与带来更大的不确定性。[4]

---

① Javier Lewkowicz, "EU Looks for Closer Ties and Clean Energy in Latin America", August 31, 2023, https：//dialogue. earth/en/energy/378411-eu-looks-for-closer-ties-and-clean-energy-in-latin-america/.

② David Alire Garcia, " Chile's Lithium Push Emerges as Test for Latin American Resource Nationalism", Reuters, April 27, 2023, https：//www. reuters. com/markets/commodities/chiles-state-lithium-push-emerges-test-latam-resource-nationalism-2023-04-27/.

③ Cecilia Jamasmie, "South America Looks at Creating 'Lithium OPEC'", March 6, 2023, https：//www. mining. com/south-america-looks-at-creating-lithium-opec/.

④ Lauri Tähtinen, Henry Ziemer, "A Specter Haunting Latin American Mining? Not So Fast", CSIS, August 9, 2023, https：//www. csis. org/analysis/specter-haunting-latin-american-mining-not-so-fast.

（五）大洋洲地区

一是澳大利亚积极拓展清洁能源伙伴关系，聚焦清洁氢气与关键矿产领域的国际合作。澳大利亚将自身推进清洁能源伙伴关系的拓展概括为四个方面：深化合作应对全球气候挑战、支持区域和全球能源转型、为自身打造新的清洁能源贸易机会以及多样化清洁能源供应链。① 一方面，澳大利亚同德国、印度、日本、韩国建立清洁技术合作伙伴关系，清洁氢能的开发利用是其中一个重要方面。日本同澳大利亚签署日澳氢能和燃料电池合作联合声明，印度与澳大利亚建立了印澳绿色氢能工作组。另一方面，澳大利亚不断加深同美国在关键矿产层面的合作。双方在 2023 年 5 月签订《澳美气候、关键矿产与清洁能源转型协议》，成立部长级的澳美关键矿产特别工作组，推动两国在关键矿产供应安全以及开采冶炼技术层面的合作。②

二是域内国家正在通过同太平洋岛国的合作开展大国博弈。太平洋岛屿国家积极应对气候变化，但域内大国的技术转移和资金支持对其至关重要。太平洋小岛屿发展中国家（PSIDS）土地面积小、资源严重匮乏，极易受到气候变化的影响，其中瓦努阿图、汤加、所罗门群岛与巴布亚新几内亚是全球最容易发生自然灾害的国家。这些国家早在 2012 年就签订了《关于实现小岛屿发展中国家人人享有可持续能源的巴巴多斯宣言》，并全面推进自身的净零排放方案。但在可再生能源替代进程中，太平洋岛国面临经济发展滞后、基础设施建设不足等问题。与太平洋岛国的能源合作，也成为亚太地区日趋白热化的大国竞争场域，各国通过系统性的技术援助与资金支持提升太平洋岛国的清洁能源水平。2022 年 4 月，中国设立中国—太平洋岛国应对气候变化合作中心，在推动对太平洋岛国进行气候援助的同时，培养人才推

---

① "Australia's International Climate and Clean Energy Partnerships", Australian Government, https://www.dcceew.gov.au/climate-change/international-climate-action/international-partnerships.

② "Australia-United States Climate, Critical Minerals and Clean Energy Transformation Compact", The White House, May 20, 2023, https://www.whitehouse.gov/briefing-room/statements-releases/2023/05/20/australia-united-states-climate-critical-minerals-and-clean-energy-transformation-compact/.

动能力建设。2022 年 6 月和 11 月，该中心为太平洋岛国官员学者举办了两期培训班，并为太平洋岛国提供 2500 个政府奖学金名额。2023 年 12 月，印度与联合国开发计划署推动设立了太平洋岛国南南联盟的示范项目，通过为伙伴国家总统府安装太阳能发电系统的方式，增进太平洋岛国人民对可再生能源的认知。① 美国则将关注点放在妇女在清洁能源领域的领导力层面，于 2023 年 10 月启动了一项 150 万美元的合作计划，以支持实施太平洋共同体（SPC）的《太平洋能源与性别战略行动计划》（PEGSAP），旨在通过奖学金与试点项目增加太平洋岛屿国家和地区的妇女及女孩的就业和创收机会，以促进妇女在气候和清洁能源方面的领导力和经济安全提升。② 大国的地缘政治竞争促使太平洋岛国的发展援助与贷款数额达到了历史高点，但在问责制与透明度等议题上仍存在诸多问题，这使得太平洋岛国受援的最终结果存在争议。③

三 亚太地区能源合作潜在风险

一是地缘政治危机频发，亚太地区能源市场波动性与不确定性提高。新冠疫情以来亚太地区能源市场进入一个新的阶段，疫情冲击下，亚太地区国家受到不同程度、不同阶段的影响，进而从生产和消费两个环节影响了能源市场的周期性错配，能源价格剧烈动荡。新冠疫情后，能源市场的动荡并未停止，俄乌冲突的不断持续以及巴以冲突的逐步加码，都极大地影响了国际能源价格的波动，地缘政治冲突中持续爆发的对能源关键基础设施的攻击更

---

① "Pacific Island Countries Join in South-South Advocacy for Renewable Energy", UN Office for South-South Cooperation, January 26, 2024, https：//unsouthsouth. org/2024/01/26/pacific - island-countries-join-in-south-south-advocacy-for-renewable-energy/.

② "Fact Sheet：Energizing the U. S. -Pacific Islands Forum Partnership", The White House, November 10, 2023, https：//www. whitehouse. gov/briefing - room/statements - releases/2023/ 11/10/fact-sheet-energizing-the-u-s-pacific-islands-forum-partnership/.

③ Meg Keen, Alan Tidwell, "Geopolitics in the Pacific Islands：Playing for Advantage", LOWY Institute, January 31, 2024, https：//www. lowyinstitute. org/publications/geopolitics - pacific - islands-playing-advantage.

是成为影响国际能源市场的新因素。此外，能源等大宗商品价格的持续波动，引发了大宗商品市场更多复杂性、不确定性、不可预测性，进一步推动了全球性通货膨胀，这对多数依赖能源进口的亚太地区国家来说，无疑是严重灾难。能源等大宗商品的波动，进一步加剧了欠发达国家的能源贫困问题，在增加发达国家贫困阶层与发展中国家普通群众生活成本的同时，拉大了贫富差距。

二是资源民族主义抬头，关键矿产大国竞争加剧。一方面，亚太地区关键矿产生产国民族主义情绪不断高涨。以锂矿、钴矿、镍矿、稀土为代表的关键矿产资源大量集中分布在亚太地区部分国家，智利、印度尼西亚等关键矿产生产国在能源转型与关键矿产开采过程中获取了丰厚的利益。这些国家内部开始逐步产生右翼保守主义思潮，试图通过矿产国有化寻求在关键矿产的国际合作中获得最大利益。智利等国一度提出构建锂产业"欧佩克"的设想。另一方面，大国在关键矿产领域的博弈愈演愈烈。以美国、日本、澳大利亚为代表的亚太地区关键矿产应用国家，持续通过关税壁垒与产业政策，推动关键矿产领域的产业链供应链"安全"与"去中国化"。应警惕资源民族主义给中国带来的不确定性影响。在海外参与关键矿产勘探和开发的中国公司，应将出口国的资源民族主义状况纳入新的风险评估体系，这一趋势有可能在全球蔓延联动，进而对整个行业活动产生影响。

三是化石能源投资扩大，亚太地区清洁能源转型不确定性增强。2022年俄乌冲突爆发后，油气价格的飙升推动了全球化石能源行业利润的普遍提高，全球油气产业利润达到 4 万亿美元，高利润推进了 2023 年油气行业勘探规模的进一步扩大，2023 年全球化石能源新增投资较上年提升了 6%，达到 9500 亿美元，其中煤炭投资的 90%集中在亚太地区。[①] 2023 年，南美洲圭亚那板块与东南亚地区等大型油气田的发现，进一步提高了相关国家对化石能源开发利用的关注度，油气行业资本的密集投入，为资源型国家清洁能

---

① "World Energy Investment 2023"，IEA，May，2023，pp.63-64.

源转型带来更大的不确定性。与此同时，清洁能源基础设施的建设也在亚太地区面临土地与环境政策层面的困境。清洁能源项目相较于化石能源与建筑行业项目，需要占据更大面积的土地，当前亚太地区国家环境保护与生物多样性意识持续高涨，清洁能源项目在投资、征地环节面临更多监管层面的阻碍，土地审批议题带来的迟滞性问题会进一步影响项目后续环节的开展。

四　亚太地区能源合作未来展望

一是推动私营部门投资对亚太地区能源合作意义重大。同诸多发展中国家发展能源产业类似，亚太地区在调动私人投资上面临一系列问题，例如土地征用存在困难、电网基础设施缺乏、项目开发监管层面复杂性与不确定性较强等，当前不断爆发的地缘政治危机又使区域宏观经济的前景面临更多不确定性，进而影响私营部门的信心与融资情况。以东南亚地区为例，为实现本地区的碳中和目标，东南亚地区需要在 2030 年之前平均每年投资 920 亿美元，用于推进清洁电力生产，这并非公共部门以及外国投资援助可以解决的，随着气候融资政策不断优化，私营部门应在亚太地区能源合作中扮演更重要的角色。[1]

二是推进公正有序的能源转型对亚太地区至关重要。尽管过去几十年来，亚太地区一直保持全球经济增速的领先地位，但亚太地区国家内部的贫富差距并未得到有效改善，其中联合国认定的最不发达国家就高达 12 个，仍有数亿人面临无法接入电力与清洁烹饪不足的能源贫困局面。习近平总书记在二十届中共中央政治局第十二次集体学习时指出，应"深度参与国际能源治理变革，推动建立公平公正、均衡普惠的全球能源治理体系"。[2] 因此，面对这种高收入与欠发达国家共存的场景，在推进亚太国家能源转型

---

[1]　"China's Cooperation with Southeast Asia to Support an Ambitious Clean Energy Transition by 2030"，Asia Society Policy Institute，March 20，2024，https：//asiasociety. org/policy-institute/china-southeast-asia-clean-energy-cooperation.

[2]　《习近平关于国家能源安全论述摘编》，中央文献出版社，2024，第 110 页。

中，应更多从国家的实际情况出发，平衡好低碳与发展的辩证关系，制定切实可行的低碳发展目标与气候变化应对举措，逐步建立资金稳定投入、技术有效转移的低碳可持续发展模式，保证公正有序的能源转型。

三是强化区域内国际制度协作有利于亚太地区能源合作有效性的提升。制度碎片化长期困扰亚太地区能源合作，多边与双边制度的重叠、区域性制度与全球性制度的功能交叉，使得亚太地区能源合作在制度层面出现"意大利面条碗"效应。国际制度范围与功能的重叠也为中国同亚太地区国家的能源合作，尤其是清洁能源合作提供了新的空间。当前亚太地区清洁能源基础设施亟待完善，中国应以"一带一路"能源合作伙伴关系与"全球清洁能源合作伙伴关系"两个能源合作倡议为抓手，以完善亚太区域能源基础设施建设为关键目标，不断围绕中国与亚太地区国家的能源合作需求，推进资金、人力与标准的对接，在实践的进程中，促推区域成员间、不同利益攸关方之间以及既有国际制度间的协调。

B.10
澜湄国家命运共同体建设的
进展与前景

毕海东*

摘　要：　澜湄国家命运共同体建设是澜湄六国超越跨境水资源分配的冲突范式，实现跨境水资源分配的合作范式的生动体现。澜湄国家命运共同体建设的进展既体现为澜湄合作四次领导人会议的成果，也体现为中国与湄公河五国均达成在双边层面构建命运共同体的共识。澜湄国家命运共同体建设是人类命运共同体理念在东南亚地区特别是澜湄地区的先行先试，作为构建人类命运共同体重要依托的全球发展倡议、全球安全倡议和全球文明倡议，也将为澜湄国家命运共同体建设提供持续动力。

关键词：　澜湄国家命运共同体　澜湄合作　三大全球倡议

　　2014 年 11 月，中国国家领导人在第 17 次中国—东盟领导人会议上正式提出建立澜沧江—湄公河合作（以下简称"澜湄合作"，Lancang-Mekong Cooperation）机制。2016 年 3 月，澜湄合作首次领导人会议在海南省三亚市举行，中国、柬埔寨、老挝、缅甸、泰国、越南六国领导人一致同意共建澜湄国家命运共同体，并确定了"3+5 合作框架"，即坚持政治安全、经济和可持续发展、社会人文三大合作支柱的协调发展，同时，优先在互联互通、

---

* 毕海东，博士，中国社会科学院亚太与全球战略研究院助理研究员，主要研究方向为中国周边外交。

产能、跨境经济、水资源、农业和减贫五个领域开展合作。① 由此，澜湄国家命运共同体建设全面启动。到 2023 年，澜湄国家命运共同体建设已经进入第 7 个年头。7 年来，在建设命运共同体的推动下，澜湄六国超越了跨境水资源分配的冲突范式，相互之间的睦邻友好和务实合作不断深化，澜湄地区的持久和平和发展繁荣持续巩固，这不仅有助于东盟共同体建设和推动东南亚地区一体化进程，也为中国—东盟合作和"全球南方"国家合作做出了贡献。

一 澜湄国家命运共同体建设的进展

自 2016 年 3 月澜湄国家命运共同体建设启动以来，在较短的时间内，澜湄国家命运共同体建设经历了从培育期到成长期、从快速拓展期到全面发展期的转变。② 当前，澜湄合作已经建立包括领导人会议、外长会议、高官会议和联合工作组会议在内的多层次、宽领域合作架构。澜湄国家命运共同体建设的进展在澜湄合作四次领导人会议的成果中均有体现。同时，中国同湄公河五国在双边层面构建命运共同体的共识先后达成，也为澜湄国家命运共同体建设奠定了坚实的国家基础。

（一）澜湄国家命运共同体建设的年度进展

2016 年 3 月，澜湄合作首次领导人会议在海南省三亚市举行，澜湄合作进程全面启动。澜湄六国领导人一致同意共建澜湄国家命运共同体，并确定了"3+5 合作框架"，即坚持政治安全、经济和可持续发展、社会人文三大合作支柱的协调发展，同时，优先在互联互通、产能、跨境经济、水资源、农业和减贫五个领域开展合作。此次领导人会议还发表了《澜湄国家产能合作联合声明》，通过了《早期收获项目联合清单》，包含互联互通、

---

① 《澜沧江—湄公河合作首次领导人会议三亚宣言——打造面向和平与繁荣的澜湄国家命运共同体》，中国外交部网站，2016 年 3 月 23 日，https://www.mfa.gov.cn/web/gjhdq_676201/gjhdqzz_681964/lcjmghhz_682662_1/zywj_682674/201603/t20160323_10406837.shtml。
② 周方冶：《推动澜湄国家命运共同体建设走深走实》，《社会主义论坛》2022 年第 5 期。

水资源、减贫和卫生等优先合作领域的 45 个项目。

2018 年 1 月，澜湄合作第二次领导人会议在柬埔寨金边举行，中国和柬埔寨担任澜湄合作共同主席国，澜湄合作从培育期迈向成长期。澜湄六国领导人一致同意形成"3+5+X 合作框架"，即在三大合作支柱和五大优先合作领域的基础上，拓展海关、青年和卫生等领域的合作。此次领导人会议还发表了《澜湄合作第二次领导人会议金边宣言》和《澜湄合作五年行动计划（2018—2022）》，并散发了《第二次领导人会议合作项目清单》和《六个优先领域联合工作组报告》。

2020 年 8 月，澜湄合作第三次领导人会议正值新冠疫情，因此是以视频方式举行的，中国和老挝担任澜湄合作共同主席国，这次领导人会议标志着澜湄合作从快速拓展期进入全面发展期。澜湄六国领导人共同推动会议形成了水资源合作和澜湄合作与"国际陆海贸易新通道"对接两大亮点，并深化了可持续发展、公共卫生和民生等优先领域合作，为澜湄地区疫后复苏和经济发展繁荣提供了新动力。此次领导人会议发表了《澜湄合作第三次领导人会议万象宣言》和《关于澜湄合作与"国际陆海贸易新通道"对接合作的共同主席声明》，向外界发出了澜湄六国团结合作和共谋发展的积极信号。

2023 年 12 月，澜湄合作第四次领导人会议以视频方式举行，中国和缅甸担任澜湄合作共同主席国，澜湄合作进入了新阶段。此次领导人会议发表了《澜湄合作第四次领导人会议内比都宣言》、《澜湄合作五年行动计划（2023—2027）》和《澜湄地区创新走廊建设共同倡议》。

整体来看，澜湄国家命运共同体建设启动 7 年多来，澜湄六国在机制建设、战略规划、资金支持和务实合作等方面均取得了显著的进展。结合澜湄合作的三大合作支柱来看，在政治安全支柱方面，澜湄六国建立了包括领导人会议、外长会议、高官会议和联合工作组会议在内的多层次、宽领域合作架构。其中，领导人会议和外长会议的定期举办以及高官会议和联合工作组会议的灵活举办，增进了澜湄六国彼此之间的沟通和信任，为澜湄国家命运共同体建设提供了源源不断的动力。在经济和可持续发展支柱方面，澜湄六国之间的投资贸易稳步增长，可持续发展动力十足。中老铁路、中泰铁路、金港高速公路等标志性合作项目进一步提高了澜湄六国的互联互通水平。2023 年，中国与湄公河五国的贸易总额近 4000 亿美元，在过去 7 年实现翻番。在社会人文支柱方面，澜湄六国之间的社会人文交流包括旅游、媒体、体育、高校、地方、青年等多个方面，形式多样且独具特色，增进了六国民众之间的相知相亲，也推动了澜湄国家命运共同体建设的走深走实。

（二）构建双边命运共同体的共识达成

澜湄国家命运共同体建设的成效除了可以从年度进展来考察，还可以从中国与湄公河五国在双边层面达成构建命运共同体共识的进展来考察。在湄公河五国中，中国与老挝最早达成构建双边命运共同体的共识。随后，中老双方不断对构建双边命运共同体进行深化。2017 年 11 月，中共中央总书记、国家主席习近平访问老挝，分别同老挝人民革命党中央总书记、国家主席本扬和老挝总理通伦举行会谈和会见。中老双方领导人一致认为，中老同为社会主义国家，在彼此信赖的基础上，共同打造具有战略意义的命运共同体，符合两党两国的根本利益和两国人民的共同愿望，也有利于人类和平与发展的崇高事业。2019 年 4 月，老挝人民革命党中央总书记、国家主席本扬来华进行国事访问并出席第二届"一带一路"国际合作高峰论坛，中共中央总书记、国家主席习近平同本扬举行了会谈。中老双方领导人一致同意签署《中国共产党和老挝人民革命党关于构建中老命运共同体行动计划》，推动中老命运共同体建设不断前进，开启中老关系新时代。2022 年 11 月 29日至 12 月 1 日，老挝人民革命党中央总书记、国家主席通伦对华进行国事访问，中共中央总书记、国家主席习近平同通伦举行了会谈。中老双方领导人一致同意签署《关于进一步深化中老命运共同体建设的联合声明》，引领中老命运共同体建设行稳致远，促进本地区发展繁荣。2023 年 10 月，中共中央总书记、国家主席习近平会见来华出席第三届"一带一路"国际合作高峰论坛并对华进行工作访问的老挝人民革命党中央总书记、国家主席通伦，中老双方领导人共同签署《中国共产党和老挝人民革命党关于构建中

老命运共同体行动计划（2024—2028 年）》，为中老命运共同体建设赋予新的内涵。①

東埔寨紧随老挝与中国达成构建双边命运共同体的共识，但東埔寨是首个同中国签署构建命运共同体行动计划的国家。2019 年 4 月，東埔寨首相洪森来华出席第二届"一带一路"国际合作高峰论坛，中国国家主席习近平会见了洪森，中東两国签署《构建中東命运共同体行动计划》（2019—2023）。2023 年 9 月，東埔寨首相洪玛奈对华进行正式访问，习近平主席和李强总理分别同洪玛奈举行会见和会谈，中東两国签署《构建新时代中東命运共同体行动计划（2024—2028）》，开启构建中東命运共同体的新时代。②

中国同缅甸也较早达成了构建双边命运共同体的共识。2020 年 1 月，时值中缅建交 70 周年，习近平主席访问缅甸，同时任缅甸主要领导人进行会见和会谈，中缅两国领导人宣布构建中缅命运共同体，为中缅关系未来发展指明了方向。此后，缅甸虽然经历政局动荡，但构建中缅双边命运共同体仍然是中缅两国的共识。2023 年 12 月，中国外交部部长王毅会见来华共同主持澜湄合作第八次外长会的缅甸副总理兼外长丹穗，双方再次确认将以构建中缅命运共同体为引领，深化双边各领域合作。③

中国同泰国较晚达成构建双边命运共同体的共识，但双方对构建命运共同体的定位较高。2022 年 11 月，习近平主席赴泰国出席亚太经合组织第二十九次领导人非正式会议，并对泰国进行访问。习近平主席在同泰国巴育总理举行会谈后，中泰两国发表了《中华人民共和国和泰王国关于构建更为稳定、更加繁荣、更可持续命运共同体的联合声明》，标志着双方就构建中泰命运共同体达成重要共识。

在湄公河五国中，中国同越南最晚达成构建双边命运共同体的共识。

① 《习近平会见老挝人民革命党中央总书记、国家主席通伦》，中国外交部网站，2023 年 10 月 20 日，https://www.mfa.gov.cn/web/zyxw/202310/t20231020_11164847.shtml。

② 《习近平会见東埔寨首相洪玛奈》，中国外交部网站，2023 年 9 月 15 日，https://www.mfa.gov.cn/web/zyxw/202309/t20230915_11143446.shtml。

③ 《王毅会见缅甸副总理兼外长丹穗》，中国外交部网站，2023 年 12 月 6 日，https://www.mfa.gov.cn/web/wjbzhd/202312/t20231206_11195958.shtml。

2023 年 12 月，中共中央总书记、国家主席习近平访问越南，同越共中央总书记阮富仲等越南党和国家领导人举行会谈，双方宣布中越两党两国关系的新定位，一致同意构建具有战略意义的中越命运共同体，并发表《中华人民共和国和越南社会主义共和国关于进一步深化和提升全面战略合作伙伴关系、构建具有战略意义的中越命运共同体的联合声明》。[①] 中国同越南达成构建双边命运共同体的共识标志着中国同湄公河五国在双边层面均达成了构建命运共同体的共识，这是中国对湄公河国家的重要外交成就，也极大地推动了澜湄合作和澜湄国家命运共同体建设。

澜湄国家命运共同体建设是一个多边层面的行动和愿景，而中国同湄公河五国在双边层面构建命运共同体本身属于澜湄国家命运共同体建设的进展，也为澜湄国家命运共同体建设奠定了坚实的双边基础。从长远来说，中国同湄公河五国在双边层面构建命运共同体事实上也为湄公河五国之间的互动做出了表率，那么，当中国同湄公河五国构建了更为成熟的命运共同体以后，特别是湄公河五国掌握了同中国共建命运共同体的路径，收获了同中国共建命运共同体的成果以后，湄公河五国彼此之间也能够构建双边命运共同体。这样，当澜湄六国相互之间都构建了命运共同体以后，澜湄国家命运共同体也就自然而然建成了。

二　澜湄国家命运共同体建设的前景

澜湄国家命运共同体建设是人类命运共同体理念在东南亚地区特别是澜湄地区的先行先试，因此，澜湄国家命运共同体建设的前景也与人类命运共同体建设的前景息息相关。2023 年 9 月，国务院新闻办发布了《携手构建人类命运共同体：中国的倡议与行动》白皮书。白皮书指出，中国提出的全球发展倡议、全球安全倡议和全球文明倡议，从发展、安全和文

[①] 《习近平同越共中央总书记阮富仲举行会谈》，中国外交部网站，2023 年 12 月 12 日，https：//www.fmprc.gov.cn/web/zyxw/202312/t20231212_11201053.shtml。

明三个维度指明了人类社会前进方向，成为推动构建人类命运共同体的重要依托。① 白皮书此处的论述实际上也指出了澜湄国家命运共同体建设的前景，那就是通过落实三大全球倡议为澜湄国家命运共同体建设提供持续动力。

（一）湄公河五国对三大全球倡议的积极支持

2021 年 9 月 21 日，习近平主席在第七十六届联合国大会上发表重要讲话，提出了全球发展倡议。2022 年 4 月 21 日，习近平主席在博鳌亚洲论坛 2022 年年会开幕式上发表主旨演讲，提出了全球安全倡议。2023 年 3 月 15 日，中共中央总书记、国家主席习近平在中国共产党与世界政党高层对话会上发表主旨讲话，提出了全球文明倡议。老挝在全球发展倡议提出后不久，就表示愿意就全球发展倡议与中方加强合作。2022 年 12 月，中老两国签署《关于进一步深化中老命运共同体建设的联合声明》，老挝表示完全赞同并愿积极参与和践行全球发展倡议及全球安全倡议。2023 年 10 月，中老两国签署《中国共产党和老挝人民革命党关于构建中老命运共同体行动计划（2024—2028 年）》，老挝表示愿与中方携手践行全球发展倡议、全球安全倡议、全球文明倡议，弘扬全人类共同价值，推动构建人类命运共同体。② 柬埔寨在全球发展倡议提出后不久，也表达了高度重视并支持全球发展倡议的立场。2022 年 11 月，在中国国家领导人访问柬埔寨期间，中柬两国发表联合公报，柬埔寨表示支持并积极参与全球发展倡议和全球安全倡议，愿与中方共同应对全球性挑战。2023 年 9 月，柬埔寨首相洪玛奈访华期间，中柬两国发表联合公报，柬埔寨再次表示愿积极参与全球发展倡议合作，并支持全球安全倡议和全球文明倡议。③

---

① 中华人民共和国国务院新闻办公室：《携手构建人类命运共同体：中国的倡议与行动》，《人民日报》2023 年 9 月 27 日。

② 《中国共产党和老挝人民革命党关于构建中老命运共同体行动计划（2024—2028 年）（全文）》，中国外交部网站，2023 年 10 月 21 日，https：//www.mfa.gov.cn/web/ziliao_674904/1179_674909/202310/t20231021_11165420.shtml。

③ 《中华人民共和国政府和柬埔寨王国政府联合公报（全文）》，中国外交部网站，2023 年 9 月 16 日，https：//www.mfa.gov.cn/web/ziliao_674904/1179_674909/202309/t20230916_11144074.shtml。

缅甸在全球发展倡议和全球安全倡议提出以后，表示支持两大倡议，强调两大倡议同澜湄合作互补互促，有助于澜湄六国携手应对当前全球性挑战。在全球文明倡议提出以后，缅甸表示支持并愿同中方践行三大全球倡议。泰国在全球发展倡议提出以后，表示支持全球发展倡议，并在全球安全倡议提出以后，表示重视全球安全倡议。2022 年 11 月，中泰两国发表了《中华人民共和国和泰王国关于构建更为稳定、更加繁荣、更可持续命运共同体的联合声明》，泰国表示高度重视开展全球发展倡议框架下的合作，同时表示将探讨全球安全倡议框架下的合作。2023 年 10 月，泰国总理赛塔·他威信来华出席第三届"一带一路"国际合作高峰论坛并对华进行正式访问期间，中泰两国发表了《中华人民共和国政府和泰王国政府联合新闻公报》，泰国表示愿积极参与全球发展倡议合作，并与中方探讨在全球安全倡议和全球文明倡议框架下开展合作。① 越南对三大全球倡议的表态相对谨慎，直到 2023 年 6 月，越南总理范明政访问中国期间，才表示支持中国提出的全球发展倡议、全球安全倡议、全球文明倡议。2023 年 12 月，中越两国发表《中华人民共和国和越南社会主义共和国关于进一步深化和提升全面战略合作伙伴关系、构建具有战略意义的中越命运共同体的联合声明》，越南再次表示支持并愿主动参与全球发展倡议，并愿与中国探讨在全球安全倡议和全球文明倡议框架内开展相关合作。② 总的来说，湄公河五国虽然对三大全球倡议的表态不完全一致，但都表达了对三大全球倡议的支持态度，这也为三大全球倡议在澜湄地区的落地做好了铺垫。

（二）以三大全球倡议推动澜湄国家命运共同体建设

2023 年 12 月，澜湄合作第八次外长会在北京举行，中国外交部部长王

---

① 《中华人民共和国政府和泰王国政府联合新闻公报（全文）》，中国外交部网站，2023 年 10 月 20 日，https：//www.mfa.gov.cn/web/gjhdq_676201/gj_676203/yz_676205/1206_676932/1207_676944/202310/t20231020_11164330.shtml。

② 《中华人民共和国和越南社会主义共和国关于进一步深化和提升全面战略合作伙伴关系、构建具有战略意义的中越命运共同体的联合声明》，中国外交部网站，2023 年 12 月 13 日，https：//www.mfa.gov.cn/web/ziliao_674904/1179_674909/202312/t20231213_11201756.shtml。

毅表示，展望未来，澜湄六国将携手打造全球发展倡议先行区、全球安全倡议实验区和全球文明倡议首善区。① 王毅的表态为澜湄国家命运共同体建设的前景指明了方向，即以三大全球倡议推动澜湄国家命运共同体建设。具体而言，从内容上来说，三大全球倡议可以与澜湄国家命运共同体建设的三大合作支柱即政治安全、经济和可持续发展、社会人文进行对接，通过落实三大全球倡议夯实澜湄国家命运共同体建设的三大合作支柱。全球发展倡议提出了包括发展优先、以人民为中心、普惠包容、创新驱动、人与自然和谐共生、行动导向等在内的"六个坚持"，将发展置于全球宏观政策框架的突出位置，从而加快落实联合国《2030 年可持续发展议程》。全球发展倡议还列出了减贫、粮食安全、发展筹资、绿色发展、工业化、数字经济和互联互通等 8 个重点领域合作计划。根据澜湄合作第四次领导人会议上发表的《澜湄合作五年行动计划（2023—2027）》，未来 5 年澜湄务实合作在经济和可持续发展支柱方面主要体现为互联互通、产能合作、贸易投资便利化、能源合作、农业、减贫、数字经济、科技创新等14 个方面内容。② 这些合作内容与全球发展倡议的核心理念和重点领域具有相通性，因此，全球发展倡议可以与澜湄国家命运共同体建设的经济和可持续发展支柱对接。

全球安全倡议提出了坚持共同、综合、合作、可持续的安全观，尊重各国主权、领土完整，遵守联合国宪章宗旨和原则，重视各国合理安全关切，通过对话协商解决国家间分歧和争端，统筹维护传统领域安全和非传统领域安全等"六个坚持"。《澜湄合作五年行动计划（2023—2027）》中关于未来 5 年澜湄务实合作在政治安全支柱方面主要体现为高层交往和政治对话合作、执法司法合作、公共卫生合作、打击跨国犯罪、灾害管理合作等 5 个方

① 《王毅谈澜湄合作六大重点方向》，中国外交部网站，2023 年 12 月 7 日，https：//www. mfa. gov. cn/wjbzhd/202312/t20231207_11196754. shtml。

② 《澜沧江—湄公河合作五年行动计划（2023—2027）》，中国外交部网站，2023 年 12 月 26 日，https：//www. mfa. gov. cn/web/gjhdq_676201/gjhdqzz_681964/lcjmqhhz_682662_1/zy wj_ 682674/202312/t20231226_11212666. shtml。

面内容。这些合作内容与全球安全倡议提出的安全观念和立场原则同样具有相通性，因此，全球安全倡议可以与澜湄国家命运共同体建设的政治安全支柱对接。

全球文明倡议提出了共同倡导尊重世界文明多样性、弘扬全人类共同价值、重视文明传承和创新、加强国际人文交流合作等"四个共同倡导"。《澜湄合作五年行动计划（2023—2027）》中关于未来5年澜湄务实合作在社会人文支柱方面主要体现为文化和体育、旅游、教育和人力资源开发、新闻和媒体、民族事务、宗教事务、民间交流等7个方面内容。这些合作内容与全球文明倡议倡导的文明交流共存和包容互鉴的理念同样具有相通性，因此，全球文明倡议可以与澜湄国家命运共同体建设的社会人文支柱对接。这样，通过将三大全球倡议与澜湄国家命运共同体建设的三大合作支柱进行对接，中国与湄公河五国可以在澜湄流域优先打造全球发展倡议先行区、全球安全倡议实验区和全球文明倡议首善区，从而为澜湄国家命运共同体建设提供持续动力。

三　结语

澜湄国家命运共同体建设启动7年以来，在理论、实践和政策层面为构建人类命运共同体做出了贡献。理论上，澜湄国家命运共同体采取了人类命运共同体的视角，超越了跨境水资源分配的冲突范式，实现了跨境水资源分配的合作范式。实践上，澜湄国家命运共同体建设在澜湄合作首次领导人会议确立的三大合作支柱和五大优先合作领域均有积极进展，同时，中国同湄公河五国先后达成在双边层面构建命运共同体的共识，为澜湄国家命运共同体建设奠定了坚实的双边基础。政策上，湄公河五国均表达了对全球发展倡议、全球安全倡议和全球文明倡议的积极支持，进而，将作为构建人类命运共同体重要依托的三大全球倡议与澜湄合作的三大合作支柱进行对接，可以为澜湄国家命运共同体建设提供持续动力。2023年10月发布的《新时代中国的周边外交政策展望》指出，围绕亚洲的前

途存在两种不同的主张，一种主张坚持开放的区域主义和真正的多边主义，另一种主张重拾冷战思维和鼓动分裂对抗。[①] 以人类命运共同体理念为指导的澜湄国家命运共同体建设显然属于符合时代发展潮流的第一种主张，因而将得到澜湄各国的共同认可，引领澜湄合作不断走向和合共生的美好未来。

---

① 《新时代中国的周边外交政策展望》，《人民日报》2023年10月25日。

大国关系 〉〉

B.11

中印关系：双边关系基础与互动模式的
现状与趋势

吴兆礼[*]

摘　要：　2023 年中印高层交往有所恢复，但双边高层互动远未回归"正常状态"，双边高层互动更多体现在二十国集团、上海合作组织和金砖国家等多边框架。无论是双边还是多边，中印政治关系回暖的势能仍显不足。莫迪政府继续推动对华产业替代政策，试图利用"中国+1"契机推进"印度制造"，但中印经贸规模连续三年超千亿美元。中印就边境问题持续推进外交军事磋商并取得阶段性成果，但中印彼此对边境态势与双边关系的定位存在差异，尽快解决剩余问题仍面临不确定性。近期，两国能否推动双边关系早日重回健康稳定发展轨道，更多取决于印度能否转变"让具体问题定义整体关系"的传统立场。

---

* 吴兆礼，博士，中国社会科学院亚太与全球战略研究院副研究员、中国社会科学院南亚研究中心副研究员，主要研究方向为南亚国际问题、印度对外战略和印度大国外交。

关键词： 中印关系　莫迪政府　边境和平安宁　外交军事磋商

2023 年中印关系总体平稳向好，两国高层交往逐步恢复，经贸规模持续增长，边境局势总体稳定，人文交流日渐恢复。然而囿于 2020 年 6 月加勒万河谷冲突后印度对华政策倒退的惯性与束缚，印度莫迪政府仍将改善中印关系与其所谓的"恢复边境和平与安宁"挂钩，这导致中印在政治、经贸、人文和军事等领域的合作难有重大突破。

一　中印政治互信仍存障碍

中印两国高层交往有所恢复，但双边高层互动远未回归"正常状态"，双边高层互动更多体现在二十国集团（G20）、上海合作组织（以下简称"上合组织"）和金砖国家等多边框架。无论是双边还是多边，中印政治关系回暖的势能仍显不足。双边层面的边界问题，多边层面印度对反恐议题与"一带一路"倡议的立场，都成为影响中印政治互信的主要障碍。

（一）两国高层交往逐步恢复，"应约"成为高层互动关键词

2023 年以来，中印两国高层交往逐步恢复，尤其是利用多边场合举行双边互动最为突出。中国国家主席习近平同印度总理莫迪共同出席金砖国家领导人第十五次会晤，其间应约同莫迪交谈互动。中国国务院总理李强出席在印度新德里召开的 G20 领导人第十八次峰会并在第一阶段会议上发表讲话。中共中央外办主任、外交部部长王毅与印度外长苏杰生三次面对面会晤。

2023 年 8 月 23 日，国家主席习近平在出席金砖国家领导人第十五次会晤期间应约同印度总理莫迪交谈。习近平主席强调："中印关系改善发展符合两国和两国人民的共同利益，也有利于世界和地区的和平稳定与发展。双方应从两国

关系大局出发，妥善处理边界问题，共同维护边境地区的和平与安宁。"① 印度外交部则宣称，在两国领导人的"非正式会谈"中，莫迪强调印度对中印边境西段实控线未解决问题的关切，强调维护边境地区和平、遵守和尊重实控线对印中关系正常化至关重要。②

印度担任 2023 年上合组织轮值主席国，同时接任 G20 轮值主席国并承办 G20 峰会。中印在上合组织系列会议以及 G20 系列会议上开展"常规性"互动。2023 年 7 月 4 日，习近平主席应莫迪总理邀请，以视频方式出席上合组织成员国元首理事会第二十三次会议并发表讲话；同年 9 月 9~10 日，李强总理出席在印度新德里召开的 G20 领导人第十八次峰会，并在峰会第一阶段会议和第三阶段会议上发表讲话；11 月 22 日，李强总理在北京出席 G20 领导人视频峰会并发表讲话，G20 轮值主席国印度总理莫迪主持会议。客观来看，中印在上合组织峰会和 G20 峰会上的高层互动是"常规性"的，这与印方为中印关系设置前提条件导致中印关系转圜势能不足有直接关系。

中印两国外长借助上合组织、G20 等多边场合开展互动。2023 年 3 月和 5 月，在印度召开 G20 外长会和上合组织外长会期间，中印两国外长举行了两次双边会见。在这两次会晤中中方始终强调要落实好两国领导人重要共识，而印方则强调要维护边境地区和平安宁。2023 年 7 月 14 日，中共中央外办主任王毅在雅加达应约会见印度外长苏杰生。王毅表示："习近平主席和莫迪总理达成将中印关系稳下来的重要共识，双方要为此付诸行动，坚持双边关系正确方向，把握好世界发展大势，推动中印关系企稳改善……不让具体问题定义整体关系。希望印方同中方相向而行，找到双方都能接受的边界问题解决办法。"苏杰生表示："印中关系正常化符合双方共同利益。

① 《习近平在出席金砖国家领导人会晤期间应约同印度总理莫迪交谈》，中国新闻网，2023 年 8 月 25 日，https：//www.chinanews.com.cn/gn/2023/08-25/10066928.shtml。

② "Narendra Modi, Xi Jinping Agree to Expedite Disengagement Along LAC", The Economic Times, August 25, 2023, https://economictimes.indiatimes.com/news/india/narendra-modi-xi-jinping-agree-to-expedite-disengagement-along-lac/articleshow/103034307.cms.

印方愿本着开放心态，妥善应对双方分歧，推动印中关系尽快重回正轨，为下阶段高层交往创造良好条件。"① 可以看出，印方约见中方的诉求之一在于寻求"为下阶段高层交往创造良好条件"，主要动机是支持印方主办 G20 峰会。

（二）印度在"金砖+"和金砖扩员上形成共识，对金砖扩员的立场从"谨慎"转为"完全支持"

中国在 2017 年 9 月举行的金砖国家领导人第九次会晤上提出开启金砖合作第二个"金色十年"，《金砖国家领导人厦门宣言》明确了要推进"金砖+"合作；② 在 2022 年 6 月举行的金砖国家领导人第十四次会晤上，金砖国家领导人就"通过讨论推进金砖国家扩员进程"以及"在充分协商和共识基础上通过金砖国家事务协调人渠道明确扩员进程的指导原则、标准和程序"达成共识；③ 然而在第十五次金砖国家领导人会晤前，印度在金砖扩员问题上的立场经历了从"谨慎"到"完全支持"的转变过程。

印度在扩员问题上从"谨慎"甚至"模棱两可"转为"完全支持"。有分析认为，印度在扩员问题上的立场较为"谨慎"和"模棱两可"，甚至认为印度是金砖扩员的最大阻碍。对此，印度外交部发言人表示"模棱两可"并不准确，强调印度将会讨论金砖国家扩员的指导原则、标准、准则和程序问题。④ 事实上，尽管金砖扩员为印度与非洲大陆的埃及、埃塞俄比亚和南美的阿根廷等国建立和改善地缘政治关系提供了各种机会，但印度认

① 《王毅会见印度外长苏杰生》，中国外交部网站，2023 年 7 月 15 日，https：//www. mfa. gov. cn/web/zyxw/202307/t20230715_11113734. shtml。

② 《金砖国家领导人厦门宣言（全文）》，中国外交部网站，2017 年 9 月 4 日，https：//www. mfa. gov. cn/web/zyxw/201709/t20170904_342147. shtml。

③ 《金砖国家领导人第十四次会晤北京宣言》，中国外交部网站，2022 年 6 月 23 日，https：// www. mfa. gov. cn/web/ziliao_674904/1179_674909/202206/t20220623_10709036. shtml。

④ "'Baseless Speculation': India Refutes Reports that it Opposes BRICS Expansion", India Today, August 4, 2023, https：//www. indiatoday. in/india/story/india-refutes-reports-claiming-it-is-opposed-to-brics-expansion-2416042-2023-08-04.

为金砖扩员可能会削弱金砖机制的原创性和现实意义，而且担心扩员后的金砖国家变成反西方的联盟。① 针对金砖扩员进程，2023 年 6 月，印度外长苏杰生在金砖国家外长正式会晤期间表示："扩员进程仍在进行中，各成员国正以积极态度和开放心态来处理这个问题。"②

印度总理莫迪在 2023 年 8 月金砖国家领导人第十五次会晤上明确表示："印度完全支持扩大金砖国家成员，欢迎在扩员方面取得协商一致的进展。"③《金砖国家领导人第十五次会晤约翰内斯堡宣言》宣布"就扩员进程的指导原则、标准和程序达成一致"，决定邀请阿根廷等 6 国从 2024 年 1 月 1 日起成为金砖国家正式成员。④

（三）印度延续对"一带一路"倡议的一贯立场，在双边与多边框架下抵制"一带一路"倡议

在双边层面，印度仍延续对"一带一路"倡议的一贯立场。2023 年 10 月，第三届"一带一路"倡议国际合作高峰论坛在北京举行，印度未参加论坛。对此，印度外交部发言人一方面宣称印度没有收到参加论坛的邀请，另一方面表示印度对"一带一路"倡议的立场是"众所周知的也是一贯的"，仍坚持认为"一带一路"倡议"不尊重印度主权和领土完整"，⑤ 尤其是反对中巴经济走廊。印度外长苏杰生在环印度洋联盟第二

---

① Akanksha Roy, "Expansion of BRICS: Rise of China's Dominance?", NIICE Commentary, September 20, 2023, https://niice.org.np/archives/8801.

② Niharika Verma, "BRICS Expansion: EAM Jaishankar Emphasizes Positive Intent and Open Mind", The Hindustan Herald, June 3, 2023, https://hindustanherald.com/brics-expansion-eam-jaishankar-emphasizes-positive-intent-and-open-mind/.

③ Shubhajit Roy, "India Supports Expansion of BRICS: Modi", The Indian Express, August 24, 2023, https://indianexpress.com/article/india/india-supports-expansion-of-brics-modi-8906393/.

④ 《金砖国家领导人第十五次会晤约翰内斯堡宣言》，中国外交部网站，2023 年 8 月 25 日，https://www.mfa.gov.cn/web/zyxw/202308/t20230825_11132502.shtml。

⑤ "Transcript of Weekly Media Briefing by the Official Spokesperson", MEA, GoI, October 19, 2023, https://www.mea.gov.in/media-briefings.htm? dtl/37199/Transcript_of_Weekly_Media_Briefing_by_the_Official_Spokesperson_October_19_2023.

十三届部长理事会召开期间甚至公开要求印度洋地区国家有效地应对发展挑战。①

在多边层面，印度仍抵制"一带一路"倡议。2023 年 7 月，上合组织成员国元首理事会第 23 次会议发布《上海合作组织成员国元首理事会新德里宣言》，在关于"一带一路"倡议的表述中，印度与其他成员国重申支持"一带一路"倡议不同，仍延续在《上海合作组织成员国元首理事会青岛宣言》中的立场，拒绝支持中国的"一带一路"倡议，成为唯一对"一带一路"倡议持异议的上合组织成员国。而且，在上合组织成员国政府首脑（总理）理事会发表的联合公报中，印度同样拒绝支持"一带一路"倡议。

（四）印度在中国核心利益问题上打"擦边球"动作不断

印度加强与东盟的安全对话，在南海问题上有新动作。2022 年 11 月，在东盟防长扩大会期间，印度与东盟举行首次防长非正式会晤，希望加强与东盟及其成员国防务合作的意图明显。2023 年 2 月和 9 月，印度潜艇先后访问印度尼西亚和新加坡。同年，印度海军与澳大利亚海军和印度尼西亚海军建立三边演习机制。2023 年 5 月，印度与东盟的 7 个国家在南海举行了首次海上演习。2023 年 12 月，印度海军舰船先后访问菲律宾和越南，其间分别与菲律宾海军和越南海军在南海举行海上联合演习，开展防务安全合作。而且更为突出的是，2023 年 6 月印度在与菲律宾发表的联合声明中提出："双方强调有必要和平解决争端，遵守国际法，特别是《联合国海洋法公约》和 2016 年南海仲裁裁决。"②

---

① T. Brajesh, "Ahead of Xi's BRI Gala, Jaishankar warns about 'Dangers of Hidden Agendas'", India Herald, October 12, 2023, https://indiaherald.us/ahead-of-xis-bri-gala-jaishankar-warns-about-dangers-of-hidden-agendas/.

② "Joint Statement on the 5th India-Philippines Joint Commission on Bilateral Cooperation", MEA, GoI, June 29, 2023, https://www.mea.gov.in/bilateral-documents.htm? dtl/36743/Joint_Statement_on_the_5th_IndiaPhilippines_Joint_Commission_on_Bilateral_Cooperation.

二　中印经贸与投资关系

印度成为世界上增长最快的经济体之一，经济规模处于"居五望三"关键阶段，国际社会对印度经济普遍看好。印度邀请金砖国家成员国成为其发展之路的一部分，但莫迪政府对深化与中国的经贸和投资关系仍有疑虑，试图通过推进"对华产业替代政策"促进"印度制造"发展。

（一）印度是经济增长最快的经济体之一，致力于成为"世界增长引擎"

印度在 2021 年第四季度超过英国成为世界第五大经济体，莫迪总理在 2023 年多次承诺在其第三个任期内印度将跻身世界前三大经济体。[①] 据国际货币基金组织（IMF）预测，印度将在 2025 年成为世界第四大经济体，在 2027 年成为世界第三大经济体，届时印度 GDP 将达到 5.4 万亿美元。印度央行研究显示，以当前 6% 以上的增速，印度有望在 2025 年或 2026 年在经济总量上超越德国，在 2027 年超越日本成为世界第三大经济体。同时，莫迪政府规划，印度将在 2047 年独立 100 周年之际成为发达国家。

印度成为世界人口第一国家，致力于成为"世界增长引擎"。根据联合国人口司数据，印度在 2023 年 4 月超过中国成为世界人口第一国家。可以预期，未来几十年印度人口将继续增长。受人口红利驱动，印度致力于成为"世界增长引擎"。2023 年 8 月，莫迪总理在金砖国家工商论坛上发表讲话，表示印度将成为未来几年世界的增长引擎，邀请论坛成员"成为印度发展之路的一部分"，认为"通过结合彼此的优势可以为整个世界特别是'全球南方'国家的进步做出重大贡献"。[②]

---

① "PM Modi: India to be Among Top 3 Economies in My 3rd Term", *The Times of India*, December 18, 2023, https://timesofindia.indiatimes.com/india/pm-modi-india-to-be-among-top-3-economies-in-my-3rd-term/articleshow/106069588.cms.

② "English Translation of Prime Minister's Remarks at the BRICS Business Forum Leaders' Dialogue", MEA, GoI, August 22, 2023, https://www.mea.gov.in/Speeches-Statements.htm? dtl/37024/English_translation_of_Prime_Ministers_remarks_at_the_BRICS_Business_Forum_Leaders_Dialogue.

（二）中印经贸规模连续三年超千亿美元，印度成为对中国发起贸易救济调查数量最多的国家

中印双边贸易额连续三年超过千亿美元，印度在中国 18 个千亿级贸易伙伴中居第 13 位。据中国海关的数据，2023 年，中印双边进出口贸易总额为 1362. 17 亿美元，其中对印出口 1176. 81 亿美元，从印进口 185. 37 亿美元，分别较 2022 年增长 1.5%、0.8% 和 6.0%。① 与美、日、韩等发达国家双边贸易出现显著下滑相比，2023 年中国与印度等一些发展中国家的双边贸易出现上涨。事实上，中国成为印度最大的贸易伙伴。从 2023 年中印双边贸易结构看，中国对印度出口的主要商品是电子设备、机械、有机化学品和钢铁，中国从印度进口的主要商品包括棉花、宝石、铜、矿石、有机化学品和机械。

印度多措施限制中国商品进口，是对中国发起贸易救济调查数量最多的国家。根据商务部中国贸易救济信息网数据，2023 年印度共对中国发起 22 起贸易救济调查，成为当年全球对中国发起贸易救济调查数量最多的国家。印度对中国发起的 22 起贸易救济调查案包括反倾销 20 起、反补贴 1 起、保障措施 1 起。② 尽管莫迪政府试图抵制中国商品进口，但因顾及抵制措施可能对印度消费者、生产商和出口商产生不利影响，以及严重依赖中国原料药的印度制药业可能面临的严重影响，印度对中国奉行的"脱钩断链"措施效果并不明显。

（三）印度仍延续对中企打压政策，寻求利用"中国+1"契机促进"印度制造"发展

印度多举措限制中国产品进口，呼吁停止依赖"中国效率"。印度出台

---

① 《（2）2023 年 12 月进出口商品国别（地区）总值表（美元值）》，中国海关总署，2024 年 1 月 18 日，http：//www. customs. gov. cn/customs/302249/zfxxgk/2799825/302274/302277/302276/5637259/index. html。

② 《2023 年印度成对华发起贸易救济调查数量最多国家　专家道出其中原因》，中国贸易救济信息网，2024 年 1 月 8 日，http：//www. cacs. mofcom. gov. cn/article/flfwpt/jyjdy/cgal/202401/179257. html。

包含多个类目的质量控制令，对中国工厂生产的产品进行质量认证，以降低对中国进口的依赖并促进印度国内生产。印度外长苏杰生呼吁大力发展国内制造业，宣称印度的经济增长不能建立在效仿"中国效率"的基础上，认为印度应"停止寻找一个中国式的解决方案"，并且自力更生成长为制造业巨头。[①] 针对印度对中企采取限制性措施，中方向印方明确传达："中方高度关注近期印方对中国企业采取限制性措施，希望印方为中国企业提供公平、透明、非歧视的营商环境。"[②]

印度日益融入"印太经济框架"，试图利用"中国+1"契机推进"印度制造"发展。印度于2022年5月加入以联通经济、韧性经济、清洁经济、公平经济为四大支柱的"印太经济框架"，于2023年11月与美国和其他12个"印太经济框架"合作伙伴签署了"印太经济框架"供应链韧性协议。印度商工部部长表示，该协议将使"印太经济框架"供应链更具韧性、稳健和一体化，并为整个地区的经济发展和进步做出贡献。[③] 而且，印度于2023年6月加入"矿产安全伙伴关系"（MSP），成为MSP的第14个成员。MSP是美国主导的主要西方国家参与的谋求将中国排除在外的产业链联盟，企图推动关键矿产供应链与中国"脱钩"，是美西方推进全球"中国+1"战略的一部分。印度希望利用"中国+1"契机，认为一些国际企业的"中国+1"战略使印度处于优势地位。[④] 但也有媒体分析认为，尽管在跨国公司所谓的"中国+1"生产策略中印度是明显的竞争者，并且印度推出了

① "'Stop Looking for a China Fix': Jaishankar on How Indian Economy and Businesses Can Grow", Business Today, May 11, 2023, https://www.businesstoday.in/bt-tv/video/stop-looking-for-a-china-fix-jaishankar-on-how-indian-economy-and-businesses-can-grow-380891-2023-05-11.

② 《王毅会见印度外长苏杰生》，中国外交部网站，2023年7月15日，https://www.mfa.gov.cn/web/zyxw/202307/t20230715_11113734.shtml。

③ "Shri Piyush Goyal Participates in the 3rd in-person Ministerial Meeting of the Indo-Pacific Economic Framework (IPEF)", MCI, GoI, November 15, 2023, https://pib.gov.in/PressReleaseIframePage.aspx? PRID=1977026.

④ 苑基荣、张静、黄东日：《印度等国能从"中国+1"中得到什么》，《环球时报》2023年9月8日。

"印度制造"战略，但印度的贸易和投资政策正向无益的保护主义和"进口替代"传统倒退，印度难以接替中国位置。①

三 中印边界问题与外交军事磋商

中印两国领导人就稳定中印关系达成重要共识。2023年，中印继续通过军长级会谈与边境事务磋商和协调工作机制（WMCC）就解决边界剩余问题举行多轮会谈与磋商，就推动边界西段一线部队进一步脱离接触、缓和边境局势取得进展，但印度仍以边境局势为前提定位整体双边关系。

（一）中印就边境问题持续推进外交军事磋商，取得阶段性成果

军长级会谈是解决中印边境问题的重要机制，开创了边境冲突管控的新模式，核心目标是"解决问题"和"维护边境和平安宁"。自2020年6月6日举行首轮军长级会谈以来，截至2023年底，中印两军共举行20轮军长级会谈。2023年，中印两军举行了3轮军长级会谈（4月23日的第18轮军长级会谈、8月13~14日的第19轮军长级会谈、10月9~10日的第20轮军长级会谈）。在3轮军长级会谈中，"在两国领导人共同指引下"、"尽快解决剩余问题"和"双方同意维护中印边境和平安宁"成为会谈新闻稿的关键内容。从中可以看出，中印军长级会谈的核心目标有两个：一是在两国领导人共同指引下，尽快解决剩余问题；二是在剩余问题彻底解决前，共同维护中印边境和平安宁，避免边境局势出现反复甚至激化。

边境事务磋商和协调工作机制对明确"下阶段磋商思路"和"进一步凝聚共识"发挥了重要作用，明确提出"早日实现边境局势翻篇"。② 2023

---

① "Insular India's Exporters will Struggle to Fill Chinese Shoes", Financial Times, March 2, 2023, https://www-ft-com.ezp-prod1.hul.harvard.edu/content/6b5cee30-3e30-4208-a5ed-fabf27a25cce.

② 《中印举行边境事务磋商和协调工作机制第28次会议》，中国外交部网站，2023年12月1日，https://www.mfa.gov.cn/wjb_673085/zzjg_673183/bjhysws_674671/xgxw_674673/202312/t2023 1201_11190746.shtml。

年 2~11 月，中印双方的外交、国防和移民等部门代表举行了三次边境事务磋商和协调工作机制会议（第 26~28 次），主要就下阶段磋商思路交换意见并进一步明确已经形成的共识。通过边境事务磋商和协调工作机制会议，双方同意通过外交和军事谈判，推动解决边界有关问题，早日实现边境局势翻篇。

军长级会谈取得阶段性成果，但在尽早解决剩余问题上"没有明确的突破迹象"。三年多来，军长级会谈对推动两军在加勒万河谷、班公湖、温泉、加南达坂等 4 个对峙点脱离接触以及为边境缓局降温发挥了积极作用。[1] 尤其是 2023 年以来，中印边境局势进一步缓和，两国在双边关系等问题上也表现出更多善意，这为边境问题磋商与谈判取得新进展创造了良好氛围和条件。然而自第 18 轮军长级会谈以来，印度始终就天南河谷和典角曲上游地区的脱离接触以及巡逻问题与中方纠缠。对于 2023 年举行的三轮军长级会谈的结果，印度一些媒体认为没有明确的突破迹象，[2] 认为在过去几轮关于解决遗留问题或全面减少拉达克东部驻军的谈判中没有取得具体进展。[3]

（二）中印对边境态势与双边关系的定位仍有差异，"尽快解决剩余问题"面临不确定性

中印两军在实控线沿线 4 个摩擦点的脱离接触取得进展，但在一些关键点上的僵局已进入第四年。而且自第 18 轮军长级会谈以来，中印双方磋商的重点是在之前边境磋商成果的基础上，就边境剩余问题寻求双方都能接受

---

[1] 《国防部：边界问题不是中印关系的全部》，中国国防部网站，2024 年 1 月 25 日，http://www.mod.gov.cn/gfbw/xwfyr/lhzb/lxjzhzb/2024njzh/2024n1y_247071/16282961.html。

[2] "India, China Hold 20th Round of Military Talks; No Clear Indication of Breakthrough", Deccan Herald, October 11, 2023, https://www.deccanherald.com/india/india-china-hold-20th-round-of-military-talks-no-clear-indication-of-breakthrough-2722458.

[3] Amrita Nayak Dutta, "Corp Commander-level Meet: India, China Hold 20th Round of Talks on Border Row", October 12, 2023, https://indianexpress.com/article/india/corp-commander-level-meet-india-china-hold-20th-round-of-talks-on-border-row-8979038/.

的解决方案。然而客观分析不难看出，尽管双方都不希望冲突和对抗升级，但两军在边境实现"脱离接触"和构筑"缓冲区"上仍存在异议，前期对峙形成的大规模部队驻守和重装武器部署情况仍没有改变。

印度在会谈中屡次提出不合理和不切实际的要求，为外交与军事磋商增加了难度和不确定性。自第 18 轮军长级会谈以来，印度始终纠缠要恢复对所谓的"传统巡逻点的巡逻权"。① 同时，印度也通过舆论混淆事实真相，试图向中国施压。

对于边境局势与双边关系的定位，中印彼此观点仍存在差异。2022年底，习近平主席和莫迪总理在巴厘岛就稳定中印关系达成重要共识。② 然而在如何看待边境局势以及如何定位具体问题与整体关系上，印度显然与中国存在观点错位。中国认为，边境局势总体稳定，要把边界问题放在双边关系适当位置，不让具体问题定义整体关系，希望印度同中国相向而行，找到双方都能接受的边界问题解决办法，推动边境局势早日转入常态化管控。为此，中国提出"早日实现边境局势翻篇"。然而印度认为，双方脱离接触冲突才能降级，边境才能恢复和平安宁，两国关系才能恢复正常。对于中印边境局势与中印关系，印度总理、外长和防长在多个场合表明了上述立场。

四　中印关系展望

2020 年以来印度对华安全困境加剧，莫迪政府对华政策倒退，2023 年的中印关系仍处于低位运行状态。尽管中印两国领导人于 2022 年年底就稳定两国关系达成重要共识，然而印度始终将恢复边境地区和平安宁作为发展中印关系的前提条件，将维护边境地区和平安宁作为双边关系全面发

---

① Mayank Singh, "India, China Corps Commanders Hold 20th Round of Talks, Resolution Awaited at Depsang and Demchok", The New Indian Express, October 11, 2023, https://www.newindianexpress.com/nation/2023/oct/11/india-china-corps-commanders-hold-20th-round-of-talks-resolution-awaited-at-depsang-and-demchok-2623001.html.

② 《王毅会见印度外长苏杰生》，中国外交部网站，2023 年 7 月 15 日，https://www.mfa.gov.cn/web/zyxw/202307/t20230715_11113734.shtml。

展的重要基础,① 这导致中国致力于推动中印关系重回正轨的努力遭遇印度消极的"不合作"。事实上，自 2014 年首次执政以来，莫迪政府的对华政策已日益从"竞争与合作"走向"竞争与对抗"，在此背景下中印关系也经历了高开低走。目前，两国构建更加紧密发展伙伴关系的基础已显著弱化，两国在政治、经济、安全与人文等领域的互动模式也发生改变。

2024 年是印度的大选年，莫迪领导的印度人民党（BJP）为实现"四个一"的政治理想②加紧推进印度教民族主义议程。对内，印度加速改革进程，提出"新印度"愿景，修改国名为"婆罗多"（Bharat）；对外，印度推进"邻国优先"政策，塑造对南亚主导权甚至霸权，通过"东向行动政策"、"西联政策"和"连接中亚政策"强化对邻国的影响，借助"多向结盟"构建"大国平衡外交"格局并致力于塑造"全球南方领导者"形象。客观而言，莫迪政府突出印度教民族主义意识形态，这对印度对外战略和对华政策产生的影响是显著的。国际社会普遍认为莫迪领导的以印度人民党为主的全国民主联盟（NDA）再次赢得大选是大概率事件。如果莫迪领导的印度人民党再次执政，莫迪将成为继开国总理尼赫鲁之后首位连任三届的印度总理。受莫迪政府内政外交推进印度教民族主义议题影响，加之印度经济增长预期持续向好，印度的战略自信和战略自主将进一步增强，印度新政府在推进对外战略以及最大化国家利益上将更加自信。

中印同为发展中大国和主要新兴经济体，处于国家发展振兴的关键阶段，是世界格局多极化进程的重要力量，健康稳定的中印关系毫无疑问是符合双方共同利益的。中印能否"尽快解决剩余问题"并"早日实现边境局势翻篇"，能否推动两国关系早日重回健康稳定发展轨道，主要取决于印度新政府是否将"互为合作伙伴、互不构成威胁、互为发展机遇"共识真正落到实处，取决于印度新政府能否转变"具体问题定义整体关系"的传统立场，同中方相向而行，共同探索相邻大国友好相处之道。

---

① "Ministry of External Affairs: Annual Report 2022", p. 74, https://www.mea.gov.in/Uploads/PublicationDocs/36286_MEA_Annual_Report_2022_English_web.pdf.
② "四个一"的政治理想，即一个民族国家、一个选举、一种语言、一种宗教。

B.12
中印尼落实命运共同体"实景图"的基础、挑战与前景

许利平 吴汪世琦*

摘　要： 自确定共建命运共同体大方向后，中印尼两国正合力落实命运共同体"实景图"。2023～2024年，两国频繁的高层互访，密切的地方、民间往来，积极推进的旗舰项目以及方兴未艾的海洋科技合作构成了双方落实命运共同体"实景图"的牢固基础。与此同时，域外大国的掣肘、日本排放核污水事件、印尼颁布的电子商务禁令也在不同程度上对双方落实命运共同体"实景图"带来负面影响，需要中印尼两国共同妥善应对。未来，双方应当积极打造互利共赢典范，共同发展样板以及南南合作先锋，合力构筑具有地区和全球影响力的命运共同体。

关键词： 中印尼关系　命运共同体"实景图"　南南合作

2022年7月，伴随两国关系达到新的高度，中国与印尼正式确立了共建命运共同体大方向。① 中国与东南亚地区第一大经济体以及人口最多的国家印尼共建命运共同体，将在该地区形成良好的示范效应，为地区的繁荣与稳定做出积极贡献。当前，正值中印尼共建命运共同体的关键时刻，亟须厘清双方落实命运共同体"实景图"的基础与挑战，并对前景进行合理分析与判断。

---

* 许利平，博士，中国社会科学院亚太与全球战略研究院研究员，主要研究方向为东南亚政治与国际关系、亚太社会文化、非传统安全；吴汪世琦，博士，华侨大学海上丝绸之路研究院讲师，主要研究方向为东南亚国际关系。
① 《以命运共同体统领中印尼未来关系发展》，《人民日报》2022年7月27日。

一　中印尼落实命运共同体"实景图"的基础

自中印尼确立共建命运共同体大方向以及将合作提升为政治、经济、人文、海上合作"四轮驱动"新格局后，双方在多领域的合作与互动日益密切，为两国落实命运共同体"实景图"打下了坚实的基础。

（一）频繁高层互访，掌舵共建命运共同体大方向

过去的一年正值印尼国内政府新老交替，两国高频的政治互动不仅保障了共建命运共同体的大方向不偏航，还确保了双方合作的可持续性，令双方命运共同体"实景图"愈发清晰。

2023 年 7 月，中国外交部部长王毅赴雅加达会见了印尼外交部部长蕾特诺。会谈中，王毅表示，2023 年不仅是中印尼共建命运共同体开局之年，也是两国建立全面战略伙伴关系 10 周年，双边关系展现广阔发展前景，中方愿与印尼筹备好下一阶段的高层往来。蕾特诺表示，中国是印尼重要战略合作伙伴，印尼高度重视对华关系。[1] 两周后，印尼总统佐科来华出席第 31 届世界大学生夏季运动会开幕式，并会见了中国国家主席习近平。会晤中，习近平主席强调"中方愿同印尼保持经常性战略沟通"，"打造高水平战略互信"。佐科表示印尼将积极支持中方所提出的全球发展倡议、全球安全倡议、全球文明倡议。双方就建设中印尼命运共同体"实景图"达成新的重要共识。[2] 从这两次高层会晤不难看出，双方都高度重视发展彼此关系，并意在将两国双边关系提上更高层级，这无疑是两国落实命运共同体"实景图"的坚实基础。

2023 年 9 月，中国国务院总理李强赴印尼与佐科进行会谈，双方就不断深化战略互信、筑牢命运共同体的政治根基，持续扩大务实合作、拉紧共

---

[1] 《王毅会见印尼外长蕾特诺》，中国外交部网站，2023 年 7 月 12 日，https：//www.fmprc.gov.cn/wjb_673085/zzjg_673183/xws_674681/xgxw_674683/202307/t20230712_11112239.shtml。

[2] 《习近平会见印度尼西亚总统佐科》，中国政府网，2023 年 7 月 27 日，https：//www.gov.cn/yaowen/liebiao/202307/content_6894823.htm。

建命运共同体的利益纽带，密切多边领域协作、丰富共建命运共同体的时代内涵达成共识。① 李强总理访问期间，双方还在渔业、农业、电子商务、科创等领域签署了多份合作协议。

2023 年 10 月，佐科总统再次来华进行国事访问，并出席第三届"一带一路"国际合作高峰论坛。中国国家主席习近平在与佐科进行会谈时回顾了"一带一路"倡议提出 10 年中两国所取得的丰硕合作成果，并强调中印尼合作已然"成为共建'一带一路'国际合作的重要样板"。佐科表示，印尼愿继续与中国高质量共建"一带一路"，欢迎更多中国企业参与印尼新首都和北加里曼丹工业园建设，加速推进"区域综合经济走廊"和"两国双园"等重大项目。② 无疑，此次会晤清晰地为双方落实命运共同体"实景图"的具体路径点明了方向。

2024 年 4 月，印尼新任总统普拉博沃将中国作为自己上任的首访国，可见印尼新一届政府依旧延续了前任政府对华的重视程度。习近平主席在会见普拉博沃时表示，"愿同印尼深化全方位战略合作，构建具有地区和全球影响力的中印尼命运共同体"。普拉博沃表示，愿同中国发展更为紧密的关系，延续佐科总统对华的友好政策，落实好构建两国命运共同体的重要共识。③

两国领导人如此高频的互访放眼全球范围内也极为罕见，这深刻地体现了中印尼两国已然保持高频次、高层级的战略性沟通，以确保两国顶层设计相辅相成、相得益彰，同时构成了双方落实命运共同体"实景图"的牢固根基。

（二）地方、民间往来，为共建命运共同体着墨添彩

国之交，在于民相亲。中印尼要共建的命运共同体不仅是政治高度互信的命运共同体，也是民心深度相通的命运共同体。民心相通的主体是两国的

---

① 《李强同印度尼西亚总统佐科会谈》，中国政府网，2023 年 9 月 8 日，https://www.fmprc.cn/zyxw/202309/t20230908_11140171.shtml。

② 《习近平同印度尼西亚总统佐科会谈》，中国政府网，2023 年 10 月 17 日，https://www.gov.cn/yaowen/liebiao/202310/content_6909718.htm。

③ 《习近平同印度尼西亚当选总统普拉博沃会谈》，中国政府网，2024 年 4 月 1 日，https://www.gov.cn/yaowen/liebiao/202404/content_6942926.htm。

所有人，既包含政治高层，也囊括了地方官员、社会精英、企业家、专家学者、媒体人士以及普通民众。民心相通的第一步通常是两国政治高层的沟通，然后在两国社会中进行自上而下的传导。倘若普通民众有切身的获得感，则会自下而上对该项政策进行支持。由此可见，民心相通对于中印尼两国落实命运共同体"实景图"至关重要。在过去的一年间，得益于两国高层的牵引力，中印尼两国地方政府和民间的往来也愈发频繁，夯实了两国共建命运共同体的民意基础。

在地方政府层面，重庆、湖南、福建、江西等省（市）接连采取相关措施，为两国地方文旅、产业链、教育、经贸、新能源、数字经济等领域的合作牵线搭桥。2023 年 6 月，重庆市政府将印尼智慧水利"熊猫学院"项目立项为重庆市国际化特色高校项目，并成立了"中国—东盟清洁能源产教融合联盟"，在印尼日惹 PCRI 大学挂牌"熊猫学院"，旨在向印尼输送优质的职教资源，促进两国人文交流。① 同年 9 月，湖南省省长毛伟明率团访问印尼西爪哇省，会见当地政要，并出席三一印尼产业园二期项目奠基仪式。三一印尼产业园作为中国企业"走出去"的标杆，为两国建设命运共同体"实景图"着墨添彩。② 2024 年 2 月，福建省举办了 2024"中国—东盟人文交流年"标识发布仪式，来自印尼的官员出席了活动，来自印尼的选手斩获交流年标识设计大赛二等奖，受到了来自双方地方官员的高度赞赏。③ 同年 4 月，江西省委书记尹弘率团赴印尼巴厘省访问，旨在深化两省之间的友好关系，并出席了中国江西—印尼巴厘经贸合作洽谈会，推动双方在电商物流、木材家居、制造产业园建设等领域签约了多项合作协议。④

① 《拥抱"一带一路"合作机遇 探索国际化办学新范式》，《重庆日报》2024 年 1 月 2 日。
② 《毛伟明率团访问印尼：为建设中印尼命运共同体"实景图"着墨添彩》，湖南省人民政府网站，2023 年 9 月 13 日，http://www.hunan.gov.cn/hnszf/hnyw/tt/202309/t20230913_29483926.html。
③ 《2024"中国—东盟人文交流年"标识发布仪式在榕举行》，福建省人民政府网站，2024 年 2 月 3 日，http://www.fujian.gov.cn/xwdt/fjyw/202402/t20240203_6391576.htm。
④ 《省委书记尹弘率江西省代表团圆满结束对马来西亚、印度尼西亚、新加坡的访问 深化务实合作 促进互利共赢 共同谱写"一带一路"地方合作新篇章》，江西省商务厅网站，2024 年 4 月 28 日，http://swt.jiangxi.gov.cn/art/2024/4/28/art_79260_4862147.html。

在民间层面，双方的往来多聚焦科教、培训领域。2023 年 7 月，首期印尼工业化职业培训在苏州工业园职业技术学院开班，课程涵盖了工业互联网、人工智能、新能源汽车等 9 个领域。有 290 余名来自印尼的职业教育教师和技工参与了此次培训。① 同年 10 月，"一带一路"人才发展项目·2023 年贸易畅通高级研修班在厦门华侨大学举办，课程涉及数字经济、绿色经济等多个新兴领域。有来自 13 个国家的 21 名学者、商界精英参与了此次研修班，而来自印尼的参训人数超过了半数。② 这无不彰显印尼对于与中国人文交流项目的重视。同年 11 月，中国格林美股份有限公司携手中南大学与印尼万隆理工学院在万隆签署了合作备忘录，计划共建新能源材料与冶金工程技术联合研究实验室，旨在将该实验室打造成两国科技合作的示范工程。③ 2024 年 3 月，印尼三一一大学、印尼锂源新能源公司同西华大学以及四川锂源新材料公司在中爪哇省签署了产学研校企国际合作备忘录，并在当地设立产学研基地，旨在为印尼本土企业提供中文培训，打造"中文+职业"学历培养项目，为企业孵化熟练掌握中印尼双语和职业技能的复合型人才，以更好地服务"一带一路"倡议。④

（三）持续推进旗舰项目，落稳共建命运共同体"压舱石"

旗舰项目具有示范性强、互动性高、惠及性广等特征，可以促进两国利益相融、民心相通。近年来，中印尼两国持续推进落实的一个个旗舰项目，已然成为双方落实命运共同体"实景图"的有力"压舱石"。在过去的一年间，雅万

① 《首期印尼工业化职业培训在苏州开班》，国家发展改革委网站，2023 年 7 月 28 日，https：//www. ndrc. gov. cn/fggz/202307/t20230728_1358887_ext. html。
② 《"一带一路"人才发展项目·2023 年贸易畅通高级研修班在厦开班》，华侨大学网站，2023 年 10 月 23 日，https：//www. baidu. com/link？url=r4pRClg64xiyrwIcnnE5seMU8k41Q-5I2iuBc3gHtmgX_GhCJOm4QhpMWbyKcIxs5yRAvRD5LebtcqH9kgnBd_&wd=&eqid=bd50478 400064c5a00000006667bd584。
③ 《中国印尼企业与高校建联合实验室》，新华网，2023 年 11 月 7 日，http：//www. xinhuanet. com/2023-11/07/c_1129962379. htm。
④ 《中印尼机构携手打造产学研校企国际合作基地》，人民网，2024 年 3 月 10 日，http：// world. people. com. cn/n1/2024/0310/c157278-40192890. html。

高铁、区域综合经济走廊、"两国双园"等旗舰项目取得了诸多积极进展。

雅万高铁作为中国"21世纪海上丝绸之路"倡议与印尼"全球海洋支点"战略对接的首个旗舰项目以及中国高铁全要素、全系统、全生产链出海第一单,已然成为两国高质量共建"一带一路"、落实命运共同体"实景图"的"金字招牌"。雅万高铁项目全长142.3公里,于2016年初开工,历经近8年的漫长时光,在两国工程人员的砥砺前行下,终于在2023年10月投入商业化运营。① 在中国的倾力相助下,印尼也成为东南亚地区首个拥有高铁的国家,彰显了双方共建命运共同体的红利。据统计,截至2024年4月17日,雅万高铁正式运营满半年,累计发送旅客达256万人次,客流量增势强劲。② 同年5月下旬,在印尼卫塞节长假期间,雅万高铁单日客运量更是超过2万人次。对于雅万高铁的热烈反响也为两国计划共建的雅泗高铁项目增添了信心与民意基础。

区域综合经济走廊是两国顶层倡议对接的第二个旗舰项目,由佐科总统于2017年参加首届"一带一路"国际合作高峰论坛期间向中国提出共建邀请。2018年5月,两国正式签署了该项目的合作备忘录。③ 该项目坐落于印尼的北加里曼丹、北苏拉威西、北苏门答腊和巴厘四省,旨在缩小印尼外岛地区和爪哇岛地区社会经济发展的鸿沟。雅万高铁项目的落成后,两国领导人将更多目光转向了区域综合经济走廊项目。在近一年双方政治高层的每一次会晤中,几乎都提及要合力加速推进该项目建设。经济走廊作为一种促进地区经济高速增长的特殊经济空间形态,不仅是货物、人员流动的通道,也是信息、知识、文化、科技传播的桥梁。④ 因此,随着区域综

---

① 《雅万高铁正式开通运营》,新华网,2023年10月18日,http://www.xinhuanet.com/2023 10/18/c_1129923113.htm。

② 《雅万高铁开通半年 客运量强劲增长》,中国政府网,2024年4月17日,https://www.gov.cn/yaowen/tupian/202404/content_6945865.htm#1。

③ 《中华人民共和国政府和印度尼西亚共和国政府联合声明》,中国外交部网站,2018年5月8日,https://www.mfa.gov.cn/web/zyxw/201805/t20180508_343692.shtml。

④ McEldowney M., O'Connel D., "A Review of Local Planning Within the Dublin-Belfast Corridor", in John Yarwood (Ed.), *The Dublin-Belfast Development Corridor: Ireland's Mega-City Region*, London: Routledge, 2006.

合经济走廊项目的不断推进，中印尼之间的利益交融也将不断加深。无疑，区域综合经济走廊是双方落实共建命运共同体"实景图"的有力保障。在过去的一年中，该项目在能源、教育、旅游等领域的合作都取得了不同程度的进展。

"两国双园"是两国顶层倡议对接的第三个旗舰项目，该项目构想由福建省于2019年提出，旨在打造两国共建"一带一路"合作新模式。在园区内，贸易不仅可以跳过美元直接用当地货币结算，还计划打造热带农业、轻工纺织、海洋渔业、绿色矿业和机械电子5条跨国合作产业链并建设冷链物流、贸易等5个国际合作平台。① 该合作模式可为双方企业出海提供良好的"避风港"，极大降低营商风险，促进双方产业链、价值链深度相融。2021年1月，两国正式签署了合作备忘录，计划将福州市福清元洪投资区作为中方合作园区，印尼则采取一园多区模式，将民丹工业园、三宝垄阿维亚纳工业园和巴唐工业区作为合作园区。② 为了进一步便利双方人员、货物往来，实现"快进快出"，福州市还于2023年7月成立了"两国双园"移民管理边检+出入境联合工作室。③ 截至2023年8月，"两国双园"经贸合作项目已达45个，其中中方"走出去"项目17个，总投资额约400亿元；中方"引进来"项目10个，总投资额155亿元；贸易项目18个，预期贸易额约100亿元。④ 目前，双方正在园区积极推动新一批产业互联、文明互鉴、设施互通项目落地，并进一步完善园区营商环境，为两国落实命运共同体"实景图"保驾护航。

（四）海洋科技合作，打造共建命运共同体新亮点

自中印尼合作从政治、经济、人文"三驾马车"齐头并进升级为政治、

① 《中企进驻印尼工业园的优惠政策及现状——浅谈"两国双园"》，《国际日报》2023年7月15日。
② 《卢胡特与王毅致力两国双园项目》，《国际日报》2021年1月15日。
③ 《中印尼"两国双园"移民管理边检+出入境联合工作室挂牌成立》，《国际日报》2023年7月22日。
④ 《中印尼"两国双园"：打造"一带一路"互利共赢升级版》，人民网，2023年8月5日，http://fj.people.com.cn/n2/2023/0805/c181466-40520735.html。

经济、人文、海上"四轮驱动"新格局,两国海上合作逐步兴起。中印尼同为海洋大国,海上合作是双方共建命运共同体拼图中不可或缺的一块。近年来,在中国—印尼海上合作技术委员会以及中印尼海上合作基金的助推下,双方在深海探测、海洋科研环保等海洋科技领域的合作取得了一系列积极进展,已然成为双方落实命运共同体"实景图"的新亮点。

在深海探测方面,2023 年 8 月,中国科学院海洋研究所和印尼国家研究与创新署海洋研究中心共同在印尼设立了中—印尼海洋科学联合实验室,旨在通过组织联合观测航次,增加双方深海领域的科研成果产出。[1] 同年 11 月,同济大学海洋地质国家重点实验室与印尼国家研究与创新署举行了研讨会,并签署合作协议,旨在重点推进两国巽他陆架大洋钻探合作。[2] 2024 年 2~3 月,印尼国家研究与创新署、哈鲁奥莱奥大学、恒都大学、上海交通大学、海南热带海洋学院等 11 家科研单位组成了"深渊科考队",圆满完成了历时 50 余天的首次中印尼爪哇海沟联合深潜科考航次任务。此次考察是国际上首次对爪哇海沟开展大范围、系统性的载人深潜科考,并创下了印尼深海下潜新纪录。[3]

在海洋科研环保领域,我国自然资源部第三海洋研究所同印尼国家研究与创新署海洋研究中心于 2024 年 1 月共同举行研讨会并签署合作协议。在研讨会上,双方就两国海洋生物多样性和生态系统及其对全球变化的响应等内容进行了深入交流,并制定了相应的研究计划。会后,双方签署了《关于人为压力下沿海生态系统健康与生态连通性合作研究的合作协议》,为未来三年的务实合作指明方向。[4] 同年 3 月,中印尼合作海上观测技术培训班

① 《中—印尼海洋科学联合实验室揭牌成立》,中国科学院网站,2023 年 8 月 16 日,https://www.cas.cn/cm/202308/t20230816_4963831.shtml。
② 《海洋地质国家重点实验室与印尼国家研究创新署签订合作协议》,海洋地质国家重点实验室网站,2023 年 11 月 16 日,https://mlab.tongji.edu.cn/_t586/03/92/c32873a328594/page.htm。
③ 《"探索一号"科考船返回三亚 中国—印尼首次联合科考顺利完成》,中国科学院深海科学与工程研究所网站,2024 年 4 月 1 日,http://www.idsse.cas.cn/xwdt2015/mtbd2015/202404/t20240401_7061893.html。
④ 《自然资源部海洋三所与印度尼西亚国家研究创新署海洋研究中心共促中印尼海洋生态领域务实合作》,自然资源部第三海洋研究所网站,2024 年 1 月 12 日,http://www.tio.org.cn/OWUP/html_mobile/zhxw/20240112/3510.html。

在青岛举办。来自印尼国家研究与创新署、苏迪曼将军大学和中国自然资源部第一海洋研究所的师生参加了培训班，培训班课程涉及海洋生物生态、海洋环境保护、地球化学等多个领域。①

二 中印尼落实命运共同体"实景图"的挑战

2023～2024年，中印尼在政治、经济、人文、海上等领域高频次、多层级的合作构筑了两国落实命运共同体"实景图"的牢固基础。然而，仍有一些不利的内外部因素阻碍双方落实命运共同体"实景图"的深度与广度。

（一）域外大国的掣肘

落实命运共同体"实景图"的主体虽然是中国和印尼，但身处复杂的国际环境中，双方的行为必然受到其他重要国际行为体的制约。近年来，美国对中国的崛起深感焦虑，在全球范围内对中国进行"战略围堵"。在东南亚地区，美国同样试图拉拢印尼，对中国进行多方位的遏制。

在经贸领域，美国于2022年推出了"印太经济框架"（IPEF），并邀请印尼成为创始成员国。IPEF的核心合作领域是数字经济、绿色经济、半导体、供应链等新兴战略领域，这些领域同样是当前以及未来中印尼两国合作的重点。印尼这样的国家战略资源有限，因此与美国的合作必然会挤压印尼同中国的合作空间。目前，美国同印尼已经基本完成"提高供应链韧性与安全"的谈判。②

---

① 《中印尼合作海上观测技术培训班顺利举办》，"物理海洋室"微信公众号，2024年3月29日，https：//mp. weixin. qq. com/s？ __biz = MzI2MTkxMDk0Ng = = &mid = 2247499492&idx = 1&sn = cef2a43e4a5386ab9c7649600fc76c9d&chksm = ea518629dd260f3f233b3c901c623c261f75e666ec2ffcce746e5dddc78d906e45b0ca82aa9a&scene = 27。

② "U. S. -led Indo-Pacific Deal on Supply Chain Resilience Takes Effect"，The Japan Times，February 24，2024，https：//www. japantimes. co. jp/business/2024/02/24/ipef – takes – effect/（最后访问日期：2024年6月17日）。

在安全防务领域,美国近期与印尼的互动也较为频繁。2023年8月底至9月初,美国与印尼以及其他多个西方国家在印尼的苏门答腊岛举行了为期两周的"超级神鹰之盾-2023"演习。① 演习地点距离中国领土仅1000公里。同年10月,美国与印尼高层还召开了首届高级官员"2+2"外交和国防对话。双方官员讨论了海事安全相关的合作计划,并就全球和区域安全问题交换意见,其中包括南海事态发展的议题。②

近期美国与印尼在经贸和安全领域的突破性合作无疑对中印尼落实命运共同体"实景图"构成了巨大挑战。

(二)日本排放核污水的负面影响

2023年8月下旬,日本政府罔顾国际社会的强烈谴责与反对,公然将福岛核电站的核污水分批向太平洋排放,并计划持续排放30年之久。截至2024年4月,日本已经完成第五轮核污水排放,累计排放量近4万吨。③ 日本这一行径对于周边国家海洋渔业以及海洋环保的影响非常深远。日本所排放的核污水将直接对海洋生物造成放射性污染,而这些放射性污染一旦通过食物链进入人体并富集,会对人类DNA产生影响,造成肢体残疾、细胞癌变、后代畸形等严重后果。④ 根据预测,日本所排放的第一批核污水将通过洋流运动在240天后抵达中国和印尼附近海域。

---

① "Senior U. S. and Indonesian Military Leaders Launch Super Garuda Shield 2023", U. S. Embassy& Consulates in Indonesia, September 1, 2023, https://id. usembassy. gov/senior-u-s-and-indonesian-military-leaders-launch-super-garuda-shield-2023/(最后访问日期:2024年6月17日)。

② "Joint Statement on the United States-Indonesia Senior Officials' 2+2 Foreign Policy and Defense Dialogue", U. S. Embassy& Consulates in Indonesia, October 23, 2023, https://id. usembassy. gov/joint-statement-on-the-united-states-indonesia-senior-officials-22-foreign-policy-and-defense-dialogue/(最后访问日期:2024年6月17日)。

③ 《国际识局:排放量将大幅增加!日本启动新一年核污染水排海》,央广网,2024年4月19日,https://news. cnr. cn/native/gd/20240419/t20240419_526673023. shtml。

④ 《邹秀萍:日本核污染水排海将对海洋生态和人类健康带来巨大风险》,中国科学院科技战略咨询研究院网站,2023年8月31日,http://www. casisd. cn/zkcg/zjsd/202308/t20230831_6869812. html。

中国和印尼同为海洋大国，海洋渔业合作是双方落实命运共同体"实景图"的重要基础。日本持续将核污水排放入海，难免会波及中印尼两国海鲜市场，动摇海鲜消费者的信心，抑制消费者的购买欲，进而影响双方的渔业贸易，同时对双方开展海上渔业合作造成负面冲击。

（三）印尼电子商务禁令的影响

2023年9月，印尼贸易部发布2023年贸易部长第31号条例，禁止社交媒体作为商品销售的平台。印尼贸易部表示，该条例旨在保护线下商家和市场。然而，印尼通信和信息部信息和公共传播司司长表示，Facebook、Instagram和Whatsapp平台不在其中，Shopee、Tokopedia等具有直播购物功能的电商平台也不属于社交商务，因为它们注册成为电子商务实体。由此，TikTok成为该条例的直接"受害者"。受此条禁令影响，TikTok旗下的电子商务业务TikTok Shop已于10月4日关停当地业务。[①] TikTok在印尼拥有1.25亿名月度活跃用户，把印尼视为重要的海外市场之一。此前，TikTok曾承诺未来几年在印尼投资数十亿美元，大力建设电商平台。

近年来，数字经济合作是中印尼共建命运共同体的重点领域之一，印尼贸易部所颁布的电子商务禁令必将对两国落实命运共同体"实景图"造成一定程度的负面影响。据悉，TikTok Shop在2021年入驻印尼的一年之内，便在当地积累了600万户卖家，并在2022年印尼蓬勃发展的520亿美元电子商务中占据了约5%的市场份额。[②] 而印尼的电子商务禁令几乎令TikTok近年在印尼悉心搭建的业务网络面临"清零"。2023年12月，TikTok向印尼科技公司GoTo旗下的电商平台Tokopedia投资15亿美元，以此重启

---

① "Indonesia's Social Media E-Commerce Ban: Navigating Regulatory Changes", ASEAN Briefing, November 14, 2023, https://www.aseanbriefing.com/news/indonesias-social-media-e-commerce-ban/（最后访问日期：2024年6月19日）。

② "Indonesia's TikTok Shop Ban Reveals Mixed Feelings on E-Commerce Revolution", October 23, 2023, https://www.aljazeera.com/news/2023/10/23/indonesias-tiktok-shop-ban-shows-mixed-feelings-on-e-commerce-revolution（最后访问日期：2024年6月19日）。

TikTok 在印尼的电商业务。① 这一交易于 2024 年第一季度完成，意味着 TikTok 在印尼的电商业务全面重启，但印尼中小企业与合作社部对 TikTok 电商业务重启仍存在异议，这给未来 TikTok 在印尼开展电商业务蒙上了一层阴影。

三 中印尼落实命运共同体"实景图"的前景

中印尼落实命运共同体"实景图"虽然面临一些内外部阻碍，需要双方妥善应对，但前景依旧广阔。未来，双方应从以下三个方面着手，推进落实命运共同体"实景图"，合力构筑具有地区和全球影响力的中印尼命运共同体。

（一）打造互利共赢的典范

互惠互助、合作共赢、利益相融是中印尼落实命运共同体"实景图"的重要目标之一。中国同印尼分别为世界第一大和第三大发展中国家，但由于基本国情不同，选择的发展道路也不尽相同。由此，双方欲落实好命运共同体"实景图"，就必须秉持相互尊重、求同存异的态度，深化治国理政交流和战略互信，取长补短，在东南亚地区乃至全球打造互利共赢的典范。

（二）打造共同发展的样板

中印尼虽然发展道路不同，但拥有共同的发展目标，即全面建设现代化国家，实现国家繁荣富强。因此，这 宏伟目标也自然而然地成为双方落实命运共同体"实景图"的核心目标之一。当前，双方的发展阶段存在一定差异，但依旧可以发挥各自的比较优势，实现共同发展。

---

① 《投资 Tokopedia15 亿美元 TikTok 重启印尼电商业务》，（新加坡）联合早报网，2023 年 12 月 12 日，https：//www.zaobao.com.sg/news/sea/story20231211－1455529（最后访问日期：2024 年 6 月 30 日）。

2024年4月，在由印尼中华总商会与中国工业经济联合会共同举办的中国—印尼产业交流座谈会上，双方工商代表以"创新合作共促可持续发展"为主题展开了深入探讨。双方达成共识，未来两国可在新能源、印尼新首都建设、数字经济等领域拓展合作新空间。① 近年来，印尼的矿产资源优势正在驱动关键矿产精加工、电动汽车关键环节制造等行业的发展；工业4.0转型正将现代先进技术融入生产流程，需要不断培育工业4.0时代更高素质的产业工人队伍。中国在这些领域拥有先进的技术和经验，可助力印尼的现代化发展进程，实现两国共同发展。

（三）打造南南合作的先锋

南南合作不仅是发展中国家自力更生、谋求进步的重要渠道，也是发展中国家融入世界经济体系的有效手段。当前，世界正处于百年未有之大变局，全球性挑战激增。休戚与共是共建命运共同体的核心关键词之一。因此，共同妥善应对这些全球性挑战，实现可持续发展也成为中印尼落实命运共同体"实景图"过程中的主要任务。

未来，中印尼两国应聚焦联合国《2030年可持续发展议程》，共同践行全球发展倡议，在粮食安全、包容性增长、气候变化、海洋资源保护、御灾能力建设、教育公平、防治荒漠化等重点领域积极开展试点合作，推动南南合作不断迈上新台阶，赓续团结、友谊、合作的"万隆精神"，迎接2025年万隆会议70周年的到来，真正打造具有地区乃至全球影响力的中印尼命运共同体。

---

① 《印尼中华总商会与中国工业经济联合会共同举办中印尼产业交流座谈会》，《国际日报》2024年4月19日。

B.13
中日关系：岸田文雄的艰难定位

李成日*

摘　要： 2023 年岸田内阁更加积极推进对外战略转型，配合美国的"印太战略"，日益加大对华战略遏制力度，尤其是将福岛核污染水强行排海，继续给中日关系造成困难。2023 年是《中日友好和平条约》签署 45 周年的重要历史节点，中日首脑在旧金山举行峰会，重新确认两国"战略互惠关系"，确保两国关系稳定，但仍然面临重重困难。

关键词： 岸田政府　福岛核污水排海　中日旧金山峰会　战略互惠关系

一　岸田内阁支持率持续低迷，连任前景并不明朗

日本首相岸田文雄经过 2022 年前首相安倍晋三遇刺身亡、自民党与"世界和平统一家庭联合会"（旧"统一教会"）的牵连等问题，艰难度过信任危机后，进入 2023 年逐渐恢复了支持率，并一定程度上稳定了国内政局。2023 年 5 月在广岛举行七国集团（G7）峰会后，岸田内阁支持率高达 46%[1]，达到了顶峰。之后，由于围绕低生育对策、防卫费财源确保等问题出现了国内混乱，加上执政党自民党政客的多起丑闻等，他的支持率急速下降，一直徘徊于 40% 以下。

---

* 李成日，博士，中国社会科学院亚太与全球战略研究院助理研究员，主要研究方向为东北亚国际关系、中日关系。

[1] 日本 NHK 世論調査「2023 年 5 月岸田文雄内閣支持率」、NHK サイト、https：//www. nhk. or. jp/senkyo/shijiritsu/（最后访问日期：2024 年 5 月 30 日）。

为改善国内舆论环境，2023年10月岸田文雄向国会请求对旧"统一教会"的解散命令，试图扭转国内政局。但10月底举行的参议院两个选区补选中自民党一胜一败，引起了自民党内对岸田的强烈不满。11月初，岸田内阁发表包含所得税和居民税定额减税的大规模经济振兴方案，但决定为强化防卫力量而增税（"防卫增税"）不到一年又发布减税方针，引起了这些政策只是"选举用政策"的舆论批判。

根据日本内阁府统计，2023年日本经济实际增长率为1.6%，与2022年的2.8%相比下降了1.2个百分点。① 进入2024年以后，由于受到经济持续下滑、物价大幅上涨、日元继续贬值等影响，加上自民党接连曝出"黑金"和"性感派对"等政治丑闻，岸田内阁的支持率一直处于30%以下。② 目前，日本民众对岸田内阁经济政策有很大不满。受俄乌冲突以及国际粮食安全、能源危机等问题影响，再加上2022年初以来日元的大幅贬值，高度依赖进口的日本物资成本激增、物价大涨。岸田内阁虽采取了要求企业涨薪等措施，但效果仍然有限。同时，岸田内阁大幅增加防卫费的措施中包含"防卫增税"，很多民众认为岸田内阁的经济政策前后矛盾，所谓"减税"只是提升支持率的手段而已。

另外，岸田文雄执政以来自民党的各种政治丑闻不断。2023年9月，岸田文雄进行第二次内阁改组，更换了外务大臣、防卫大臣等13名阁僚，试图以此改变内阁形象，提升支持率。然而，自10月以来，文部科学政务官山田太郎、法务副大臣柿泽未途、财务副大臣神田宪次、防卫省政务官三宅伸吾等4名政府高官先后曝出丑闻，这些人最终不得不辞职，进一步打击了岸田内阁的支持率和执政形象。

此外，自民党多名政客连续被曝出政治资金记录有问题，其中包括岸田自己领导的"岸田派"和自民党最大派系"安倍派"。对此，日本民众对岸

---

① 日本内閣府経済社会統合研究所、「国民経済計算（GDP 統計）2023 年度 GDP 成長率」、https：//www. esri. cao. go. jp/jp/sna/menu. html（最后访问日期：2024 年 5 月 30 日）。

② 日本 NHK 世論調査、「2024 年 4 月岸田文雄内閣支持率」、NHK サイト、https：//www. nhk. or. jp/senkyo/shijiritsu/（最后访问日期：2024 年 5 月 30 日）。

田内阁的不满情绪持续高涨，反对党也强烈要求追究岸田的责任，加大对他的政治压力。在这种背景下，2024 年 2 月，"安倍派"宣告彻底解散。"安倍派"的正式名称是"清和政策研究会"，由日本前首相福田赳夫于 1979 年 1 月创立，有 45 年的历史。该派迄今共产生福田赳夫、森喜朗、小泉纯一郎、安倍晋三、福田康夫等 5 名首相。

岸田文雄正式表明，决定辞去自民党内"岸田派"会长一职，试图结束自民党内派系政治。虽然自民党最大派系"安倍派"（国会议员 93 人）已经不存在，但"麻生派"（国会议员 55 人）、"茂木派"（国会议员 47 人）、"岸田派"（国会议员 47 人）、"二阶派"（国会议员 39 人）等党内派系仍然占自民党议员中的绝大多数，无派系国会议员只有 48 人。因此，自民党内的派系政治，并不能只依靠最大派系的解散，或者首相宣布退出自己派系而顺利结束。反而，由于自民党内最大派系不存在，其他派系之间势力相对均衡，岸田文雄面临更多的困难，也不可能根本上改变以派系政治为核心的自民党政治属性。

2024 年 4 月 22 日，日元对美元汇率交易价跌至 1 美元兑换 154.85 日元，刷新 34 年来最低纪录，持续逼近业内人士眼中 1 美元兑换 155 日元的"危险"关口。日元持续贬值高度关联美联储激进加息，而日本民众随之钱包大量缩水、消费不振。虽然未来日元升值不可避免，但长期来看，日本经济萎缩的大趋势很难改变。①

日本《每日新闻》公布的 2024 年 4 月 11 日民意调查结果显示，岸田内阁支持率跌至 17%，这是他出任首相后的最低支持率，也是自民党于 2012 年 12 月重新上台以来历届内阁支持率的最低值。② 在日本，内阁支持率通常低于 30% 就被日本舆论称为"危险水域"，跌破 20% 则被视为陷入"下台水域"。4 月 28 日，日本举行了三场众议院补选，自民党在三个选区全部败

---

① 《创 34 年新低　日元还要跌多久》，新华网，2024 年 4 月 23 日，http：//www.news.cn/2024
0423/29f36b2c00764a2d9d2565530259cab5/c.html（最后访问日期：2024 年 5 月 30 日）。

② 《岸田内阁支持率再探新低》，新华网，2024 年 4 月 12 日，http：//www.news.cn/world/2024
0412/2d8b97303997428ca5ae1195788a030c/c.html（最后访问日期：2024 年 5 月 30 日）。

选，原属该党的议席均由在野党立宪民主党获得。自民党内的"茂木派""麻生派"敦促岸田首相下台，迫使他放弃自民党总裁竞选连任。因此，岸田内阁的低迷支持率必然影响 2024 年 9 月将举行的自民党总裁选举，对他来讲能否顺利连任，关键在于如何在短期内有效提升内阁支持率，但恐怕凶多吉少。

二 日本加快推进"印太战略"，全面加强日美同盟和美日韩三边机制

2022 年 12 月，岸田内阁通过了《国家安全保障战略》、《国家防卫战略》以及《防卫力量整备计划》三个安全战略文件的修正案，并宣布了战后日本国家安全战略的大转折①，尤其是将中国定位为"史无前例严重的战略挑战"。根据此次修改的"国家安全战略文件"，2023 年的日本防卫费为 6.82 兆日元（约 510 亿美元），达到了史上最大规模，与 2022 年的 5.4 兆日元相比，增加了 26.3%。根据日本财务省的数据，2023 年防卫费在国家一般支出预算中仅次于社会保障费，排在第二位。而 2022 年防卫费在国家一般支出预算中位于社会保障费、公共事业费、教育及科学振兴费之后，排在第四位。2023 年防卫费在政府预算中所占的比重达到了第二位，这是战后日本首次出现的，也是 2022 年"国家安全战略文件"修改后的重大变化。② 值得关注的是，在 2023 年日本财年预算案中，除了防卫预算，还有超过 3 兆日元的防卫力强化资金，防卫相关预算总额超过了 10 兆日元。岸田内阁会议已经通过了《防卫力量强化资金法案》，计划加强对防卫产业的支持。日本国家预算中防卫费比重的巨大变化，充分说明日本政府将政策重

① 「岸田内閣総理大臣記者会見」、日本首相官邸サイト、2022 年 12 月 16 日、https://www.kantei.go.jp/jp/101_kishida/statement/2022/1216kaiken.html（最后访问日期：2024 年 5 月 29 日）。

② 安藤毅、「大増幅の防衛費、43 兆円の使い道?」、『日経ビジネス』、2023 年 6 月 23 日、https://business.nikkei.com/atcl/gen/19/00491/062000016（最后访问日期：2024 年 5 月 30 日）。

点置于防卫力量的增强。

2023 年 7 月，日本防卫省通过 2023 年版《防卫白皮书》[①]，再次将中国定位为对日本"前所未有的最大战略挑战"，还称中国"大幅增加"国防费，试图在东海、南海"单方面改变现状"。从此可以看出，日本新修改的《国家安全保障战略》、《国家防卫战略》以及《防卫力量整备计划》三个安全战略文件与《防卫白皮书》在对华关系上的认知基本上一脉相承。对此，中国国防部新闻发言人指出，日本《防卫白皮书》刻意渲染所谓"中国军事威胁"，抹黑炒作中国军队正常的建设发展和军事活动，粗暴干涉中国内政，挑动地区紧张局势，表示坚决反对。[②]

同年 12 月，日本政府召开临时阁僚会议及国家安全保障会议，修改了《防卫装备转移三原则》及其实施方针，进一步放宽出口武器装备限制；同月，日本向美国出口本国生产线生产的"爱国者"（PAC-3）导弹。2024 年 3 月，日本与英国、意大利共同研发的新一代战斗机，将允许向第三国出口。此外，日本还参与澳大利亚新型护卫舰的共同开发，并允许向加拿大出口潜艇，日本的武器出口从导弹逐步扩大为战斗机和舰艇等多个领域。

另外，2023 年日本对外关系的重大变化之一是日韩关系改善和美日韩三边合作机制的构建。2023 年 3 月，韩国总统尹锡悦访问日本，对解决日本殖民统治时期强征劳工和日本对韩出口规制等问题达成共识。同年 5 月，日本首相岸田文雄回访韩国，恢复了中断多年的日韩首脑之间的"穿梭外交"。日本在广岛举行 G7 峰会之际，再次邀请尹锡悦访问日本，并举行了美日韩三边首脑会晤。日韩关系的改善，给美日韩三边机制的加强提供了重要动力。

---

① 日本防衛省、『令和 5 年版防衛白書』、https：//www. mod. go. jp/j/press/wp/wp2023/pdf/R05zenpen. pdf（最后访问日期：2024 年 5 月 30 日）。

② 《国防部新闻发言人谭克非就日本政府通过 2023 年版〈防卫白皮书〉答记者问》，2023 年 7 月 29 日，中国国防部网站，http：//www. news. cn/world/2023-07/29/c_112977 5227. htm（最后访问日期：2024 年 5 月 30 日）。

8 月，美日韩三国首脑在美国戴维营举行单独峰会，发表了《戴维营精神》和《戴维营原则》等文件，正式建立了美日韩三边合作机制。之后，美日韩三国相继举行了财长会议、"印太对话"以及"颠覆性技术出口规制"会议等，加强了三边合作机制。目前，美日韩三国以峰会为核心，建立了防长、外长、财长、国家安保室以及外交部副部级等多种对话机制。虽然表面上针对俄罗斯和朝鲜，但多次公然干预台海、南海等中国核心利益问题，还炒作涉疆、涉港议题，实质上是在联手遏制和阻碍中国的和平发展，给中国周边安全带来严重的战略挑战和压力。

日本的对华遏制战略方针不仅体现在防卫和军事安全领域，而且在日本对中国周边国家的外交和防卫合作中更加凸显。2023 年 3 月，日本首相岸田文雄访问印度，在新德里发表演讲，公布了"自由开放的印太"新行动计划，将官民协同的政府开发援助（ODA）集中用于对东盟等发展中国家和非洲地区的投资，还将中国台湾地区设定为新的合作对象。

日本一方面积极推进"印太战略"，另一方面与菲律宾、越南等东南亚国家加强防务合作，并加大对这些国家的军事支援力度。2023 年 10 月，越南国家主席武文赏访问日本，双方达成共识，将日越关系提升到"全面战略伙伴关系"，日本还把越南列为"政府安全保障能力强化支援"（OSA）框架的支援对象，并基于《防卫装备品及技术转移协定》推进日本向越南出口装备。同年 11 月，日本首相岸田文雄访问菲律宾，双方达成共识，具体商讨使日本自卫队与菲律宾军队相互顺畅往来的《互惠准入协定》（RAA）的签订，并通过"政府安全保障能力强化支援"框架，日本向菲律宾提供价值 6 亿日元的海岸监视雷达，加强对菲律宾军队的能力构建支援。①

日本不仅在军事安全领域，而且在经济安全方面积极配合美国，推进"印太经济框架"（IPEF），打造遏制中国发展的"小院高墙"。2023 年，日

---

① 庄司智孝、「日本とフィリピンの安全保障協力——背景、進展、そして展望」、日本防衛研究所編『NIDSコメンタリー』第 287 号、2023 年 12 月 5 日、https://www.nids.mod.go.jp/publication/commentary/pdf/commentary287.pdf（最后访问日期：2024 年 5 月 30 日）。

本政府限制对外出口 23 种半导体制造设备，并对相关技术实行严格管制。这些措施针对中国的意图是显而易见的，目的在于协助美国遏制中国制造先进半导体芯片的能力。这种将贸易和科技问题"泛政治化"的理念和举措，对中日关系造成严重障碍，具有政治和经济相叠加的双重性质，而且明显受到美国对华战略竞争以及地缘政治的影响。

日本不仅是美国亚太盟伴体系的重要一环，加入和参与了美国主导的美日印澳"四边机制"（QUAD）、"印太经济框架"、"芯片四方联盟"、"西方民主峰会"等，还积极推动美日韩三边机制和加强与"美英澳三边安全伙伴关系"（AUKUS）等的合作，到处配合美国的"印太战略"，企图联手加大对中国的遏制力度。因此，日本国家安全战略的转型及目标，从根本上给中日关系发展带来了重大挑战。

三　日本强行推进福岛核污染水排海，持续给中日关系造成严重困难

2011 年发生的日本福岛核事故是迄今全球发生的最严重核事故之一，大量放射性物质泄漏对海洋环境、食品安全和人类健康产生了深远影响。福岛核事故达到国际核事故分级标准（INES）中的最高级别 7 级，妥善、有效处置包括超大量核污水在内的放射性废物成为一项史无前例的挑战。事故发生后不久，就有专家和业内人士警告核污水处置将成为事故处理中最大的难题。2021 年 4 月，日本政府决定以海洋排放方式处置福岛核污水，并计划两年后开始实施。对此，中国外交部立即发表声明，强烈敦促日方重新审视处置计划，不得擅自启动排海。

2023 年 8 月，日本政府不顾中国、朝鲜、俄罗斯等多个国家和人民的反对，决定并实施福岛核污染水直接排入太平洋。中国对这一严重危害人类生存环境的不负责任行为予以谴责和强烈反对，并决定立即全面禁止日本水产品进入中国市场。这是中国坚持人民至上原则所采取的必要且合理举措。

日本福岛核污染水排海事关全人类健康、全球海洋环境、国际公共利益，所以核污染水排海绝非日本一家之事。日方应严肃对待国内外合理关切，本着负责任和建设性的态度妥善处理，但反而无理要求中方立即撤销规定，甚至颠倒黑白指责中方做法"毫无科学依据"。2023 年 8 月 24 日，中国驻日本大使吴江浩就日方启动福岛核污染水排海向日本外务事务次官冈野正敬提出严正抗议，强调中国政府宣布全面暂停进口原产地为日本的水产品，是理所当然的。① 11 月，中国常驻国际原子能机构代表李松大使在国际原子能机构理事会上发言，重申中方坚决反对日本福岛核污染水排海，敦促日方全面配合接受严格国际监督。②

其实，日本国内反对呼声也很高。日本政府决定核污染水排海以后，日本全国渔业协会联合会（全渔联）等多个团体表示，反对排海的立场没有丝毫改变，将继续反对核污染水排海。2023 年 8 月 13 日，日本 NHK 公布东京大学和福岛大学联合进行的民意调查结果，其中参与调查的 61.2% 日本人认为，日本政府和东京电力公司对核污染水排海和稳定性问题的说明不充分。③ 此外，俄罗斯、朝鲜以及太平洋岛国也纷纷表示反对或担忧日本福岛核污染水的排海决定和措施。日方所作所为是将风险转嫁给全世界，将危害延续给人类的子孙后代，成为生态环境破坏者和全球海洋污染者，违背自身道义责任和国际法义务，必将长期受到国际社会谴责。

另外，值得高度关注的是，近几年日本在台湾问题上屡次干涉中国内政，持续挑战中国的外交底线。尤其是 2022 年美国国会众议长佩洛西窜台以后，日本一些政客和国会议员也紧跟美国窜访中国台湾地区，企图搅乱台

---

① 《驻日本大使吴江浩就日方启动福岛核污染水排海向日本政府提出严正抗议》，中国驻日本国大使馆，2023 年 8 月 24 日，http：//jp.china-embassy.gov.cn/sgkxnew/202308/t20230824_11132252.htm（最后访问日期：2024 年 5 月 30 日）。

② 《中国代表敦促日本全面配合接受严格国际监督》，新华网，2023 年 11 月 25 日，http：//www.news.cn/world/2023-11/25/c_1129993009.htm（最后访问日期：2024 年 4 月 30 日）。

③ 「処理水放出『説明不十分』6 割　水産関係流通業者アンケート結果」、NHK サイト、2023 年 8 月 13 日、https：//www3.nhk.or.jp/news/html/20230813/k10014161891000.html（最后访问日期：2024 年 5 月 30 日）。

海局势。2023 年 8 月日本自民党副总裁、前首相麻生太郎窜台，这是 1972 年 9 月中日邦交正常化以来日本窜访中国台湾地区的最高级别政治人物。麻生在窜台期间还大力鼓吹和支持"台独"。对此，中国外交部发言人表示，"日本个别政客不顾中方坚决反对，执意窜访中国台湾地区并大放厥词，渲染台海局势紧张……粗暴干涉中国内政，此举严重违背一个中国原则和中日四个政治文件精神……予以强烈谴责"，并严肃敦促日方深刻反省侵略历史，恪守一个中国原则和在台湾问题上所作承诺，不得以任何方式干涉中国内政，不得以任何方式为"台独"分裂势力撑腰打气。①

四　中日旧金山峰会，双方重新确认两国"战略互惠关系"

当前，日本仍然是中国第二大贸易对象国、第二大出口对象国和进口来源国，中国是日本最大贸易伙伴、第二大出口对象国和最大进口来源国。截至 2023 年 5 月，日本累计在华投资设立企业 55805 家，实际投资利用金额 1300 亿美元，在中国利用外资总额国别中排名第二。2023 年中日贸易总额 3180 亿美元，其中中国出口额 1575.2 亿美元、进口额 1604.7 亿美元。② 这与 2022 年中日贸易额 3574.2 亿美元、2021 年中日贸易额 3714 亿美元相比有所下降，双方经贸合作明显受到两国政治关系以及地缘政治的影响。

中日之间存在领土及东海海洋权益争端、历史问题等结构性矛盾，而且很难在短期内得到有效解决。2010 年，中国经济总量首次超过日本，在两国经济规模差距迅速扩大的背景下，日本对中国的战略疑虑不断深化，导致两国在政治上相互不信任。加上受新冠疫情影响，两国人员往来还没有恢复

---

① 《外交部发言人就日本政客麻生太郎窜台妄言答记者问》，新华网，2023 年 8 月 9 日，http://www.news.cn/world/2023-08/09/c_1129795112.htm（最后访问日期：2024 年 4 月 30 日）。

② 《中国同日本的关系》，中国外交部网站，https://www.mfa.gov.cn/web/gjhdq_676201/gj_676203/yz_676205/1206_676836/sbgx_676840/（最后访问日期：2024 年 5 月 29 日）。

到疫情之前水平，中日贸易额连年减少等原因，2023 年的中日关系仍然处于"不温不火"的状态。

2023 年是《中日和平友好条约》缔结 45 周年的重要历史节点，两国人民都非常期待中日关系尽快改善，并进一步深入发展。2023 年中国外文局和日本非营利特定活动法人"言论 NPO"共同举行的第 19 届"中日关系舆论调查"结果显示①，中日受访者均对基于《中日和平友好条约》精神推动两国关系和平友好发展抱有较高期待，43.5% 的中国受访者认为"为使条约更好地发挥作用，两国应签署新的政治文件或为《中日和平友好条约》增加补充性文件"，34.5% 的日本受访者认为"两国应再次确认条约内涵"。

根据 2022 年中日领导人达成的"曼谷共识"，2023 年两国在高层、经贸、人文等领域逐步落实，并恢复各层次交流和往来。虽然中日关系困难重重，但双方积极探索改善关系，共同维护两国关系稳定大局。2023 年 9 月，中国国务院总理李强出席雅加达东亚合作领导人系列会议期间同日本首相岸田文雄简短交谈。同年 10 月，中国国务院总理李强同日本首相岸田文雄就《中日和平友好条约》缔结 45 周年互致贺电。② 李强在贺电中表示，中方愿同日方一道，重温缔约精神，牢牢把握两国关系正确发展方向，致力于构建契合新时代要求的中日关系。

2023 年 11 月，中国国家主席习近平在旧金山会见日本首相岸田文雄，两国首脑 2022 年曼谷会晤以后再次举行了首脑会谈。两国领导人重申恪守中日四个政治文件的原则和共识，重新确认全面推进战略互惠关系的两国关系定位，致力于构建契合新时代要求的建设性、稳定的中日关系。习近平指出，"今年（2023 年）是中日和平友好条约缔结 45 周年，条约以法律形式

---

① 《第十九届北京—东京论坛"中日关系舆论调查"结果发布》，中国外文局网站，2023 年 10 月 11 日，http://www.cicg.org.cn/2023-10/11/content_42547748.htm（最后访问日期：2024 年 4 月 30 日）。
② 《李强同日本首相岸田文雄就中日和平友好条约缔结 45 周年互致贺电》，中国外交部网站，2023 年 10 月 23 日，https://www.mfa.gov.cn/zyxw/202310/t20231023_11165815.shtml（最后访问日期：2024 年 5 月 29 日）。

确立了中日和平、友好、合作的大方向，成为两国关系史上的里程碑"。①双方将"互为合作伙伴、互不构成威胁"的政治共识体现到具体政策和实际行动中。这是从战略高度和长远视角把握中日关系大局和今后方向，意义重大。

同年11月，中日韩三国第十次外长会议在韩国举行，这是时隔4年举行的三国外长会议，也是新冠疫情后首次举行的三国外长会议。中国外交部部长王毅在会上表示，三国坚持将《中日韩合作未来十年展望》等领导人共识落到实处，尊重彼此发展道路及核心利益，妥善处理敏感问题，维护良好双边关系，为推进三国合作全面重启、行稳致远打下坚实基础②。中日韩外长均表示，三国是搬不走的邻居，加强合作，扩大共同利益是必由之路，并达成共识近期重启三国领导人会议。根据中日韩外长会议共识，2024年第九次中日韩领导人会议将在韩国举行，这不仅有利于恢复和推动三国之间人员往来和经贸合作，也有利于三国在科技、可持续发展、公共卫生等诸多领域的合作，而且有助于中日、中韩关系的健康稳定发展。

五　结语

近几年日本经济持续下滑，2023年日本GDP被德国超过，成为世界第四大经济体。加上物价上涨、日元贬值、银行利息上升等原因，日本国民对岸田内阁经济政策的不满日益高涨，导致自民党在2024年4月举行的四场众议院补选中全部败选。这严重影响岸田文雄的连任前景，自民党内要求他下台的声音也越来越大。在经济持续下滑和支持率长期低迷情况下，2024年日本防卫预算却大幅增加，这反而更加激化了日本民众对岸田内阁的严重不满和极度不信任。

---

① 《习近平会见日本首相岸田文雄》，中国外交部网站，2023年11月17日，https://www.mfa.gov.cn/zyxw/202311/t20231117_11182335.shtml（最后访问日期：2024年5月30日）。
② 《王毅出席第十次中日韩外长会》，中国外交部网站，2023年11月26日，https://www.mfa.gov.cn/wjbzhd/202311/t20231126_11187325.shtml（最后访问日期：2024年5月30日）。

2023 年中日关系整体上仍然处于低谷，两国国民感情低位徘徊，双边贸易额连年减少。后疫情时代，两国之间人员往来开始恢复，但在日本国内政治不断右倾保守化的背景下，日本在中美博弈中站队美国，仍然给中日关系正常化造成重大障碍。尤其是日本政府将福岛核污染水排海，不仅影响相关水域的生态环境，也给中日关系产生了负面影响。

2023 年中日两国领导人以签订《中日和平友好条约》45 周年为契机互致贺电，举办了纪念《中日和平友好条约》缔结 45 周年招待会等，努力改善两国关系。2023 年 11 月，中国国家主席习近平和日本首相岸田文雄在旧金山举行了首脑会晤，双方达成共识重新确认两国"战略互惠关系"的定位，这为今后的中日关系健康稳定发展奠定了重要基础。当然，中日关系改善和发展取决于双方的共同努力，并不能依靠单方面期待或付出实现。尤其是日方不摒弃冷战思维，继续对华采取遏制政策，配合美国"印太战略"，到处阻碍中国的和平发展，如此中日关系很难在短期内得到根本性改善。

2024 年 9 月将举行自民党总裁选举，这是 2024 年日本最重要的政治议程。2021 年岸田文雄执政以来，日本经济持续下滑，长期低迷的内阁支持率始终没有好转，所以他能否顺利连任自民党总裁存在疑问。另外，值得关注的是，2024 年美国大选结果如何，日本作为美国重要的盟国，随着美国领导人的变化，可能进行一些政策调整。因此，2024 年日本国内政局持续混乱，中日双方也将在重重困难中探索改善关系。这就需要双方共同努力建立政治互信，妥善处理纠纷和矛盾，进一步加强人员交流和经贸合作，以促进两国关系健康稳定发展。

B.14
处于转型期的中韩关系

李永春*

摘　要：　建交 30 余年来，中韩关系在政治、经济、文化等诸多领域取得了丰硕成果。但进入 2023 年以来，由于受到韩美同盟、朝鲜半岛问题等结构性因素影响，中韩关系在政治外交、经贸合作、人文交流等方面受到冲击。目前，中韩关系处于转型期，未来中韩关系发展机遇和挑战并存，关系走向最终取决于韩国政府的战略抉择。

关键词：　中韩关系　政治外交　韩美同盟　经贸合作　人文交流

尹锡悦政府执政以来，致力于开展所谓的"价值观"外交，采取"向美一边倒"的对外政策，致使中韩两国在诸多领域产生了分歧和矛盾。本报告拟论述 2023 年中韩关系在政治外交、经贸合作、人文交流等方面遭受的冲击，分析困扰中韩关系的一些结构性因素，并对未来中韩关系的走向进行展望。

一　中韩关系遭受冲击

建交以来，中韩关系在政治、经济、文化等诸多方面实现快速发展，同时遇到了不少问题和挑战，影响中韩关系的健康发展。2022 年正值中韩两国建交 30 周年，中韩两国民众均希望认真总结过去 30 年来的经验教训，克

---

* 李永春，博士，中国社会科学院亚太与全球战略研究院助理研究员，主要研究方向为东北亚国际政治。

服问题和挑战，使 2023 年成为推动中韩关系发展的新起点。但一年以来的情况表明，这一过程遇到阻力，中韩关系遭受冲击，起伏不定，正处在"十字路口"。

（一）政治外交方面

从 2023 年初开始，韩国国会副议长郑宇泽及个别国会议员窜访中国台湾地区，给中韩关系造成了负面影响。中方对此表示坚决反对和强烈抗议，强调这严重违背一个中国原则和中韩建交公报精神，与中韩友好关系发展背道而驰。

2023 年 4 月，韩国总统尹锡悦在接受路透社采访时竟然称，台海局势紧张系"试图以实力单方面改变现状"导致，韩方同国际社会一道，坚决反对以实力改变现状。对此，中国外交部发言人汪文斌表示，台湾问题纯属中国内政，是中国核心利益中的核心，解决台湾问题是中国人自己的事，不容他人置喙。[1] 韩方在台湾问题上触犯中方的核心利益，中方就此向韩方提出严正交涉是正当的外交行为，但韩方不仅没有就此进行反省，反而做出激烈反应。[2]

一波未平一波又起。中国驻韩国大使邢海明在 2023 年 6 月会见韩国共同民主党党首李在明时表示，美国正竭力打压中国，有的人赌美国赢、中国输，这显然是误判，没看清历史大势，现在赌中国输的人今后一定会后悔。[3] 面对当前纷繁复杂的国际形势，邢海明大使希望韩方在处理对华关系时能够摆脱外部因素的干扰，但是，韩方对此做出过激反应。韩国外交部副部长张虎镇

① 《2023 年 4 月 20 日外交部发言人汪文斌主持例行记者会》，中国外交部网站，2023 年 4 月 20 日，https：//www.mfa.gov.cn/web/wjdt_674879/fyrbt_674889/202304/t20230420_11062419.shtm。
② 《韩政府召见中国驻韩大使抗议中方评论尹锡悦发言》，韩联社网站，2023 年 4 月 20 日，https：//cn.yna.co.kr/view/ACK20230420006600881？section＝search。
③ 《邢海明大使向韩国共同民主党党首李在明谈中韩关系等问题》，中国驻韩国大使馆网站，2023 年 6 月 9 日，http：//kr.china-embassy.gov.cn/sghd/202306/t20230609_11093524.htm。

召见邢海明大使，称他对韩国的外交政策"进行尖锐批评"，对此表示强烈遗憾。① 此次外交风波引起了关注两国关系的韩国各界的担忧。

此时，中美关系的好转给中韩关系的缓和创造了机遇。2023 年 6 月 18~19 日，美国国务卿布林肯访华，访华行程结束后，美方向韩方介绍布林肯一行的访华结果，核心内容是：将稳控美中关系，力争推动双边关系朝着竞争与合作的方向前进，而非对抗与矛盾。6 月 25 日，韩国外长朴振表示，基于互尊互惠的精神发展成熟健康的韩中关系是尹锡悦政府的基本立场，今后韩方将继续加强与中方的战略沟通，增进韩中友好。② 对此，6 月 26 日，中国外交部发言人毛宁表示，中方重视和发展对韩关系的基本立场没有变化，希望韩方与中方相向而行，为推动两国关系重回健康发展轨道作出努力。③

以此为契机，进入下半年以后，中韩关系呈现改善的迹象。7 月 14 日，代表中方出席东亚合作系列外长会的中共中央政治局委员、中央外办主任王毅同韩国外长朴振举行会谈。对于此次会谈，韩国外交部表示，双方就开展首脑、外长等高层交流的重要性达成一致，并决定通过外交安保对话、副部长级战略对话、副部长级人文交流促进委员会、1.5 轨对话等多种平台加强两国间的沟通与交流。④ 这是 2023 年以来中韩首次举行部长级以上会谈，为中韩关系的缓和提供了动力。

但是，刚刚迎来转机的中韩关系再次遭受冲击。8 月 19 日，美日韩三国领导人在戴维营会晤并发表联合声明，批评中国的海洋主张和近期在南海采取的举措并强调台海和平稳定是国际社会安全繁荣不可或缺的要素。对

---

① 《韩外交部召见中国大使抗议其涉政府政策言论》，韩联社网站，2023 年 6 月 9 日，https：//www. yna. co. kr/view/AKR20230609114400504？ section＝politics/all。
② 《韩外长：无理由与中方反目 将加强战略沟通》，韩联社网站，2023 年 6 月 25 日，https：//www. yna. co. kr/view/AKR20230625024500504？ site＝mapping_related。
③ 《外交部发言人：中方重视和发展对韩关系的基本立场没有变化》，人民网，2023 年 6 月 27 日，http：//world. people. com. cn/n1/2023/0627/c1002-40021661. html。
④ 《采取克制态度的朴振和王毅，继美中关系之后，韩中关系也出现微妙变化》，韩联社网站，2023 年 7 月 15 日，https：//www. yna. co. kr/view/AKR20230715034300083？ section＝intern ational/china。

此，中国外交部发言人表示，美日韩三国领导人在涉台、涉海等问题上对中方进行抹黑攻击，粗暴干涉中国内政，中方表示强烈不满和坚决反对。①

此后，韩国方面表现出要改善中韩关系的意愿，两国关系有所缓和。8月31日，中国外交部部长王毅应约同韩国外长朴振通电话。王毅表示，中韩双方应坚守建交初心，坚持友好合作正确方向，防范外部因素干扰，共同推动两国关系行稳致远。朴振表示，韩中两国是近邻和重要伙伴，尹锡悦政府将坚持重视和发展韩中关系，韩方期待同中方密切高层往来和对话沟通，积极构建健康成熟的韩中关系。②

9月7日，中国国务院总理李强在雅加达出席东亚合作领导人系列会议期间会见韩国总统尹锡悦。李强表示，中方愿同韩方一道，落实好两国元首重要共识，秉持建交初心，增进政治互信，排除干扰，相向而行，推动中韩关系与时俱进发展。尹锡悦表示，韩方愿同中方一道，加强各层级沟通对话，深化经贸、人文等领域交流合作，推动韩中关系稳定健康发展。③

9月23日，中国国家主席习近平会见来华出席第19届亚洲运动会开幕式的韩国总理韩德洙。习近平指出，"中方坚持对韩睦邻友好政策，重视韩方致力于中韩合作的积极意愿。希望韩方同中方相向而行，把重视和发展中韩关系体现在政策和行动上，相互尊重，维护友好合作大方向"。韩德洙表示，当前国际社会面临诸多挑战，韩中保持高层交往，有利于推动两国关系发展，合作应对挑战。韩方愿同中方一道，致力于发展健康成熟的韩中关系。④

此后，两国高层交流继续进行。11月26日，中国外交部部长王毅在韩

---

① 《2023 年 8 月 21 日外交部发言人汪文斌主持例行记者会》，中国外交部网站，2023 年 8 月 21 日，https：//www.mfa.gov.cn/web/wjdt_674879/fyrbt_674889/202308/t20230821_11129636.shtml。

② 《王毅同韩国外长朴振通电话》，中国外交部网站，2023 年 8 月 31 日，https：//www.mfa.gov.cn/web/wjbz_673089/xghd_673097/202308/t20230831_11136405.shtml。

③ 《李强会见韩国总统尹锡悦》，中国驻韩国大使馆网站，2023 年 9 月 7 日，http：//kr.china-embassy.gov.cn/yhjl/202311/t20231121_11184147.htm。

④ 《习近平会见韩国总理韩德洙》，中国驻韩国大使馆网站，2023 年 9 月 23 日，http：//kr.china-embassy.gov.cn/yhjl/202311/t20231121_11184142.htm。

国釜山出席中日韩外长会期间会见韩国外长朴振。王毅表示，中方愿同韩方加强交往沟通，坚守建交初心，坚持互尊互信，排除外部干扰，确认战略合作伙伴关系定位，并不断为之增添新内涵。朴振表示，韩国政府重视韩中关系，韩方愿同中方加强各层级对话沟通，深化经贸合作，维护供应链稳定，促进人文交流，推动两国战略合作伙伴关系不断取得新发展。①

综上所述，2023年中韩关系起伏不定，最为关键的是，韩国政府屡次触碰中国的核心利益，使两国关系明显走低。2022年11月15日，习近平主席在出席二十国集团领导人巴厘岛峰会期间，同韩国总统尹锡悦举行会晤。但2023年中韩两国没有举行首脑会晤，两国高层之间的沟通和交流也较2022年有所减少。

（二）经贸合作方面

建交以来，经贸合作是中韩两国发展最为迅速的领域，为稳定中韩关系发挥着"压舱石"的作用。长期以来，中国一直是韩国最大的出口对象国和对外贸易顺差来源国，韩国充分享受了中国经济发展带来的红利。但2022年5月，韩国对华贸易首次出现逆差，之后除了2022年9月，截至2023年底持续出现逆差。据韩方统计，2023年韩国对华贸易31年来首次出现180亿美元的逆差。② 2023年韩国对华出口额为1245亿美元，同比减少19.9%，在韩国出口总额（6308亿美元）中所占比重为19.7%，为自2010年进行有关统计以来的最低值。韩国对华出口企业共28181家，同比减少0.7%，在全部出口企业（97231家）中所占比重为29%，也创下自2010年进行有关统计以来最低值。③

不仅如此，"萨德风波"以后，韩国企业撤出中国市场以及销售额减少

---

① 《王毅会见韩国外长朴振》，中国驻韩国大使馆网站，2023年11月26日，http://kr.china-embassy.gov.cn/yhjl/202311/t20231129_11189245.htm。

② 《时隔31年韩国对华贸易出现逆差》，（韩）《中央日报》2024年1月2日，https://www.joongang.co.kr/article/25219042。

③ 《"出口地盘"严重萎缩，对华出口骤减20%》，（韩）《中央日报》2024年5月12日，https://www.joongang.co.kr/article/25250936。

趋势日益明显，导致韩国与中国的经济联系趋于弱化。2016年以后，韩国大企业中撤资的中国生产法人达到46家。此外，以韩国500强企业中公开中国生产法人业绩的113家为对象，连续6年进行的销售情况调查结果显示，2022年这些企业销售总额为111.0424万亿韩元，比2016年（127.7292万亿韩元）减少13.1%。如果排除最近在中国市场销售额增加的电池、半导体等相关企业，这113家企业中国法人的销售额从2016年的117.23万亿韩元跌至2022年的73.4485万亿韩元，减少37.3%。其中，中国生产法人销售额降幅最大的是现代汽车，"北京现代汽车"的销售额从2016年的20.1287万亿韩元跌至2022年的4.9003万亿韩元，减少15.2284万亿韩元，降幅高达75.7%，是唯一一家销售额减少10万亿韩元以上的中国生产法人。同一时期，起亚汽车的中国法人"江苏悦达起亚汽车"的销售额也从9.7996万亿韩元跌至1.8835万亿韩元，降幅高达80.8%。受到整车生产企业现代和起亚业绩不振的影响，韩国汽车零部件企业也遭受打击。2022年"现代MOBIS"中国生产法人销售额为1.7051万亿韩元，比2016年的8.8746万亿韩元减少7.1695万亿韩元，降幅高达80.8%，"现代KEFICO""SUNGWOO HITECH""现代WIA""现代TRANSYS"的中国生产法人同一时期销售额降幅分别为74.3%、71.4%、62.7%、55.1%。此外，三星电子因在中国的手机及家电部门业务萎缩，其中国生产法人销售额由2016年的17.1236万亿韩元跌至2022年的9.6798万亿韩元，降幅达到43.5%；三星DISPLAY中国生产法人销售额由2016年的10.7831万亿韩元跌至2022年的5.4035万亿韩元，降幅达到49.9%。①

与此相反，由于中国市场需求暴增，韩国电池、半导体企业中国生产法人的销售额增幅较大。LG新能源中国生产法人的销售额从2016年的2.4167万亿韩元增至2022年的12.8458万亿韩元，增幅高达431.5%。同一时期，三星SDI中国生产法人的销售额也从9298亿韩元增至5.4250万亿

---

① 《6年期间韩国大企业中国生产法人减少46家》，ETNEWS，2023年7月25日，https：//www.etnews.com/20230705000170。

韩元,增幅高达 483.5%。韩国半导体企业在中国的销售额也快速增长。三星电子在中国的半导体生产法人之一"三星(中国)半导体"销售额从 2016 年的 4.1521 万亿韩元增至 2022 年的 9.6798 万亿韩元,增幅为 133.1%。同一时期,SK 海力士中国生产法人的销售额也从 3.0006 万亿韩元增至 7.5454 万亿韩元,增幅为 151.5%。①

韩国对华直接投资呈现下滑趋势。2023 年上半年韩国企业海外直接投资中,在中国设立的韩国法人数为 87 家,比 2022 年减少 12 家。与此相反,2023 年上半年在日本设立的韩国法人数为 118 家,比 2022 年增加 46 家,时隔 33 年超过在中国设立的韩国法人数。21 世纪第一个十年每半年内韩国在华新设立的法人数一度超过 1000 家,但经过"萨德风波"和新冠疫情之后,韩国对华直接投资急剧萎缩,每半年内新设立的法人数少于 220 家,2022 年上半年甚至减少到 99 家,2023 年上半年更是减少到 87 家。韩国有观点认为,韩国对华直接投资减少可以降低韩国经济对华依赖度,有助于实现生产基地多元化。②

(三)人文交流方面

建交 30 余年来,中韩两国在文化、科教等领域一直保持密切交流和友好合作,为增进两国人民相互了解做出积极贡献。但是,尹锡悦政府执政以来,两国之间的民间交流较以前明显减少。首先,两国之间的旅游人数呈现明显减少趋势。韩国文化体育观光部在 2023 年第一季度对韩国人海外旅游访问国家进行的调查结果显示,日本占据 44%居于首位,越南占据 25.1%居于次席,泰国占据 11.7%排在第三位,而访问中国的韩国人只有 0.3%,跌出前十名。这种结果与 2019 年第一季度进行的调查形成鲜明对

---

① 《"限韩令"以后 韩国大企业中国法人销售额遭到腰斩》,CEOSCORE DAILY,2023 年 7 月 4 日,https://www.ceoscoredaily.com/page/view/2023070315584339011。

② 《上半年对华新设立法人投资时隔 33 年低于对日投资》,(韩国)《朝鲜日报》2023 年 9 月 21 日,https://www.chosun.com/economy/economy_general/2023/09/21/N3PACDTHSBDGD IFCLSL3QHPNIQ/。

比，当时日本占据 22.6%、越南占据 21.8%、中国占据12.1%。① 与此同时，新冠疫情结束后国际航班数量增加等海外旅游条件趋于好转，但中国人赴韩旅游情况并未有所好转。现代经济研究院的一项研究表明，虽然中国政府解除赴韩团体游禁令，还遇到中秋节、国庆节等旅游旺季，但以 2023 年 9 月为基准，访韩人数最多的前四位国家或地区（日本、美国、中国台湾地区、越南）游客人数与新冠疫情之前相比已经恢复到 84.1%~106.7%的水平，而访问韩国的中国大陆游客只恢复到 48.8%，处于萎靡不振的状态。②

其次，在华韩国留学生数量减少趋势明显。据韩国教育部发布的《国外高等教育机构韩国人留学生现状》，以 2023 年 4 月 1 日为基准，在中国攻读本科和研究生学位或进行语言研修的韩国留学生为 15857 名，同比减少 6.5%（2022 年同期为 16968 名），与韩国教育部进行相关统计以来的 2017 年最高纪录（73240 名）相比，骤减 78.3%。在华留学生在韩国海外留学生总数中所占比重也同样呈现下滑趋势。2023 年韩国海外留学生（123181 名）中在华留学生占比为 12.9%，同比减少 0.7 个百分点，创下 2004 年（12.6%）以后的新低。2001 年在华留学生占比首次超过 10%关口之后，伴随韩国掀起的"中国留学热潮"，这一比重呈现逐年增加趋势，2017 年曾创下 30.5%的最高值，但此后总体呈现减少趋势。虽然目前中国仍排在韩国留学生人数最多的国家第二位，但与第三位的日本差距不断缩小，2021 年相差 11164 名，2022 年相差 2721 名，2023 年差距进一步缩小为 2156 名。目前，韩国留学生最多的国家是美国（40755 名）。③

虽然中韩两国的人文交流规模大不如前，但交流并未中断仍在持续。2023 年，中韩人员往来 376.44 万人次，其中韩国来华 129.36 万人次，中国（内地）居民赴韩 247.08 万人次。截至 2023 年 4 月 1 日，在韩中国留

---

① 《"被隔离怎么办"……无人到访的中国，见到外国人觉得新奇》，（韩）《中央日报》 2023 年 9 月 4 日，https：//www. joongang. co. kr/article/25189705#home。
② 《切实需要招揽难以增加的中国游客》，（韩）《中小企业 TODAY》2023 年 12 月 4 日， http：//www. sbiztoday. kr/news/articleView. html? idxno＝20944。
③ 《六年来赴华韩国留学生骤减至五分之一》，（韩）《每日经济》2023 年 12 月 25 日，http：// www. mk. co. kv/news/society/10906378。

学生人数为 68065 名，远超在华韩国留学生人数（15857 名）。① 两国在文学、艺术、体育、教育、卫生、广电、新闻出版等领域的交流也持续进行。2023 年 11 月 27 日，中国驻韩国大使馆和韩国全球战略合作研究院在韩国共同主办"相互尊重的中韩关系——现在与未来"中国论坛。中国驻韩国大使邢海明、韩国外交协会会长申凤吉在论坛上致辞，中韩两国 60 余位知名专家学者出席活动。与会嘉宾围绕双边关系及朝鲜半岛问题等广泛议题深入交流，表示愿在中韩战略合作伙伴关系的重要定位基础上，坚持两国建交的友好合作初心，推动中韩关系行稳致远。② 2023 年 12 月 11 日，中韩两国媒体在韩国举办"2023 韩中媒体论坛"。来自中韩两国主流媒体的记者、学者就中韩经济合作、文化交流、民意改善和媒体作用等问题进行了深入交流。③

二　困扰中韩关系的结构性因素

建交以来，中韩关系在诸多领域得到了长足发展。但是，面对日益激烈的美国对华战略竞争，尹锡悦政府采取"向美一边倒"的外交政策，一些结构性因素致使中韩关系面临严峻考验。

（一）韩美同盟

韩美同盟是韩国历届政府外交政策的基石，在此基础上，韩国历届政府均采取了"安美经中"（安全依靠美国，经济依靠中国）的策略，力求在中

---

① 《韩中两国教育部部长面谈》，韩国教育部网站，2024 年 6 月 15 日；https：//www. moe. go. kr/boardCnts/viewRenew. do? boardID = 430&lev = 0&statusYN = W&s = moe&m = 060210& opType = N&boardSeq = 99142；《中韩关系》，中国驻韩国大使馆网站，2023 年 12 月 31 日，http：//kr. china-embassy. gov. cn/zhgx/sbgxx/201007/t20100728_1365476. htm。

② 《中韩双方确认战略合作伙伴关系在当前具有重要意义——邢海明在中韩知名专家学者研讨会上致辞》，中国驻韩国大使馆网站，2023 年 11 月 27 日，http：//kr. china-embassy. gov. cn/sghd/202311/t20231129_11189250. htm。

③ 《邢海明大使出席"2023 韩中媒体论坛"》，中国驻韩国大使馆网站，2023 年 12 月 11 日，http：//kr. china-embassy. gov. cn/sghd/202312/t20231215_11203294. htm。

美两国之间保持平衡，谋求最大利益。但是，尹锡悦政府上台后，面对日益激烈的中美博弈，提出了以"自由民主价值观"为基础的"全球枢纽国家"愿景，表示要致力于朝鲜半岛和亚太地区乃至全世界的和平与繁荣，由追求"安美经中"的"战略模糊"政策，转向加强韩美同盟、通过改善韩日关系积极谋求韩美日三方合作的"战略清晰"政策，并强调要进一步扩大和加强与亚太地区国家和北约国家的合作。2023年是韩美同盟建立70周年，尹锡悦政府表示将以此为契机，致力于将韩美同盟升级为包括安全、经济、技术等所有领域的全球全面战略同盟。对于中韩关系，尹锡悦政府表示，今后将以相互尊重和互惠成熟的中韩关系为基础，开辟中韩合作的新时代。①

但是，为了响应美国主导的战略构想，尹锡悦政府积极参与由美国主导的、旨在围堵中国的"印太经济框架""芯片四方联盟"，并于2022年11月发布"韩版印太战略"，还在2023年8月召开的戴维营三方会晤中，与美日两国就加强三边军事安全合作达成共识，从而加剧了东北亚地区冷战格局与阵营对抗的风险，还谈及台湾问题和南海问题，严重危害中国主权与安全利益。韩国政府的这些行为完全违背了其所做出的基于"相互尊重"原则处理中韩关系的承诺，致使中韩关系明显趋冷。

（二）朝鲜半岛问题

在实现朝鲜半岛无核化这一点上，中韩双方达成了共识，但在具体的实践方式上，双方存在意见分歧，尹锡悦政府上台后双方的分歧明显扩大。尹锡悦政府彻底放弃文在寅政府时期一系列对朝友好政策，转向一味制裁的高压政策，极力打压朝鲜的外部生存空间。2022年6月和11月，韩国借参加马德里北约峰会以及柬埔寨东亚峰会之机，与美日两国举行三边首脑会谈，确立韩美日三方合作的原则和目标，渲染"朝核威胁"并就加强对朝"延

---

① 《推进超级密切的韩美关系、步入正轨的韩日关系，寻找获取实利的妙招却困难重重》，韩联社网站，2022年12月29日，https：//www.yna.co.kr/view/AKR20221227138100001？section=politics/all。

伸威慑"达成共识。① 2023 年 8 月，美日韩首脑聚首戴维营，三国同意建立年度化三边多领域演习机制，年内启动针对朝鲜导弹发射的数据共享和实时导弹预警数据交换机制。2023 年 10 月，美日韩两度进行联合军演，第一次在济州岛东南方公海上举行海洋拦截与反海盗演习，第二次在朝鲜半岛附近上空首次实施联合空中演习。② 对此。中国外交部发言人表示，中方敦促有关国家摒弃冷战思维，正视半岛问题症结，停止对抗施压，通过有意义的对话均衡解决各自合理关切，维护半岛和平稳定。③ 面对美日韩不断加强的军事威胁，朝鲜多次试射短程、中程导弹予以回应。2023 年 12 月 18 日，朝鲜试射射程可达美国本土的"火星炮-18"型洲际弹道导弹。对此，翌日美、日、韩、英等 10 国在联合国安理会会议之前发表联合声明，谴责朝鲜此举违反了安理会有关决议，敦促安理会通过联合国制裁等多种途径向朝鲜施压，但中俄两国反对发表对朝追加制裁和谴责的声明。中国外交部发言人表示，希望有关各方正视半岛问题症结，以实际行动推动半岛问题政治解决进程，维护半岛和平稳定。恰巧在同日，中共中央政治局委员、外交部部长王毅会见来华访问的朝鲜外务省副相朴明浩，双方表示要推动两国友好合作关系持续稳步向前发展。④

三　结语

建交 30 余年来，中韩关系在政治、经济、人文交流等诸多领域取得丰

---

① 《美日韩领导人借出席北约峰会举行会晤，"大约 25 分钟"》，环球网，2022 年 6 月 30 日，https：//3w. huanqiu. com/a/de583b/48cvEy3lKx5；《美日韩金边密集会谈渲染"朝核威胁"，印尼总统. 不应制造紧张局势》，环球网，2022 年 11 月 14 日，https：//3w huanqiu com/a/de583b/4ASajJptZRu。

② 《东北亚安全面临分化危险，如何刹车避免重回"冷战"时代》，澎湃新闻，2023 年 11 月 1 日，https：//www. thepaper. cn/newsDetail_forward_25129052。

③ 《2023 年 8 月 21 日外交部发言人汪文斌主持例行记者会》，中国外交部网站，2023 年 8 月 21 日，https：//www. mfa. gov. cn/web/wjdt_674879/fyrbt_674889/202308/t20230821_1112 9636. shtml。

④ 《2023 年 12 月 18 日外交部发言人汪文斌主持例行记者会》，中国外交部网站，2023 年 12 月 18 日，https：//www. mfa. gov. cn/web/wjdt_674879/fyrbt_674889/202312/t20231218_11206304. shtml。

硕成果。但近年来，尤其是尹锡悦政府上台之后，由于受到一些结构性问题的影响，两国关系出现了明显的波动。目前，中韩关系处在重要的转型期，虽然中韩关系遇到了不少问题，但也有不少双方改善关系的有利因素，使两国民众对中韩关系的未来充满期待。譬如，调查显示，韩国民众中认为韩中关系重要的受访者达到81.8%，与认为韩美关系重要的受访者（88.9%）相差不多，不少受访者认为今后韩中两国需要在朝核问题、经济、科技、气候、保健等领域进一步加强合作。①

中韩两国是搬不走的邻居，中方始终高度重视韩国，致力于中韩关系的健康发展。韩国国内希望改善中韩关系的呼声也日益高涨，认为无论从经贸合作方面，还是从政治安全方面，对于韩国而言，中国都是重要的邻国，将未来的中韩关系发展成为互惠互利的关系符合韩国的利益。而尹锡悦政府也有改善中韩关系的意愿。首先，尹锡悦政府执政后实施"向美一边倒"的外交政策，一味加强韩美同盟和韩美日三边合作，为此不惜触犯中国的核心利益，还积极参与美西方国家对俄制裁，韩国同大国的关系严重失衡。尹锡悦政府认为与美西方国家的关系已经得到强化，希望通过改善中韩关系，以平衡韩国与大国的关系。其次，2023年以来朝俄迅速靠拢，两国强化军事安全等领域的合作，韩国担忧朝鲜加强与中俄的合作，希望通过改善对华关系来缓和地缘政治环境。

2024年，为了尽快让中韩关系步入正轨，双方应该积极寻找可以进行交流合作的领域。双方可以在以下几个方面加强合作，推动两国关系止跌企稳。

首先，两国有必要进一步加强政府及有关部门之间的战略沟通。由于一些结构性问题的存在，今后，中韩关系很有可能再次出现问题，重回低谷。因此，双方有必要构筑可以有效预防和管控分歧的机制或渠道，加强战略沟通，通过对话寻找解决问题之道。两国可以在外交、国防、经济等领域积极

① 《东亚认知调查（二）：中国与中韩关系》，韩国东亚研究院网站，2023年9月25日，http：//www.eai.or.kr/new/ko/pub/view.asp? intSeq=22109&board=kor_issuebriefing&keyword_option=&keyword=&more=。

推动部长级、副部长级等高层交流。此外，两国可以拓宽交流渠道，充分利用中日韩领导人会议、东盟与中日韩（10+3）领导人会议等多边合作机制，促进两国的交流和沟通，及时化解误会和矛盾。

其次，两国有必要继续加强在经贸领域的合作。由于 2023 年韩国对华贸易时隔 31 年首次出现 180 亿美元的逆差，韩国国内出现了悲观论调。中韩两国已经形成产供链高度融合、密不可分的经济格局。虽然对华出口额在韩国出口总额中所占比重由 2020 年的 25.9% 降至 2023 年的 19.7%，但仍然高于韩国对美出口额所占比重（18.3%），中国仍为韩国最大的贸易对象国。[①] 此外，设立在中国的韩国企业中，59.4% 决定今后三年维持对华投资，14.4% 决定进一步扩大对华投资，43.1% 表示不考虑撤出中国市场。[②] 因此，韩方要对中国市场和对华合作坚定信心，与中方一道构筑合作渠道，一同寻找能够双赢的合作方案。

最后，两国有必要进一步加强人文交流。近年来，两国民众之间因沟通不畅等因素存在一些隔阂分歧，两国政府应进一步加强人文交流，推动两国媒体、智库等领域的交流与合作，加深相互了解，消除彼此误解，深化彼此感情。其中，最为重要的是促进两国年轻人之间的交流。2023 年关于韩国民众对周边国家好感度（0~100 度）的一项民调结果表明，韩国民众对中国的好感度平均值为 27.8 度，其中，20~30 岁韩国民众对中国的好感度为 15.9 度，30~40 岁韩国民众对中国的好感度为 22.2 度，均低于平均值。[③] 两国年轻人对于对方国家的认知将对未来中韩关系产生重大影响，需要两国政府为改善两国年轻人对于对方国家的认知加强合作。为此，两国政府要为年轻人之间的交流提供更多机会，除了各种文化交流以外，还可以年轻人感兴趣的就业、电竞、婚姻等为主题举办丰富多样的活动。

---

① 《时隔 31 年韩国对华贸易出现逆差》，（韩国）《中央日报》2024 年 1 月 2 日，https://www.joongang.co.kr/article/25219042。
② 《在华韩国企业中 73% 认为有必要管理风险，60% 表示维持投资》，（韩国）《中央日报》2023 年 11 月 28 日，https://www.joongang.co.kr/article/25210575。
③ 《美国好感度连续 3 年"高于平均水平"》，韩国研究舆情研究中心网站，2023 年 10 月 17 日，https://hrcopinion.co.kr/zh-CN/archives/27779。

近年来，中韩关系陷入低谷，根本原因在于韩国强化韩美同盟，触碰中国的核心利益。今后，中韩关系的走向取决于韩方做出何种战略抉择。希望韩国政府能够协调好韩美关系与韩中关系，双方能够相互尊重彼此的核心利益，共同推动中韩关系行稳致远。

B.15
中澳经贸合作态势与贸易争端走向

屈彩云*

摘　要： 2023 年，中澳经贸合作实现新的进展，两国货物与服务贸易总额比 2022 年增长了 9.2%。中国仍为澳大利亚第一大贸易伙伴。澳大利亚对华货物与服务贸易出口额大幅增长，是中国对澳货物与服务贸易出口额的两倍之多。2023 年，中国对澳投资比 2022 年增长了 2.2%，澳大利亚对华投资比 2022 年下降了 7.3%。中澳贸易结构的不平衡状态仍在持续。中澳在货物贸易领域的相关争端、在投资领域的相关争议解决取得进展和共识。中澳加强多层面的经济对话，推动两国企业互动交流，推进双方经贸合作不断深化。

关键词： 中澳关系　经贸合作　贸易争端

2023 年，中澳关系不断改善，双方重启各领域对话机制，恢复经济、教育、国防、警务执法、旅游、地方等领域交流。11 月 7 日，澳大利亚总理安东尼·阿尔巴尼斯访华。中澳就两国关系的发展、共同关心的议题进行深入对话与沟通。习近平主席表示，"双方应该在世界大势的深刻变化中把握中澳关系正确发展方向"，双方要"在和平共处中增进相互理解和信任，在互利合作中实现共同发展"。[①] 阿尔巴尼斯表示："我们将本着两国的共

---

* 屈彩云，博士，中国社会科学院亚太与全球战略研究院及中国社会科学院澳大利亚、新西兰、南太平洋研究中心助理研究员，主要研究方向为澳大利亚问题。

① 《习近平会见澳大利亚总理阿尔巴尼斯》，中国外交部网站，2023 年 11 月 7 日，https：//www.fmprc.gov.cn/zyxw/202311/t20231106_11174786.shtml。

同利益推动两国关系向前发展。"① 中澳发布了《中澳总理年度会晤联合成果声明》，继续和拓展政治对话、双边贸易、气候变化、人文交流、签证等领域的接触，② 推进中澳关系的进一步改善。长期以来，中澳建立了日益密切的经济关系与合作。然而在前几年中澳关系紧张化的背景下，双方经贸合作在艰难中推进。2023 年以来，中澳关系的日趋缓和为推进双方经贸领域的交流、磋商与合作营造了良好的环境。

一 中澳经贸合作状况

2023 年，中澳货物与贸易总额达到 3269.39 亿澳元，比 2022 年增长了 9.2%，占澳大利亚货物与服务贸易总额的 26.8%。中国仍为澳大利亚第一大贸易伙伴。

其中，中国对澳货物与服务贸易出口总额为 1081.38 亿澳元，占澳大利亚货物与服务贸易进口总额的 19.8%，比 2022 年下降了 5.3%。中国仍为澳大利亚货物与服务贸易第一大进口国。在货物贸易出口方面，中国对澳电子设备及部件出口额为 97 亿澳元，计算机出口额为 70 亿澳元，载客机动车辆出口额为 63 亿澳元，家具、床垫、垫子出口额为 38 亿澳元，婴儿车、玩具、游戏、体育用品出口额为 33 亿澳元，电子机械及部件出口额为 31 亿澳元，塑料制品出口额为 28 亿澳元。③

中国自澳大利亚货物与服务贸易进口总额为 2188.02 亿澳元，占澳大利亚货物与服务贸易出口总额的 32.5%，比 2022 年增长了 18.2%。其中，中国自澳大利亚铁矿石及精矿进口额为 1155 亿澳元，天然气进口额为 204 亿

---

① "Meeting with President Xi Jinping", Prime Minister of Australia, November 6, 2023, https://www.pm.gov.au/media/meeting-president-xi-jinping.
② 《中澳总理年度会晤联合成果声明（全文）》，中国外交部网站，2023 年 11 月 7 日，https://www.fmprc.gov.cn/zyxw/202311/t20231107_11175351.shtml。
③ 数据来源于澳大利亚外交贸易部，https://www.dfat.gov.au/（最后访问日期：2024 年 5 月 1 日）。

澳元, 粗矿物进口额为 186 亿澳元, 煤进口额为 92 亿澳元, 小麦进口额为 32 亿澳元。[1] 中国自澳大利亚服务贸易进口额为 146.51 亿澳元, 占澳大利亚服务贸易出口总额的 12.9%。中国为澳大利亚服务贸易出口第一大伙伴国。

旅游领域是中国自澳服务贸易进口的重要组成部分。中国是澳大利亚入境游旅客第一来源地。澳大利亚非常重视中国市场, 并采取多项措施推动中国游客赴澳旅游。2023 年 2 月 28 日, 澳大利亚旅游局局长暨行政总裁韩斐励赴中国广州、北京、上海访问, 与中国各大航空公司、旅行社及相关合作伙伴会谈, 推动澳大利亚对华旅游服务贸易出口业的发展。在韩斐励访华当天, 澳大利亚旅游局启动面向中国游客打造的官方微信小程序。6 月 30 日, 韩斐励携团赴华, 开展介绍澳大利亚的宣传活动, 加强与中国合作伙伴的交流, 以促进更多的中国游客赴澳旅游。9 月 25 日, 澳大利亚联邦政府重新开始办理 ADS (Approved Destination Status) 旅游签证。另外, 中澳之间的航班逐步恢复并增加。7 月 10 日, 中国南方航空与澳大利亚维多利亚州政府宣布将逐步增加中国到墨尔本的直航航班, 至 2024 年底增加航班至每周 17 班。维多利亚州政府表示, 这将每年为维多利亚州的经济贡献超过 3.08 亿澳元, 在航空和旅游业创造约 1700 个就业机会。[2] 2023 年以来, 中国赴澳旅游人数不断增多。根据澳大利亚统计局数据, 中国自澳大利亚旅游服务贸易进口额为 135.25 亿澳元, 占澳大利亚旅游服务贸易出口总额的 19.3%, 比 2022 年增加了 121%。中国仍为澳大利亚第一大旅游服务贸易出口地。其中, 澳大利亚对华教育相关旅游服务贸易出口额占其教育旅游服务贸易出口总额的 23.8%, 中国为澳大利亚教育相关旅游服务贸易第一大出口地。

2023 年, 中国对澳投资为 880 亿澳元, 比 2022 年增长 2.2%, 占海外

---

[1] 数据来源于澳大利亚外交贸易部, https://www.dfat.gov.au/（最后访问日期: 2024 年 5 月 1 日）。

[2] "More Flights from China to Boost Tourism, Trade and Jobs", Premier of Victoria, Australia, July 7, 2023, https://www.premier.vic.gov.au/more - flights - china - boost - tourism - trade - and-jobs.

国家对澳投资总额的 1.9%，在海外国家对澳投资序列中居第 10 位；澳大利亚对华投资 553 亿澳元，比 2022 年下降了 7.3%，占澳海外投资总额的 1.4%，在澳海外投资地序列中居第 13 位。①

中澳经贸合作实现新的增长，体现两国高度互补的经贸结构特征。澳大利亚对华货物与服务贸易出口额大幅增长，是中国对澳货物与服务贸易出口额的两倍之多。中澳贸易结构仍处于不平衡状态，中国处于逆差。

二　中澳贸易争端情况

中澳经贸合作不断深化的同时，也产生了一些贸易分歧和争端。近几年，中澳贸易摩擦有所增加，影响两国经贸合作的顺利发展。其中，中澳关于大麦、红酒、原木等的贸易摩擦得以妥善解决。中国自 2023 年 5 月 18 日起恢复澳大利亚原木进口，② 自 2023 年 8 月 5 日起终止对自澳大利亚进口的大麦征收反倾销税和反补贴税，③ 自 2024 年 3 月 29 日起终止对原产于澳大利亚的进口相关葡萄酒征收反倾销税和反补贴税。④ 另外，中澳关于风电塔、不锈钢拉制深水槽、铁道轮毂、达尔文港租约评估等方面的贸易摩擦也有新的发展。

（一）中澳风电塔、不锈钢拉制深水槽、铁道轮毂贸易争端

中澳风电塔贸易争端已长达 10 年之久。澳大利亚反倾销委员会于 2013 年 8 月发布对自中国进口的风电塔进行反倾销调查的公告，于 2014 年 4 月公

---

① 数据来源于澳大利亚外交贸易部，https：//www.dfat.gov.au/（最后访问日期：2024 年 1 月 1 日）。

② 《海关总署动植物检疫司关于恢复澳大利亚原木进口的通知》，中国海关总署网站，2023 年 5 月 18 日，http：//www.customs.gov.cn//customs/302249/zfxxgk/zfxxgkml34/5040704/index.html。

③ 《中华人民共和国商务部公告 2023 年第 29 号》，中国商务部网站，2023 年 11 月 15 日，https：//www.mofcom.gov.cn/zcfb/zgdwjjmywg/art/2024/art_a60a8d915499450d8a2807d61b6e92c2.html。

④ 《中华人民共和国商务部公告 2024 年第 11 号》，中国商务部网站，2024 年 4 月 15 日，http：//m.mofcom.gov.cn/article/zcfb/zcwg/202406/20240603515644.shtml。

布调查报告，做出肯定性反倾销终裁建议，[①] 并对该产品征收反倾销税，反倾销有效税率为 15.0%~15.6%。[②] 2018 年 7 月，澳大利亚反倾销委员会发布公告，就自中国进口的风电塔开启反倾销日落复审调查。2019 年 3 月，澳大利亚反倾销委员会公布最终调查结果，做出继续对该产品采取目前适用的反倾销措施的终裁建议，[③] 并发布公告自 2019 年 4 月 17 日起对该产品征收 6.4%~10.9% 反倾销税。[④] 2022 年 2 月，澳大利亚反倾销委员会发布公告，对自中国进口的风电塔开启反倾销新出口商复审调查。2023 年 5 月，澳大利亚反倾销委员会对自中国进口的风电塔开展第二次反倾销日落复审调查。

中澳不锈钢拉制深水槽贸易争端也已持续 10 年。2014 年 3 月，澳大利亚反倾销委员会发布对自中国进口的不锈钢拉制深水槽实施反倾销和反补贴调查的公告。澳大利亚反倾销委员会于 2015 年 3 月公布调查报告，做出肯定性双反终裁建议，[⑤] 并发布公告开始对该产品征收反倾销税和反补贴

---

① "Report Number 221— Dumping of Wind Towers Exported from the People's Republic of China and the Republic of Korea", Department of Industry, Science and Resources of Australian Government, March 21, 2014, https：//www. industry. gov. au/sites/default/files/adc/public－record/040－report-finalreport221. pdf.

② "Anti-Dumping Notice NO. 2014/33—Wind Towers Exported from People's Republic of China and the Republic of Korea Findings in Relation to a Dumping Investigation", Department of Industry, Science and Resources of Australian Government, April 16, 2014, https：//www. industry. gov. au/sites/default/files/adc/public-record/041-adn-no201433-findingsinrelationtoadumpinginvestigation. pdf.

③ "Report NO. 487 Inquiry into the Continuation of Anti-dumping Measures Applying to Wind Towers Exported to Australia from the People's Republic of China and the Republic of Korea", Department of Industry, Science and Resources of Australian Government, March 12, 2019, https：//www. industry. gov. au/sites/default/files/adc/public-record/487-019_-_report_-_final_report_-_rep_487. pdf.

④ "Anti-Dumping Notice NO. 2019/33—Wind Towers Exported from the People's Republic of China and the Republic of Korea", Department of Industry, Science and Resources of Australian Government, March 25, 2019 https：//www. industry. gov. au/sites/default/files/adc/public-record/487-020_-_notice_-_adn2019-33_-_findings_of_the_continuation_inquiry_into_anti-dumping_measures. pdf.

⑤ "Report NO. 238—Alleged Dumping of Deep Drawn Stainless Steel Sinks Exported from the People's Republic of China and Alleged Subsidisation of Deep Drawn Stainless Steel Sinks Exported from the People's Republic of China", Department of Industry, Science and Resources of Australian Government, February 19, 2015, https：//www. industry. gov. au/sites/default/files/adc/public－record/102-finalreport-anti-dumpingcommission. pdf.

税，反倾销和反补贴的有效税率为 5. 0% ~ 52. 6%。① 2019 年 7 月，澳大利亚反倾销委员会发布对自中国进口的不锈钢拉制深水槽开启第一次反倾销和反补贴日落复审调查公告。2020 年 2 月，澳大利亚反倾销委员会公布复审调查报告，做出延长该产品的现行反倾销和反补贴措施的终裁建议，② 并发布公告从 2020 年 3 月 27 日起继续对该产品实施反倾销和反补贴措施，反倾销和反补贴有效税率为0 ~ 60. 20%。③

中澳对铁道轮毂产品存在贸易争端。2018 年 4 月，澳大利亚反倾销委员会发布对自中国进口的铁道轮毂实施反倾销和反补贴调查的公告。2019 年 1 月，澳大利亚反倾销委员会公布反补贴调查结果，认为"在调查期间的任何时候，补贴从未超过《1901 年海关法》相关条例规定的可忽略不计的反补贴水平，据此必须终止该反补贴调查"④，并发布公告终止该反补贴调查。2019 年 7 月，澳大利亚反倾销委员会公布反倾销调查结果，做出肯定性裁定，⑤

---

① "Anti-Dumping Notice NO. 2015/41—Deep Drawn Stainless Steel Sinks Exported from the People's Republic of China Findings in Relation to a Dumping and Subsidisation Investigation ", Department of Industry, Science and Resources of Australian Government, March 26, 2015, https：// www. industry. gov. au/sites/default/files/adc/public-record/104-adn-2015-41. pdf.

② "Report NO. 517—Inquiry Concerning the Continuation of Anti-Dumping Measures Applying to Deep Drawn Stainless Steel Sinks Exported to Australia from the People's Republic of China", Department of Industry, Science and Resources of Australian Government, February, 2020, https：//www. industry. gov. au/sites/default/files/adc/public-record/517_-_037_-_report_-_final_ report_rep_517. pdf.

③ "Anti-Dumping Notice NO. 2020/003—Deep Drawn Stainless Steel Sinks Exported to Australia from the People's Republic of China Findings of the Continuation Inquiry No. 517 into Anti-Dumping Measures", Department of Industry, Science and Resources of Australian Government, February 27, 2020, https：//www. industry. gov. au/sites/default/files/adc/public-record/517_-_038_-_ notice_adn_-_adn_2020-003_-findings_of_a_continuation_inquiry. pdf.

④ "Termination Report NO. 466—Alleged Subsidisation of Certain Railway Wheels Exported from the People's Republic of China", P. 4, Department of Industry, Science and Resources of Australian Government, January, 2019, https：//www. industry. gov. au/sites/default/files/adc/public - record/466-080_-_report_-_termination_report_ter_466. pdf.

⑤ "Report NO. 466—Alleged Dumping of Certain Railway Wheels Exported from the People's Republic of China and France", Department of Industry, Science and Resources of Australian Government, March 1, 2019, https：//www. industry. gov. au/sites/default/files/adc/public - record/466 - 089 _-_ report_-_final_report_-_rep_466. pdf.

并决定对该产品征收 17.4% 的反倾销税。[1]

　　中澳风电塔、不锈钢拉制深水槽、铁道轮毂产品贸易争端历时较长，未能得到合理解决。2021 年 6 月 24 日，中国就此向世界贸易组织提出申诉，认为对风电塔、不锈钢拉制深水槽和铁道轮毂的反倾销措施不符合澳大利亚根据《1994 年关贸总协定》和《反倾销协定》相关规定承担的义务，对不锈钢拉制深水槽进行的反补贴税调查，以及就此做出的反补贴税决定、命令和据此征收的任何最终反补贴税，均不符合澳大利亚根据《补贴与反补贴措施协定》相关规定承担的义务。[2] 2022 年 1 月 13 日，中国向世界贸易组织争端解决机构提出成立专家组的首次请求。2 月 28 日，世界贸易组织争端解决机构同意了中国关于成立专家组的请求。4 月 28 日，中国和澳大利亚向世界贸易组织争端解决机构表示，双方已同意根据《关于争端解决规则与程序的谅解》第 25 条就该争端进行仲裁。9 月 5 日，世界贸易组织争端解决机构成立专家组。2023 年 2 月 23 日，专家组主席向争端解决机构表示，考虑到与各方协商编写的工作程序和时间表、收到的提交文件数量和提出的问题的复杂性，以及专家组成员参与世界贸易组织其他争端解决等引起的时间安排冲突，小组预计最早不会在 2023 年底之前向各方发布最后报告。[3] 2024 年 3 月，澳大利亚反倾销委员会发布公告，决定对自中国进口的风电塔实施的反倾销措施于 2024 年 4 月 16 日到期后终止。2024 年 3 月，世界贸易组织公布了中国诉澳大利亚风电塔等三种产品相关措施世贸争端案的专家组报告。专家组认为，澳大利亚反倾销委员会对自中国进口风电塔、不

---

[1] "Certain Railway Wheels Exported from the People's Republic of China and France Findings in Relation to a Dumping Investigation", Department of Industry, Science and Resources of Australian Government, July 12, 2019, https：//www. industry. gov. au/sites/default/files/adc/public - record/466-090_-_notice_-_adn_2019-30_-_findings_in_relation_to_a_dumping_investigation. pdf.

[2] "Australia-Anti-Dumping and Countervailing Duty Measures on Certain Products from China—Request for Consultations by China", P. 1-2, June 29, 2021, https：//docs. wto. org/dol2fe/ Pages/SS/directdoc. aspx? filename=q：/WT/DS/603-1. pdf&Open=True.

[3] "DS603：Australia—Anti-Dumping and Countervailing Duty Measures on Certain Products from China", World Trade Organization, April 26, 2024, https：//www. wto. org/english/tratop_e/ dispu_e/cases_e/ds603_e. htm.

锈钢拉制深水槽采取反倾销措施的到期复审的相关行为、对自中国进口铁道轮毂采取反倾销措施的最初调查的相关行为，不符合《反倾销协定》和《1994 年关贸总协定》相关条例和规定，并建议澳大利亚使其措施符合《1994 年关贸总协定》和《反倾销协定》规定的义务。① 中国商务部发言人表示，"中方希望澳方尊重裁决，尽快纠正违规做法，取消有关征税措施，并在其他贸易救济措施中严格遵守世贸规则"。② 3 月 27 日，澳大利亚贸易和旅游部部长唐·法瑞尔表示："澳大利亚政府接受世贸组织小组的裁决，将与中国接触并采取措施落实专家组的调查结果。"③

（二）达尔文港租约审查

2015 年，澳大利亚北领地政府向全球投资者发出关于租赁达尔文港的邀约，以推进达尔文港的建设与发展。中国山东岚桥集团参与竞标并胜出，与澳大利亚北领地政府签署租赁达尔文港的商业合同，推动中澳经贸合作与互惠共赢。岚桥集团租赁达尔文港是在遵循国际市场准则和当地法律的前提下进行的，先后经历了澳大利亚北领地政府审查、澳大利亚国防部审查，以及后续的关键基础设施安全法案、外国投资法案等审查，均符合澳大利亚法律法案规定。④ 然而，澳大利亚国内部分人员将岚桥集团租赁达尔文港这一商业行为泛安全化，不断炒作所谓的"安全隐患与风险"，扬言撕毁合约。2021 年 5 月，澳大利亚外交部部长玛丽斯·佩恩就记者提问可能会终止达尔文港租约问题时回答："政府将更广泛地根据从安全机构得到的建议，当

① "DS603: Australia—Anti-Dumping and Countervailing Duty Measures on Certain Products from China", World Trade Organization, April 26, 2024, https://www.wto.org/english/tratop_e/dispu_e/cases_e/ds603_e.htm.

② 《商务部新闻发言人就我诉澳风塔等产品相关措施世贸争端案答记者问》，中国商务部网站，2024 年 3 月 26 日，http://www.mofcom.gov.cn/article/xwfb/xwfyrth/202403/20240303486327.shtml。

③ "WTO Steel Products Dispute", Departmen of Foreign Affairs and Trade of Australian Government, March 27, 2024, https://www.trademinister.gov.au/minister/don-farrell/statements/wto-steel-products-dispute.

④ 《山东岚桥集团澳大利亚达尔文港经营发展情况新闻发布会在港举行！》，岚桥集团网站，2024 年 1 月 1 日，http://www.landbridge.com.cn/ctnshow.php/mid/6/aid/648。

然，最重要的是，考虑到澳大利亚的国家利益，在诸如此类的问题上做出任何决定。"① 9 月，澳大利亚国防部部长彼得·达顿在回答记者关于达尔文港租约的问题时表示："已要求国防部就这一特定议题进行审查。"② 2022 年 2 月，彼得·达顿向记者表示："国家安全委员会委托进行了一项审查。我们正在对此进行审查，该工作已进行了一半，我们将在适当的时候宣布审查结果。"③ 5 月，斯科特·莫里森领导的澳大利亚自由党和国家党执政联盟在联邦议会选举中败选，关于达尔文港租约的审查也随之不了了之。以安东尼·阿尔巴尼斯为领袖的工党新政府对达尔文港租约采取了继续审查的政策。2022 年 6 月，澳大利亚总理安东尼·阿尔巴尼斯在回答记者提问时表示："我们将对港口的情况进行审查……我们会有序地这样做。"④ 2023 年10 月，澳大利亚总理和内阁部声称已完成对达尔文港租赁情况的审查，并认为："有一个健全的监管系统来管理包括达尔文港在内的关键基础设施的风险；现有的监控机制是足够的，并将继续进行；因此没有必要更改或取消租约。"⑤ 中国企业在达尔文港的商业租约再次通过澳方审查。

中澳贸易分歧和摩擦是双方经贸合作中不可避免的现象。这需要中澳双方加强对话与理解，就彼此经贸关切进行沟通和磋商。中澳贸易分歧和摩擦的妥善处理，将有利于促进双方经贸务实合作与持续发展。

---

① "Interview with Jim Wilson, 2GB Drive", Department of Foreign Affairs and Trade of Australian Government, May 7, 2021, https：//www. foreignminister. gov. au/minister - marise - payne/transcript/interview-jim-wilson-2gb-drive-3.

② "Interview with Andrew Clennell, Sunday Agenda, Sky News", Department of Defence of Australian Government, September 20, 2021, https：//www. minister. defence. au/transcripts/2021-09-20/interview-andrew-clennell-sunday-agenda-sky-news.

③ "Interview with Laura Jayes, Sky News", Department of Defence of Australian Government, February 18, 2022, https：//www. minister. defence. gov. au/transcripts/2022-02-18/interview-laura-jayes-sky-news.

④ "Press Conference, Darwin", Prime Minister of Australia, June 8, 2022, https：//www. pm. gov. au/media/press-conference-darwin.

⑤ "Review-Port of Darwin Lease", Department of the Prime Minister and Cabinet of Australian Government , October 20, 2023, https：//www. pmc. gov. au/news/review-port-darwin-lease.

三　中澳经贸高层对话机制重启和企业交流加强

2023 年 2 月 6 日，中国商务部部长王文涛与澳大利亚贸易和旅游部部长唐·法瑞尔举行了视频会谈，共同努力推动中澳经贸关系重回正轨。5 月 12 日，唐·法瑞尔访问中国。中澳召开第 16 届中澳部长级经济联委会，双方同意重启自贸协定联委会、高级别贸易救济对话等经贸对话机制，就发展双方经贸关系、推进双方经贸合作、处理彼此经贸关切等进行对话交流。这是时隔 6 年中澳部长级经济联委会的再次启动。2024 年 4 月 16 日，中澳自贸协定联委会时隔 7 年后重启。中国商务部副部长李飞与澳大利亚外交贸易部副秘书长乔治·米纳共同主持召开中澳自贸协定联委会第二次会议，双方高度评价协定实施以来所取得的成效，充分肯定协定对促进双边经贸关系发展所发挥的重要作用，表示未来要进一步发挥中澳自贸协定潜能，推动两国经贸合作不断走深走实。[①]

澳大利亚政府积极参与博鳌亚洲论坛、中国国际进口博览会，加强双方对话与合作。2023 年 3 月 28 日，澳大利亚贸易助理部长蒂姆·艾尔斯赴中国参加博鳌亚洲论坛 2023 年年会。这是 2016 年以来首位参加博鳌亚洲论坛的澳大利亚政府部长。蒂姆·艾尔斯表示，"这是一个很好的机会，可以与中国同行进行正式讨论，也可以与中国企业和商界领袖进行一系列非正式接触和双边会议"。[②] 11 月 5 日，澳大利亚总理安东尼·阿尔巴尼斯、澳大利亚贸易和旅游部部长唐·法瑞尔出席第六届中国国际进口博览会。

中澳两国企业加强对话交流，推进双方多领域合作。根据中国商务部统

---

① 《中澳自贸协定联委会第二次会议在澳大利亚召开》，中国服务贸易指南网，2024 年 4 月 17 日，http://tradeinservices. mofcom. gov. cn/article/news/gjxw/202404/163119. html。

② "Television Interview, ABC News Afternoon Briefing", Department of Foreign Affairs and Trade of Australian Government, March 31, 2023, https://ministers. dfat. gov. au/minister/tim-ayres/transcript/television-interview-abc-news-afternoon-briefing-0.

计数据，2022 年中国企业在澳大利亚新签承包工程合同 64 份，新签合同额52.8 亿美元，完成营业额 46.2 亿美元。累计派出各类劳务人员 212 人，年末在澳大利亚劳务人员达 578 人。① 2023 年 4 月，澳大利亚中国工商业委员会派出由澳企业高管、地方政府官员共 15 人组成的商业代表团，赴中国香港、深圳、天津、北京进行为期 6 天的访问，与中国工商业协会、企业代表进行了交流，实地考察了中国粤港澳大湾区、天津经济开发区等地。澳大利亚中国工商业委员会全国总裁兼主席戴维·奥尔森表示："向中国商业发出一个明确信号，即澳大利亚企业正在寻求合作，共同开发中国新的高质量增长议程中出现的许多新的贸易和投资机会。"② 6 月，中华全国工商联代表团访问澳大利亚，加强中澳企业之间的交流与合作。中华全国工商联主席高云龙表示："中国民营企业蓬勃发展，是对外经贸合作的生力军……在当前全球经济衰退压力上升的大背景下，全国工商联将继续促进中国民营企业与三国工商界开展高层次交流合作，实现高水平互利共赢。"③ 2024 年 4 月，由中国贸促会相关部门、地方和行业贸促会以及中国企业代表共 90 余人组成的近年来规模最大的经贸团访问澳大利亚，共同举办中澳商务研讨会。其间，中澳双方企业、机构开展商务洽谈对接和交流推介活动百余场，达成意向合作金额累计逾 50 亿元人民币。④

中澳企业加强基于中国国际进口博览会、中国国际消费品博览会等相关平台的贸易合作。中国国际进口博览会自 2018 年举办以来，澳大利亚相关企业积极参展。2023 年 11 月，澳大利亚 250 家企业参展第六届中国国际进

---

① 《对外投资合作国别（地区）指南——澳大利亚（2024 年版）》，http://www.mofcom.gov.cn/dl/gbdqzn/upload/aodaliya.pdf。

② "Australia China Business Council Leads Business Delegation to China", Australia China Business Council, April 21, 2023, https://acbc.com.au/? s = Australia + China + Business + Council + leads+business+delegation+to+China.

③ 《高云龙率团访问印度尼西亚、泰国和澳大利亚——积极引导服务民营企业合理布局东南亚和大洋洲国际市场》，中华全国工商业联合会网站，2023 年 7 月 4 日，https://www.acfic.org.cn/qlyw/202307/t20230704_193071.html。

④ 《任鸿斌率中国企业家代表团访问澳大利亚》，中国商务部网站，2024 年 4 月 19 日，https://au.mofcom.gov.cn/zajmhz/sbfw/art/2024/art_e0659e50acd94f73b82c150b6613438b.html。

口博览会，规模为历年之最。澳大利亚必和必拓公司连续第六年参与中国国际进口博览会。其首席商务官潘文怡表示，中国国际进口博览会为我们这样的跨国公司提供了一个卓越的平台，有助于我们和客户与供应商等业务合作伙伴建立联系、平等互动。① 澳大利亚总理安东尼·阿尔巴尼斯表示："这是一个重要的国际博览会，支持了澳大利亚的就业。其中许多澳大利亚企业已经从近来贸易关系的变化中受益。"② 仅在中国国际进口博览会开幕首日，中澳企业就签下了约5亿澳元的合作协议。2024年1月30日，第七届中国国际进口博览会推介会在澳大利亚悉尼举行，促进中澳企业对话与合作，推进双方经贸发展。

另外，澳大利亚相关企业积极参加中国国际消费品博览会。在博览会上，澳大利亚企业带来了乳制品、保健品、食品酒饮、日化产品、时尚文创产品等，加强中澳企业的合作与交流。中国国际消费品博览会于2021年启动，在海口举行。海南自贸港税收优惠政策与通关便利政策推动了越来越多的外国企业参展，更推动了部分国内外企业落地海南，实现互利共赢，共享自贸港发展机遇。2023年9月24日，30家澳大利亚与中国海南企业的代表围绕海南自贸港商机展开对接和交流，就中国海南与澳大利亚企业在跨境金融领域的投资需求与合作方向进行探讨。

中澳经贸高层对话机制的重启，推进了双方在经贸领域多层面的交流与合作。中澳企业以积极的态势加强对话与互动，进一步探寻合作的空间和领域。

四 结语

2023年，中澳经贸总额实现大幅增长，经贸合作不断深化。这一方面

---

① 《必和必拓：高度重视中国市场 坚持可持续发展》，新华网，2023年11月11日，http://sh.news.cn/20231111/4f91eef0929040c4a8468a0aa6376472/c.html。

② "Press Conference", Prime Minister of Australia, November 5, 2023, https://www.pm.gov.au/media/press-conference-3.

源于中澳经贸结构的高度互补特点，另一方面源于不断改善的外部环境和中澳双方的共同努力。在中澳经贸合作的持续发展与深化中，贸易争端与分歧不可避免。双方需在相互尊重的基础上加强对话与沟通，妥善解决各自合理贸易关切。企业是推动中澳经贸发展的生力军。澳大利亚政府应尊重市场经济原则和公平竞争规则，为中国企业提供公平、公正、非歧视的营商环境。中澳经贸合作符合双方的共同利益，推动了两国经济发展与繁荣，增进了两国人民的友谊与理解，促进了地区的和平与发展。当前，中澳双方积极落实中澳总理年度会晤联合成果，推进和拓展多领域的经贸合作，共同推动中澳全面战略伙伴关系的发展。

地区热点

B.16

马尔代夫在中印之间的"再平衡"

孙西辉 黄海波[*]

摘　要： 马尔代夫因地缘因素长期受印度的影响，近年来却不断拉开与印度的距离，并加强与中国的关系。穆伊兹政府抛弃上一届政府的"印度优先"政策，努力推动中马关系和马印关系"再平衡"，试图在中印之间实施"大国平衡外交"。马尔代夫具备实施中印"大国平衡外交"的主客观条件，并在亚明政府执政时期形成平衡的中马关系和印马关系。穆伊兹政府为"再平衡"与中印的关系在多个领域采取了一系列措施，取得显著效果但也面临诸多风险和挑战。中国需要更加关注周边小国的视角及其外交动向，理解南亚小国选择"大国平衡外交"的必然性，清楚南亚小国的"大国平衡外交"具有可塑性。

* 孙西辉，博士，中国社会科学院亚太与全球战略研究院副研究员、中国社会科学院大学国际政治经济学院副教授，硕士研究生导师，主要研究方向为美国的亚太战略、中国周边国家对外政策、中国外交、中美关系、中印关系、国际关系理论等；黄海波，中国社会科学院大学国际政治经济学院本科生。

关键词： 马尔代夫　中国与印度　大国平衡外交

"平衡外交"是国际关系中一种常见的外交政策，具有不同的类别和表现形式。从理论上看，国家无论大小，都可能采用某种形式的"平衡外交"，尤其是对两个或两个以上的大国实施"平衡外交"。在现实中，小国相对于大国具有明显的实力劣势，常在两个或多个对其有显著影响力的国家之间实施"大国平衡外交"，以最大限度地维护本国利益。马尔代夫是位于印度洋地区的岛国，因地缘因素长期深受印度的影响，近年来却不断尝试拉开与印度的距离，并加强与中国的关系。实际上，中马之间、马印之间近期外交互动不断，表明穆伊兹政府正抛弃上一届政府"印度优先"的政策，努力推动中马关系和马印关系"再平衡"，试图在中印之间实施"大国平衡外交"。本报告着重探讨马尔代夫实施中印"大国平衡外交"的条件和进展，分析穆伊兹政府推动与中印关系"再平衡"的现状，评估马尔代夫实施中印"大国平衡外交"的效果与前景，总结对我国的启示。

一　马尔代夫实施中印"大国平衡外交"的条件与现实

（一）马尔代夫具备实施中印"大国平衡外交"的条件

小国实施"大国平衡外交"需要具备一些限制性条件。例如，涉及一个小国和两个（或两个以上）大国，关注三边关系或多个双边关系；着眼于小国的立场和视角，实施国是小国，对象国是大国；大国处于竞争或对立状态，而非处于激烈对抗或极其友好状态；小国需要对相关大国具有一定的价值或吸引力，其领导人也要有决断力。①

---

① 孙西辉、金灿荣：《小国的"大国平衡外交"机理与马来西亚的中美"平衡外交"》，《当代亚太》2017 年第 2 期。

首先，马尔代夫相对于中国和印度是绝对的小国和弱国。从基本原理的角度看，划分国家大小强弱需遵循三个基本原则并采用"三个维度、六项指标"的标准。① 在现实中，无须采用任何标准进行计算或衡量，将马尔代夫视为小国和弱国不会存在异议，将中国和印度视为大国也没有太多争议。可能的争议是中国和印度是何种类型的大国。根据划分国家大小的上述标准，中国是全球性大国，印度是地区性大国。三国构成马尔代夫在中印之间实施"大国平衡外交"的基本要素。

其次，马尔代夫需要在中印之间实施"大国平衡外交"。印度是南亚和印度洋地区面积最大、人口最多和实力最强的国家，其他南亚国家具有巨大的传统和现实影响力。中国不仅领土毗邻南亚地区，而且在南亚和印度洋地区具有重要且不断提升的经济、政治和安全影响力。此外，中印在边界问题和发展战略方面存在分歧和矛盾，印度将中国视为"最大外部威胁和竞争对手"，但极力避免与中国发生军事冲突。在这种情况下，马尔代夫受到中印两个大国的双重影响，为维护自身国家利益需要在中印之间实施"大国平衡外交"。中印之间竞争但并未完全破裂的大国关系使马尔代夫具备实施中印"大国平衡外交"的结构性条件和动机。

最后，马尔代夫具备吸引中国和印度的优势。马尔代夫位于印度洋的心脏地带，独特的地理位置使其成为从欧洲或非洲到东亚的许多海上航线的必经之地，具有重要的战略意义。印度自视为南亚和印度洋地区的"霸主"，不希望该地区存在其他大国的力量和影响力，且极其警惕并极力抵制其他大国与南亚国家之间的合作，马尔代夫也不例外。马尔代夫不仅是中国商品和能源航线上的重要补给站，而且是共建"21世纪海上丝绸之路"国家。中马在中国周边外交思想指导下基于"一带一路"框架在各领域开展密切合作，印度"进一步感到来自中国的压力"，希望继续强化与马尔代夫的关系。这使马尔代夫客观上具有实施中印"大国平衡外交"的可能性。

---

① 孙西辉、金灿荣：《小国的"大国平衡外交"机理与马来西亚的中美"平衡外交"》，《当代亚太》2017年第2期；孙西辉、吕虹：《小／弱国的"大国平衡"外交机理与菲律宾的中美"再平衡"》，《东南亚研究》2017年第2期。

（二）马尔代夫实施中印"大国平衡外交"的类型演变

小国或弱国的大国外交可分为平衡和非平衡两种类别，且具有不同程度的非平衡性/平衡性：非平衡的大国关系包括"选边"和"一边倒"两种典型类型，平衡的大国关系包括"骑墙"和"等距"两种典型类型。[①] 马尔代夫于 1965 年获得完全独立，印马同年建交，1972 年中马建交。此后，马尔代夫与中印的关系出现多次"不平衡"与"平衡"的变化。

1972~2013 年中马关系与印马关系处于不平衡状态。这一时期涵盖易卜拉欣·纳西尔（Ibrahim Nasir）政府（1972~1978 年）、穆蒙·阿卜杜勒·加尧姆（Maumoon Abdul Gayoom）政府（1978~2008 年）、穆罕默德·纳希德（Mohamed Nasheed）政府（2008~2012 年）和穆罕默德·瓦希德·哈桑（Mohammed Waheed Hassan）政府（2012~2013 年）。中马建交后，两国的交往与合作有所加强，但纳西尔政府重视通过加强与印度的关系保证马尔代夫的安全与发展。加尧姆政府进一步强化马印之间紧密而稳定的关系，与中国的合作主要集中在经贸领域，但曾于 1984 年和 2006 年两次访华。纳希德政府加强了与中国的关系。2010 年，纳希德对华进行国事访问并出席上海世界博览会活动。2011 年 11 月 8 日，中国向马尔代夫派驻专职大使，驻马使馆正式开馆。[②] 同时，纳希德政府继续维持马尔代夫与印度的密切关系。2008 年，纳希德就职后首次出访目的地即为印度，并于 2011 年再次访问印度；他还在任期内与印度签署了军事合作协议，允许印度在马尔代夫的环礁上修建军事基地。在这一时期，马尔代夫与中国的关系稳步提升，但印马关系明显比中马关系更密切和牢固，中马关系与马印关系处于不平衡状态，属于马尔代夫对印度"选边"的类型。

2013~2018 年中马关系与印马关系处于平衡状态。这一时期是阿卜杜

---

① 孙西辉、吕虹：《小/弱国的"大国平衡"外交机理与菲律宾的中美"再平衡"》，《东南亚研究》2017 年第 2 期。

② 《中国同马尔代夫的关系》，中国外交部网站，2024 年 4 月，https://www.mfa.gov.cn/web/gjhdq_676201/gj_676203/yz_676205/1206_676692/sbgx_676696/。

拉·亚明·加尧姆（Abdulla Yameen Gayoom）政府执政（2013~2018年）。这一时期中马关系显著加强，达到新高度。一是中马高层互动频繁。2014年8月，亚明总统来华出席第二届青奥会开幕式；同年9月，习近平主席对马尔代夫进行国事访问，同亚明总统一致同意构建中马面向未来的全面友好合作伙伴关系。2015年6月，亚明总统来华出席第三届中国—南亚博览会。2017年12月，亚明总统对华进行国事访问。二是中马经贸合作发展势头良好。亚明政府2014年与中国建立经贸联委会机制，两国2015年12月正式启动自由贸易谈判，2017年12月签署《中马自由贸易协定》。三是参与"一带一路"建设。2016年4月，马累国际机场改扩建项目正式动工。2016年，拉姆环礁连接公路项目竣工。2017年，住房二期项目竣工。2018年8月30日，中马友谊大桥举行开通仪式。[①] 此外，2014年12月4日，马尔代夫首都马累一座海水淡化厂突发火灾，导致全岛淡水供应中断。应马尔代夫政府请求，中国政府派运输机和海军救生支援舰援助，大大缓解了马尔代夫的淡水危机。[②] 然而，亚明政府与中国的密切联系和合作引发印度的担忧，导致印马关系紧张。此外，亚明在任内曾要求印度减少驻军，但没能得到印方的正面回应。他还公开指责莫迪是"印度教极端主义者"，并对印度驻马尔代夫大使的活动范围进行限制，印马关系进一步恶化。这一时期，中马合作全面升温，印马关系有所下降，中马关系与印马关系总体平衡，属于马尔代夫在中印之间的"骑墙"类型。

2018~2023年中马关系与印马关系处于不平衡状态。这一时期是易卜拉欣·穆罕默德·萨利赫（Ibrahim Mohamed Solih）政府执政（2018~2023年）。一方面，萨利赫致力于修复与印度的关系，重申"印度优先"策略，突出马印特殊友好，加强与印度的战略合作。一是加强高层互动。2018年11月17日，印度总理莫迪出席萨利赫的就职仪式，两人在马累会谈后发表

① 《马尔代夫国家概况》，中国外交部网站，2024年4月，https://www.mfa.gov.cn/web/gjhdq_676201/gj_676203/yz_676205/1206_676692/1206x0_676694/。
② 朱西迪、苏铃：《马尔代夫淡水中断，中国政府迅速援助》，人民网，2014年12月9日，http://energy.people.com.cn/n/2014/1209/c71661-26174796.html。

联合声明，表示对两国的合作与友谊有信心。萨利赫也将印度作为就职后的首个出访国，并于 2022 年再次访问印度。二是加强政治合作。萨利赫政府于 2019 年加入印度主导的环印度洋区域合作联盟，2020 年重新成为英联邦一员（2016 年 10 月，马尔代夫政府宣布因受到英联邦不公正待遇决定退出英联邦），并将近百名印度军事人员引入马尔代夫。三是加强经济合作。印度在萨利赫任内增加对马尔代夫投资，加强关键基础设施（包括机场和港口）领域的合作。2019 年，印度帮助马尔代夫建设英吉拉·甘地纪念医院、工程技术学院等。2020 年，印度同马尔代夫实施 1.5 亿美元货币互换计划，并宣布向马尔代夫提供 200 万美元援助；印度还向马尔代夫提供首批新冠疫苗。[1] 另一方面，萨利赫调整亚明政府执政时期对中国的倾斜政策。一是与中国保持较积极的政治互动。2018 年 11 月，习近平主席特使、文化和旅游部部长雒树刚出席马尔代夫总统萨利赫的就职典礼。2019 年 9 月，马尔代夫外长沙希德对华进行正式访问。2021 年 7 月，习近平主席应约同萨利赫总统通电话。二是限制与中国的经贸关系。萨利赫政府叫停了一些来自中国的投资，搁置了亚明政府与中国签订的《中马自由贸易协定》。[2] 三是中马关系仍在发展。截至萨利赫卸任的 2023 年，中国企业累计在马尔代夫签署工程承包合同额 63.9 亿美元，完成营业额 41.3 亿美元。2023 年中马双边贸易额为 7.6 亿美元，同比增长 75.8%。2023 年中国赴马尔代夫游客共 18.7 万人次。[3] 在这一时期，印马合作全面加强，中马关系有所下降，中印关系与马印关系处于不平衡状态，属于马尔代夫对印度"选边"的类型。

2023 年至今中马关系与印马关系趋向平衡状态。这一时期是穆罕默德·穆伊兹（Mohammed Muizzu）政府执政（2023 年至今）。穆伊兹上任后，表示了加强与中国合作的意向，表现出对中国的显著倾斜。穆伊兹对中

---

① 《马尔代夫国家概况》，中国外交部网站，2024 年 4 月，https：//www. mfa. gov. cn/web/gjhdq_676201/gj_676203/yz_676205/1206_676692/1206x0_676694/。

② Fathmath Udhma, "The FTA Being Put on Hold Worries the Chinese Enterprises that Intend to do Businesses in Maldives", Raajje News, May 3, 2022, https：//raajje. mv/117195.

③ 《中国同马尔代夫的关系》，中国外交部网站，2024 年 4 月，https：//www. mfa. gov. cn/web/gjhdq_676201/gj_676203/yz_676205/1206_676692/sbgx_676696/。

国进行国事访问，中马关系升级至全面战略合作伙伴关系。同时，穆伊兹政府坚持要求印度撤回在马尔代夫的军人，印马关系有所回落。然而，这种倾向并不意味着马尔代夫完全放弃与印度的关系，马尔代夫与印度的传统友好关系仍在持续。目前来看，穆伊兹政府正在调整马尔代夫对中印的政策，试图"再平衡"中马关系与印马关系。

二 穆伊兹政府实施中印"再平衡外交"的努力

穆伊兹执政以来，在政治、外交、经贸、安全等多个领域采取措施调整中马关系和印马关系，展现了"再平衡"中马关系与中印关系的努力。

（一）穆伊兹政府回调印马关系的努力

萨利赫政府在对华与对印关系中明显向印度倾斜，实施"印度优先"政策。穆伊兹执政后，努力回调印马关系，希望实现中马关系与印马关系的"再平衡"。

第一，政治与外交领域的举措。一是推动"印度退出"运动。马尔代夫的"印度退出"运动可追溯到亚明政府时期。2018～2020 年，"印度退出"的舆论开始逐渐在马尔代夫社交媒体上活跃。2020 年 10 月，马尔代夫进步党（PPM）和人民国民大会党（PNC）组成的反对派联盟（两个政党当时都由亚明领导）通过"印度退出"运动正式对萨利赫政府的"印度优先"政策发起挑战。穆伊兹在 2023 年的总统大选中打出"印度退出"口号，最终赢得大选并将其真正落实到对印政策中。二是发表抨击莫迪的言论。2024 年 1 月，马尔代夫青年权利、信息和艺术部三名副部长级官员马尔莎·谢里夫（Malsha Shareef）、玛丽亚姆·希乌纳（Mariyam Shiuna）和阿卜杜拉·马赫佐姆·马吉德（Abdulla Mahzoom Majid）在社交媒体平台上针对一段宣传拉克沙群岛旅游业的视频发表了抨击印度及其总理莫迪的言论。三是强调马尔代夫的国家主权。2024 年 1 月，穆伊兹访华结束返回马尔代夫时，在首都马累的维拉纳国际机场向媒体和公众发表讲话，指出马尔代夫不是任何人的后院，是一个独立的主权国家，并称"我们虽然是小国，但不会允许你欺凌我们",虽然并未指明"你"是谁,但也体现了穆伊兹对印度的强硬立场。①

第二,军事与安全领域的举措。一是迫使印度撤出在马尔代夫的军事人员。萨利赫时期,印度在马尔代夫派驻军队对马尔代夫国防部队进行训练。在穆伊兹政府的坚持下,印度在马尔代夫的军事人员分三批撤离,最后一批已于2024年5月10日撤离。二是缺席印度主导的地区安全机制。2023年12月,穆伊兹未派代表参加在斯里兰卡举行的"科伦坡安全闭门会议"(the Colombo Security Conclave,CSC)。该机制源于2011年印度、马尔代夫和斯里兰卡三国国家安全局会议,2020年改为现名,成员国包括印度、斯里兰卡、马尔代夫和毛里求斯,孟加拉国和塞舌尔是观察员国。② 三是废除与印度的水文测绘协议。2019年6月,印马签署一项水文测绘协议,允许印度海军和马尔代夫国防部队在马尔代夫领海进行联合水文调查。穆伊兹政府重审与印度的双边协议,宣布放弃该项水文测绘协议。③ 马尔代夫总统办公室公共政策副部长穆罕默德·菲鲁祖尔·阿卜杜勒·哈利勒(Mohamed Firuzul Abdul Khaleel)表示,"出于国家安全的考虑,决定不再续签水文协议"。以上动向表明,穆伊兹政府希望弱化与印度的安全合作,减少对印度的安全依赖。

第三,经济与贸易领域的举措。一是减少对印度的食物依赖。2023年12月,穆伊兹访问土耳其和阿联酋。在访问土耳其期间,两国领导人讨论了贸易、投资、可再生能源和高等教育等领域的合作。根据两国签署的协

---

① 许振华:《观察丨印度与马尔代夫的"跨海口水战":海滩、驻军与王权》,观察者网,2024年1月17日,https://www.thepaper.cn/newsDetail_forward_26029825。

② Viraj Solanki, "The Colombo Security Conclave: What Is It and What Does It Mean for Australia?", Observer Research Foundation, May 16, 2023, https://www.orfonline.org/expert-speak/the-colombo-security-conclave.

③ Meera Srinivasan, "Maldives will not Renew Agreement for Joint Hydrographic Survey with India: Top Official", The Hindu Business Line, December 15, 2023, https://www.thehindu businessline.com/news/maldives-will-not-renew-agreement-for-joint-hydrographic-survey-with-india-top-official/article67641440.ece.

议，土耳其将向马尔代夫供应大米、面粉和糖，以满足马尔代夫一年的需求。① 二是避免对印度的单一经济依赖。穆伊兹政府寻求与中国等其他国家的合作，以使自身经济合作伙伴多样化。穆伊兹宣布，马尔代夫的医疗保险计划将允许马尔代夫人在泰国和迪拜接受治疗，即使这将大大增加费用。三是表达与印度加强经贸合作的态度。2024 年 5 月 25 日，马尔代夫经济发展和贸易部部长穆罕默德·赛义德（Mohamed Saeed）宣布了印度政府关于签订《印马自由贸易协定》的提议。不过，印度外交部发言人兰迪尔·贾斯瓦尔（Randhir Jaiswal）5 月 31 日否认了这一说法，称"如果马尔代夫政府对此表现出兴趣，印度政府将对此事给予适当考虑"。②

（二）穆伊兹政府升温中马关系的努力

穆伊兹执政以来，中马关系明显加强，这一变化不仅体现为双边政治对话增多，还体现为经济合作和安全合作的重大调整。穆伊兹政府加强中马关系的目的是以此对冲来自印度的压力或减少对印度的依赖，推动中马关系和印马关系恢复平衡。

第一，政治互动频繁。2023 年 11 月，习近平主席特使、国务委员谌贻琴出席了穆伊兹总统就职仪式。2023 年 12 月 7~8 日，马尔代夫副总统侯赛因·穆罕默德·拉提夫（Hussain Mohamed Latheef）访问中国，参加在昆明举办的第二届中国—印度洋地区发展合作论坛。③ 穆伊兹总统不仅选择土耳其和阿联酋作为首次出访的目的地，打破马尔代夫新任总统将印度作为首访国的传统，而且于 2024 年 1 月 8~12 日对中国进行国事访问，早于对印度

---

① J. K. Tripathi, "India and the Parliamentary Elections in Maldives", Vivekananda International Foundation (VIF), April 24, 2024, https：//www. vifindia. org/2024/april/24/India - and - the-Parliamentary-Elections-in-Maldives.

② "'No Proposal Made'：MEA Rejects Maldives Minister's Claim on FTA", Times of India, May 30, 2024, https：//timesofindia. indiatimes. com/india/no - proposal - made - mea - rejects - maldives-ministers-claim-on-fta/articleshow/110565585. cms.

③ 《第二届中国—印度洋地区发展合作论坛外国政要讲话》，中国国家国际发展合作署网站，2024 年 1 月 9 日，http：//www. cidca. gov. cn/2024-01/09/c_1212325452. htm。

的访问。在穆伊兹访华期间，国家主席习近平、国务院总理李强和全国人大常委会委员长赵乐际等多位中国高层领导人与他举行会谈，发表了《中华人民共和国和马尔代夫共和国联合新闻公报》。2024 年 6 月 11~13 日，中国人民政治协商会议第十四届全国委员会副主席巴特尔应邀访问马尔代夫，并于 13 日与穆伊兹总统会谈。双方表示将推进两国合作，深化中马全面战略合作伙伴关系，构建中马命运共同体。

第二，深化经济合作。在穆伊兹访华期间，中马两国签署 20 项重要协议，涵盖旅游业、灾害管理、蓝色经济和数字经济投资等多个领域。双方表示继续推进《中马自由贸易协定》，签署"一带一路"倡议框架下的合作项目协议，包括富士迪加鲁法尔胡的社会住房项目、水产品加工厂和马累与维利马累的道路重建项目。穆伊兹提议，两国加强在电子商务、首都马累发展计划和机场扩建方面的合作。中国承诺向马尔代夫提供 1.3 亿美元援助，并同意给予马尔代夫偿还贷款的优惠政策。这些合作协议和项目覆盖了从基础设施建设到高科技发展等多个领域，表明中国在马尔代夫经济中的作用增强。2024 年 1 月 9 日，穆伊兹出席在中国福州举行的 2024 "投资马尔代夫"商务论坛。他在论坛上发表讲话时阐述了马尔代夫政府的发展愿景，称马尔代夫将进一步融入高质量共建"一带一路"，表示中国是马尔代夫最亲密的盟友和发展伙伴之一，感谢中国为马尔代夫社会经济发展提供的无私帮助。[1] 2024 年 5 月 22 日，中国驻马尔代夫大使王立新和马尔代夫基础设施部部长阿卜杜拉·穆塔里布（Abdulla Muthalib）签署了维利马累医院的可行性研究协议。2024 年 5 月 23 日，王立新出席了西藏自治区人民政府向马尔代夫捐赠 1500 吨冰川矿泉水交接仪式，[2] 这是 2023 年 11 月西藏自治区主席严金海对马尔代夫

① 严顺龙：《2024 "投资马尔代夫"商务论坛在闽举行》，《福建日报》2024 年 1 月 10 日，https://fjrb.fjdaily.com/pc/con/202401/10/content_335169.html。
② 《中国驻马尔代夫大使王立新出席西藏自治区人民政府向马尔代夫捐赠 1500 吨"西藏好水"交接仪式》，澎湃新闻，2024 年 5 月 24 日，https://www.thepaper.cn/newsDetail_forward_27493833。

进行正式访问时承诺的。[①] 此前，中国政府向马尔代夫的 5 个岛屿捐赠了 5 套淡水供应设备，帮助当地人解决淡水供应问题。[②]

第三，开启安全合作。2024 年 3 月 4 日，中共中央军委国际军事合作办公室副主任张宝群少将拜会马尔代夫国防部部长加桑·穆蒙（Ghassan Maumoon）[③]，双方签署了延长无偿军事援助的协议，[④] 这是中马首次签署如此级别的军事合作协议。[⑤] 次日，张宝群少将拜会穆伊兹总统，就马尔代夫与中国战略伙伴关系和加强防务合作进行了全面讨论，穆伊兹对中国政府给予马尔代夫的持续支持和援助表示感谢。[⑥] 当日晚间，穆伊兹表示，中国政府准备向马尔代夫军队提供培训，通过军事拨款提供非致命武器，并指出此次签署的军事合作协议能够加强军事训练并提高军事人员的技术能力。[⑦]

三　马尔代夫中印"大国平衡外交"的成效与限度

穆伊兹政府调整马尔代夫对中国和印度的政策，推动中马关系与印马关系"再平衡"，试图恢复对中印的"大国平衡外交"。这是对亚明政府执政时期中印"大国平衡外交"的延续，旨在维持马尔代夫与中印两个大国的

① Naizak Mohamed，"1，500 - ton Water Donated by China Arrives in Maldives"，Sun Online，March 26，2024，https：//en. sun. mv/88410.

② 《中国向马尔代夫捐赠淡水供应设备，缓解居民饮水难题》，新京报网，2024 年 3 月 18 日，https：//www. bjnews. com. cn/detail/1710747758129882. html.

③ 《中国人民解放军国际军事合作代表团访问马尔代夫、斯里兰卡、尼泊尔》，中国军网，2024 年 3 月 13 日，http：//www. 81. cn/jw_208551/16293677. html。

④ Mohamed Rehan，"Maldives-China Signs Agreement for Military Assistance"，Sun Online，March 4，2024，https：//en. sun. mv/87987.

⑤ Mohamed Rehan，"China's Military Grant：Training，Non-lethal Weaponry"，Sun Online，March 6，2024，https：//en. sun. mv/88026.

⑥ Naizak Mohamed，"Maldives-China Discuss Enhancing Defense Cooperation"，Sun Online，March 5，2024，https：//en. sun. mv/88008.

⑦ Mohamed Rehan，"China's Military Grant：Training，Non-lethal Weaponry"，Sun Online，March 6，2024，https：//en. sun. mv/88026.

关系平衡，根本目的是最大限度地维护马尔代夫国家主权的同时获取更大经济与安全利益。

（一）马尔代夫中印"大国平衡外交"的成效

第一，扩展了经济合作。马尔代夫与中国和印度的经济合作是评估其"大国平衡外交"成效的一个重要维度。一方面，中国对马尔代夫的投资主要集中在基础设施建设和旅游业，通过"一带一路"倡议，中国在马尔代夫的项目包括中马友谊大桥等关键基础设施的建设，极大地改善了当地的交通和经济发展条件。此外，中国参与了包括住房、道路、医疗设施和水务系统的多个项目，提升了马尔代夫的城市建设水平和居民生活质量。自 2010年起，中国连续 10 年成为马尔代夫第一大旅游客源国，截至 2024 年 4 月，中国赴马尔代夫游客达到 7.4 万人次。[①] 2023 年，中马双边贸易额为 7.6 亿美元。另一方面，穆伊兹政府部分调整了马尔代夫对印度的经济政策，但并未显著影响印马经济合作。印度在提供灾难响应支持、技术转移和人力资源培训方面发挥重要作用，对马尔代夫的援助涉及卫生、教育、基建和信息技术等领域，如"大马累互联互通"（Greater Male Connectivity）的财政援助项目，其中包括总计 5 亿美元的资金支持。[②] 这些合作项目促进了马尔代夫的社会发展和技术进步。此外，印度也是马尔代夫的主要游客来源国。2023年，印度赴马尔代夫游客约 21 万人次，印度成为当年马尔代夫的第一大旅游客源国。

第二，增强了安全与战略合作。马尔代夫的中印"大国平衡外交"策略在安全与战略合作方面取得了显著成效。由于地理位置和实力差距等因素，印度在安全和战略方面长期对马尔代夫具有巨大影响力。为了平衡来自印度的安全压力或减少对印度的安全依赖，穆伊兹政府不仅坚决要求印度

---

① 《中国同马尔代夫的关系》，中国外交部网站，2024 年 4 月，https：//www.mfa.gov.cn/web/gjhdq_676201/gj_676203/yz_676205/1206_676692/sbgx_676696/。

② 刘程辉：《印度为马尔代夫桥梁项目提供资金支持，称"是对中国的回应"》，观察者网，2023 年 11 月 18 日，https：//www.guancha.cn/internation/2023_11_18_716147.shtml。

撤离在马尔代夫的驻军，而且与中国加强安全合作。为了应对中马加强安全合作，印度推进在马尔代夫附近的军事基地建设和军事部署。不过，印马并未在安全和战略问题上摊牌，两国通过政治和经济手段维持双边关系稳定。2024年5月，马尔代夫外长扎米尔访问印度，印度外长苏杰生表示，"'共同利益和相互敏感性'应该成为双边关系的基础"。① 印度政府还应马尔代夫请求向其政府提供了5000万美元的预算支持。② 这表明，马尔代夫加强了与中国在海上安全和区域防务领域的交流与合作，同时减少了对印度的安全依赖，但并未因此导致印马关系破裂，从而保持足够的安全感和政策与战略自主性。

第三，提升了国际影响力。马尔代夫通过平衡与中国和印度的关系，凸显了其国际角色和地位，一定程度上提升了国际影响力。马尔代夫的国际影响力提升主要表现为能够在全球议题上发声，并参与更多国际组织和高层次会议。例如，通过与中国的合作，马尔代夫强化了在"一带一路"倡议中的角色。这不仅提升了其在全球经济中的地位，也增强了其在国际发展议题上的话语权。同时，马尔代夫在区域安全、海洋环保和气候变化等议题上仍与印度保持密切合作，共同推动一系列区域合作计划，提升了马尔代夫在南亚和印度洋地区事务中的影响力。马尔代夫的平衡外交策略也促进了区域合作，特别是在印度洋地区。马尔代夫通过加入"环印度洋区域合作联盟"等国际机制，加强了与周边国家的经济和安全联系。这种多边合作框架使马尔代夫能够在海洋安全、海洋资源管理和海洋环境保护等关键问题上发挥作用，提升了其作为一个小岛国在区域事务中的战略价值。

（二）马尔代夫中印"大国平衡外交"的限度

尽管马尔代夫通过实施中印"大国平衡外交"取得了一定的成效，但

---

① Rezaul H. Laskar："India Rejects Maldivian Minister's Claim that New Delhi has Proposed FTA"，Hindustan Times，May 30，2024，https：//www.hindustantimes.com/india－news/india－rejects-maldivian-minister-s-claim-that-new-delhi-has-proposed-fta-101717087709141.html.

② "India Extend USD 50 Mil Budget Support to Maldives"，Sun Online，May 13，2024，https：//en.sun.mv/89395.

这种外交策略也存在明显的限度，不仅涉及外交政策的实际执行难度，还包括地缘政治的复杂性和国内政策的反响。

第一，对大国依赖的风险。一是经济依赖风险。马尔代夫努力保持与中国和印度的关系，经济和安全高度依赖这两个大国。马尔代夫还受制于对国际市场的依赖，这放大了对大国依赖的风险，使马尔代夫经济对全球与大国的重大经济变化和重要政治事件极为敏感，增加了国家面临的外部压力和被操纵的风险。二是安全依赖风险。虽然马尔代夫试图减少对印度的军事依赖，但在关键的海上安全和反恐领域，印度的支持对马尔代夫仍然至关重要。这种依赖性使马尔代夫难以完全实现自主，限制了其在国际舞台上的行动自由。三是对冲依赖的风险。马尔代夫试图减少对印度的依赖，但与中国的密切合作可能导致新的依赖风险。

第二，地区安全动态的挑战。马尔代夫的地理位置和战略特性使其成为中印地缘政治竞争的前线，这可能导致马尔代夫成为大国博弈的场地。印度一直将印度洋地区视为其势力范围，对马尔代夫与中国的合作感到焦虑和担忧，中印关系紧张可能影响马尔代夫与传统盟友印度的关系。尽管马尔代夫试图通过平衡外交策略维护与两国的良好关系，但中印关系紧张和两国竞争为马尔代夫的外交政策带来复杂的挑战。在某种情况下，马尔代夫可能被迫在两个大国之间做出选择，特别是在它们的战略利益发生冲突时。马尔代夫必须格外谨慎，以免其行为被视为倾向于一方而损害另一方的利益。马尔代夫需要灵活调整外交策略，以应对不断变化的地区安全格局和大国博弈。

第三，国内政治波动。马尔代夫实施中印"大国平衡外交"对国内政治也产生了深远影响，穆伊兹政府执政期间出现一系列政治波动。穆伊兹推动"印度退出"运动有其外交考量，但也引发一些民众的不满和反对党的反制。部分马尔代夫政治力量和民众担忧这会破坏与印度的紧密联系，影响马印关系，损害马尔代夫的长期利益和区域安全。[①] 在这种氛围和印度的支

① Kanwal Sibal, "Opinion: Hard Realities Will Soon Catch Up With Maldives", New Delhi Television, January 20, 2024, https://www.ndtv.com/opinion/hard-realities-will-soon-catch-up-with-maldives-4897793.

持下，反对党马尔代夫民主党拒绝批准穆伊兹任命的新内阁成员，导致执政联盟与反对党在议会发生肢体冲突。此外，在议会中拥有多数席位的反对党议员发起对穆伊兹的弹劾，直到执政联盟赢得议会选举并获得多数议席才化解这一危机。穆伊兹调整对印政策旨在减少对印依赖，但也可能引发外国在投资和合作领域的疑虑，而马尔代夫自身的"脆弱性"注定了其发展需要高度依赖其他国家。马尔代夫国内的激进民族主义不仅对某一国家、民族或宗教信仰的游客产生敌视和抵制心理，不利于作为马尔代夫经济支柱的旅游业发展，而且可能对马尔代夫民族和宗教群体间的关系产生影响，增加国内社会的分裂风险。

（三）马尔代夫中印"大国平衡外交"的前景

第一，将继续维持与中印关系的平衡。一是穆伊兹总统致力于推动中马关系与印马关系平衡。穆伊兹自参加总统选举以来明确展现了"远印近中"的意愿和决心，也坚定推进相关的现实政策。这是穆伊兹政府实施中印"大国平衡外交"的主观条件，未来几年将继续推进。二是穆伊兹政府拥有有利的国内条件。2024 年的议会选举使执政联盟拥有马尔代夫议会 93 席中的 70 席，对议会拥有绝对掌控权。这使穆伊兹政府可以顺利推进涉及中印的重要政策，为穆伊兹政府继续推进中印"大国平衡外交"提供了有利的国内客观条件。三是中印容许或接受马尔代夫的"大国平衡外交"。印度和马尔代夫之间的历史联系和现实条件意味着马尔代夫不可能完全不顾印马关系而倒向其他大国，对印度而言，尽管马尔代夫的"一边倒"或"选边"是理想目标，但这在马尔代夫国内因素和中国因素的作用下无法实现。印度不希望完全放弃马尔代夫，因此可以容忍马尔代夫在中印之间保持平衡。这使马尔代夫具备实施中印"大国平衡外交"的国际条件。

第二，将继续获得经济和安全利益。马尔代夫可以利用战略位置，加强与其他印度洋地区国家的合作。通过与中印两国同时保持密切的合作关系，马尔代夫可以参与更多区域安全和经济事务，增进本国的经济和安全利益。基于前述各项有利条件，马尔代夫在未来几年将继续推进中印"大国平衡外交",这使其可以继续寻求与更多国家的合作,推进多边外交,实现对外关系多样化。这可以减轻马尔代夫对单一大国的依赖,大力发展本国的渔业、建筑业、信息技术和可再生能源等领域,减少对旅游业的依赖,从而有效抵御外部经济冲击,增强经济韧性。维护国家主权和追求经济多元化将是马尔代夫未来外交和经济策略中的关键内容。马尔代夫希望在保持良好国际关系的同时,为自己争取更大的政策制定空间和经济发展自由度。这不仅有助于国家经济的长期稳定增长,也有助于马尔代夫在复杂的国际政治环境中维护国家利益。

第三,将继续面临风险和挑战。马尔代夫的中印"大国平衡外交"将面临一系列风险与挑战。一是来自马尔代夫国内的挑战。由于印度因素,马尔代夫国内反对政府推行中印平衡外交政策的声音始终存在,反对党和部分民众可能通过社交媒体煽动马尔代夫的民族主义情绪,或通过街头政治向政府施压。二是来自印度的挑战。尽管印度目前容忍马尔代夫一系列对印政策调整措施,但印度国内对此不满的情绪明显,不排除未来以某个事件为由干涉马尔代夫国内政治的可能,甚至支持马尔代夫军方或反对派发动政变。三是来自地区形势变化的挑战。如果中印边界争端激化,印度很可能不再容忍其周边国家与中国保持密切关系,进而对马尔代夫采取施压或反制措施。这将给马尔代夫带来巨大冲击,使其难以维持中印"大国平衡外交"。

四　结语

由于实力和利益等因素,"大国平衡外交"成为许多国家特别是中小国家的选择。马尔代夫作为印度洋地区的一个小岛国,长期受印度的广泛影响。随着中国实力和影响力不断提升,中马联系日益密切,马尔代夫逐步开始重视平衡与中印的关系。自 1972 年中马建交以来,马尔代夫在亚明政府执政时期形成相对平衡的中马关系和印马关系。萨利赫政府执政时期马尔代夫明显向印度倾斜,从而破坏了中印"大国平衡外交"。穆伊兹政府致力于中马关系、马印关系"再平衡",目前已经取得显著成效,未来很可能继续

推进中印"大国平衡外交",但也面临一系列风险和挑战。马尔代夫实施中印"大国平衡外交"对中国外交的启示主要包括:一是更加关注周边小国的视角及其外交动向。中国周边小国众多,有些小国因独特的地理位置或资源禀赋而具有重要优势,中国不仅要重视大国外交,也要进一步细化周边外交工作,更加关注周边小国的视角和外交动向。二是理解南亚小国选择"大国平衡外交"的必然性。在中印关系发展趋势不变的情况下,南亚小国和弱国为更好地维护本国利益必然选择中印"大国平衡外交",中国需要理性地看待这一现象。三是清楚南亚小国的"大国平衡外交"具有可塑性。为了减少在南亚和印度洋地区的矛盾和摩擦,中国需要在稳定中印关系的同时妥善处理与南亚小国的关系,扩大与它们的共同利益,使它们充分感受到中国的重要性与吸引力,积极改善和加强与中国的关系。

B.17
"雄心实力难匹配": 印度承接全球产业转移的能力

田光强*

摘 要: 在经济和政治的双重影响下,全球供应链产业链价值链加速分化重组,日益近岸化、友岸化、本土化,更加强调提升弹性、韧性、活性,以提高经济效益、减缓经济冲击、确保经济安全。经济发展迅速的新兴国家印度成为全球部分产业链供应链转移的重要目的地。庞大的市场规模、丰富的人力资源、有利的地缘环境、改善的基础设施是全球部分产业向印度转移的主要动因。但是,印度在产业结构、政府治理、营商环境等方面存在严重的短板,这不仅将阻碍全球部分产业向印度的转移,还将使印度长期处于全球产业链的中下游,难以实现产业升级、技术提升、经济转型。

关键词: 全球产业链 印度 产业承接

随着全球化的快速发展、大国战略竞争的日益加剧,经济民族主义、贸易保护主义甚嚣尘上,经济议题加速安全化、武器化、政治化。百年变局和新冠疫情叠加影响,经济安全成为世界大国经济治理的重点。全球化由此进入了一个新的历史阶段:由强调自由流通的经济全球化逐渐转变为统筹发展与安全的复合全球化,由以经济逻辑为主逐渐转变为以政治逻辑为主,由全面性全球化逐渐转变为选择性全球化。在此国际背景下,全球供应链产业链

---

* 田光强,博士,中国社会科学院亚太与全球战略研究院助理研究员,主要研究方向为南亚国际关系。

价值链加速分化重组，日益近岸化、友岸化、本土化，更加强调提升弹性、韧性、活性，以提高经济效益、减缓经济冲击、确保经济安全。由于将中国视为"最严峻的竞争对手"，美日及欧洲国家在攻击抹黑中国经济、渲染"中国经济威胁论"的同时，也针对性地对中国实施"小院高墙""脱钩断链"等经济政策，开始布局将其产业链从中国转移出去，减少对华经济依赖，以实现所谓的"去风险化"。在经济和政治的双重影响下，经济发展迅速的新兴国家印度成为全球部分产业链供应链转移的重要目的地。

一 全球产业向印度的部分转移

根据经济合作与发展组织（OECD）的增加值贸易数据库测算，印度的出口总额由 2014 年的 4605.43 亿美元增至 2020 年的 4971.85 亿美元，增幅为 7.96%，其中最终产品的出口总额由 2066.83 亿美元增至 2225.84 亿美元，增幅为 7.69%，中间产品的出口总额由 2538.6 亿美元增至 2846.12 亿美元，增幅为 12.11%；印度出口总额的国外增加值由 2014 年的 1026.52 亿美元降为 2020 年的 857.54 亿美元，降幅为 16.46%；印度最终需求的国外增加值由 2014 年的 4128.17 亿美元增至 4304.63 亿美元，增幅为 4.27%；印度的全球价值链前向参与度由 2014 年的 16.3%增至 2020 年的 17.7%，全球价值链后向参与度由 2014 年的 22.3%降为 2020 年的 17.2%。[1] 根据世界贸易组织（WTO）的数据，2018 年印度的全球价值链参与指数（GVC Participation Index）为 36.4%，其中全球价值链前向参与度为 16.5%，全球价值链后向参与度为 19.8%，亚洲地区分别为 44.4%、20%、24.4%。2010～2018 年，印度的全球价值链参与度年均增长率为 5%，亚洲地区仅为 4.5%。[2]

[1] "Trade in Value Added", Organisation for Economic Cooperation and Development, https://www.oecd.org/sti/ind/measuring-trade-in-value-added.htm（最后访问日期：2024 年 6 月 3 日）。

[2] "India: Trade in Value-Added and Global Value Chains", World Trade Organization, https://www.wto.org/english/res_e/statis_e/miwi_e/IN_e.pdf（最后访问日期：2024 年 6 月 3 日）。

　　根据印度官方数据，与 2014~2015 财年①相比，2023~2024 财年印度吸引外商直接投资最多的十大领域出现了明显变化（见表 1）。与 2014~2015 财年相比，2023~2024 财年印度出口额最多的产品也发生了结构性变化（见表 2）。2023~2024 财年印度出口总额最多的五个国家是美国（占17.73%）、阿联酋（占 8.15%）、荷兰（占 5.12%）、中国（占 3.81%）、新加坡（占 3.3%），出口额分别比 2014~2015 财年增长 82.61%、7.86%、253.64%、39.59%、46.94%。② 根据世界银行公布的最新数据，印度外商直接投资额 2022 年比 2013 年增加了 77.41%（见图 1）。这些数据能反映出全球产业向印度部分转移的趋势。

表 1　2014~2015 财年和 2023~2024 财年印度吸引外商直接投资最多的十大领域

单位：亿美元，%

2014~2015 财年			2023~2024 财年		
领域	金额	比重	领域	金额	比重
服务业	32.53	10.52	计算机软件与硬件	79.73	19.95
电信业	28.95	9.36	服务业	66.4	14.95
贸易行业	27.61	8.93	基础设施行业	42.32	9.53
汽车工业	25.7	8.31	贸易行业	38.65	8.70
计算机软件与硬件	22	7.11	电力行业	17.01	3.83
医药行业	15.23	4.92	汽车工业	15.24	3.43
建筑行业	7.58	2.45	医药行业	10.64	2.40
化工行业	6.69	2.16	化工行业	8.44	1.90
电力行业	6.57	2.12	电信业	2.82	0.63
冶金行业	4.72	1.55	建筑行业	2.55	0.57

　　资料来源："FDI Statistics Archives"，Department for Promotion of Industry and Internal Trade，https：//dpiit. gov. in/publications/fdi-statistics/archive（最后访问日期：2024 年 6 月 6 日）。

---

① 印度的财年是每年的 4 月 1 日开始，次年的 3 月 31 日结束。

② "Export Import Data Bank"，Ministry of Commerce and Industry，https：//tradestat. commerce. gov. in/eidb/（最后访问日期：2024 年 6 月 6 日）。

表 2　2014~2015 财年和 2023~2024 财年印度出口额最多的五种产品

单位：%

2014~2015 财年		2023~2024 财年	
产品	比重	产品	比重
矿物燃料矿物油	20.57	矿物燃料矿物油	20.04
珍珠宝石	13.26	电气机械设备	7.87
火车有轨电车及其配件	4.11	珍珠宝石	7.52
核反应堆机械设备	3.84	核反应堆机械设备	6.88
有机化学产品	3.82	医药产品	5.06

资料来源："Export Import Data Bank"，Ministry of Commerce and Industry，https：//tradestat. commerce. gov. in/eidb/（最后访问日期：2024 年 6 月 6 日）。

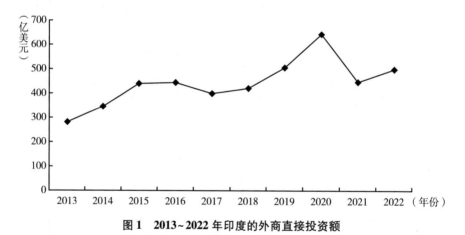

图 1　2013~2022 年印度的外商直接投资额

资料来源："Foreign Direct Investment，Net Inflows（BoP，current US $ ）-India"，World Bank，https：//data. worldbank. org/indicator/BX. KLT. DINV. CD. WD？view = chart&locations = IN（最后访问日期：2024 年 6 月 7 日）。

　　波士顿咨询公司发布的研究报告指出，2018~2020 年，中国出口到美国的消费电子产品、半导体及材料、汽车零部件、机械等分别减少了 2%、29%、12%、28%；印度则分别增加了 392%、143%、65%、70%。2022 年，印度输美商品的到港成本只有美国本土商品成本的 85%，中国输美商品的到港成本则为美国本土商品成本的 96%，有可能进一步上升为121%。[1]

　　根据2012~2020年国家间投入产出数据库（Inter-Country Input-Output）的统计数据，印度具有本土生产优势并快速提升的行业是机械设备的维修和安装，具有本土生产优势并稳定提升的行业主要是食品饮料和烟草制造业、纺织产品皮革和制鞋业、化学及化工产品业、其他运输设备业、陆上运输和管道运输业、信息技术和其他信息服务业等。与中国相比，印度在全球产业链中具有绝对优势的行业包括食品饮料和烟草制造业、纸制品及印刷业、焦炭和精炼石油产品、基本金属等。印度具有前向绝对优势、后向一定优势的部门包括木材及木材和软木制品业、邮政及速递两个行业，印度具有前向一定优势、后向绝对优势的部门是其他非金属矿产品、计算机电子及光学设备、机械和设备、其他运输设备等行业。在承接中国产业转移方面，印度最具优势的行业是食品饮料和烟草制造业、基本金属、纸制品及印刷业，次有优势的行业是其他非金属矿产品、其他运输设备，中等优势的行业是计算机电子及光学设备。[2]

二　印度承接全球产业转移的优势

　　随着全球供应链产业链价值链的分化重组，经济发展迅速、市场规模庞大的印度成为全球部分产业转移的目的地。但是，印度在承接全球产业转移方面也存在不容忽视的不足之处。在借鉴学术界已有研究成果的基础上，本报告构建了一个综合评估印度产业承接能力的简单指标框架（见表3）。

---

[1] "Harnessing the Tectonic Shifts in Global Manufacturing", Boston Consulting Group, https://www.bcg.com/publications/2023/harnessing-tectonic-global-shift-in-manufacturing（最后访问日期：2024年6月10日）。

[2] 张晓旭、高翔、杨翠红：《全球价值链重构背景下印度承接产业转移的前景分析》，《计量经济学报》2024年第1期。

表3 印度产业承接能力综合评价指标

一级指标	二级指标	三级指标
产业承接能力	产业吸引力	市场规模
		人力资源
		地缘环境
	产业支撑力	交通设施
		信息设施
		资源禀赋
	产业选择力	产业配套
		行政效率
		营商环境
	产业发展力	发展潜力
		产业结构
		吸引外资
	产业治理力	廉洁环境
		政策稳定
		法治建设

资料来源：王开科、李采霞《"一带一路"沿线经济体承接中国产业转移能力评价》，《经济地理》2021年第3期；笔者对其中的三级指标进行了修改。

印度的产业吸引力是全球产业部分向印度转移的主要因素，而其产业支撑力只能部分满足全球产业转移的要求，是全球产业部分向印度转移的次要因素。

第一，庞大的市场规模。作为经济发展迅速的新兴国家，印度具有庞大的市场规模。根据联合国发布的《2022年世界人口展望》报告，2022年，中国的人口为14.26亿人，印度的人口为14.12亿人。2023年印度超过中国，成为世界第一人口大国。2050年，印度人口预计为16.68亿人，中国人口预计为13.17亿人。① 印度消费经济研究所发布的研究报告指出，印度的中产阶级②将从2020～2021财年的4.32亿人增至2030～2031财年的7.15

---

① "World Population Prospects 2022：Summary of Results"，United Nations，https：//www.un.org/development/desa/pd/content/World-Population-Prospects-2022（最后访问日期：2024年6月12日）。

② 该智库将中产阶级定义为2020～2021年收入在1322.77美元（10.9万卢比）～7839.51美元（64.6万卢比），或家庭年收入在6067.74美元（50万卢比）～36406.41美元（300万卢比）。

亿人（占总人口的 47%），预计到 2047 年，印度 16.6 亿人中将有中产阶级 10.2 亿人（占总人口的 61%）。到 21 世纪 20 年代末，印度的人口结构将从由少数富裕阶层和非常庞大的低收入阶层组成的倒金字塔转变为钻石形，相当一部分低收入阶层将成为中产阶级。随着中产阶级的增加，印度对高品质消费品、住房、教育和医疗保健等产品的需求也将增加。[1] 与此同时，印度经济保持较为旺盛的发展势头，已成为全球发展最快的经济体之一。2024 年 1 月，国际货币基金组织发布的《世界经济展望》指出，2022 年印度国内生产总值（GDP）的增长率为 7.2%，2023 年为 6.7%，2024 年预计为 6.5%，2025 年预计为 6.5%。[2] 2022 年，印度已超越英国，成为世界第五大经济体。世界银行的数据显示，印度的人均 GDP 已由 2014 年的 1559.9 美元增至 2023 年的 2484.8 美元，增幅高达 59.29%。[3] 人口总数尤其是中产阶级的增加以及经济的快速发展，推动印度的市场规模进一步扩大，印度将成为全球潜力巨大的消费市场。全球部分产业的转移也是着眼于布局印度市场、占得先机。

第二，丰富的人力资源。2019 年，印度 0~14 岁人口占总人口的 26.62%，15~64 岁人口占 67%，65 岁及以上人口占 6.38%，年龄中位数不到 28 岁，每年有超过 1200 万名年轻人进入劳动力市场。[4] 世界银行的数据显示，2023 年印度的劳动力人口约 5.94 亿人，占总人口的 41.54%。[5] 2022 年印度劳动和就业部就业总局发布的研究报告基于 11 个指标分析了该国的

---

① "Gearing Up for a Billion-Plus Middle Class by 2047", People Research on India's Consumer Economy, https：//price360. in/publication-details. php? url = gearing - up - for - a - billionplus - middle-class-by-2047（最后访问日期：2024 年 6 月 12 日）。

② "World Economic Outlook Update, January 2024", International Monetary Fund, https：// www. imf. org/en/Publications/WEO/Issues/2024/01/30/world - economic - outlook - update - january-2024（最后访问日期：2024 年 6 月 12 日）。

③ "GDP Per Capita (current US $) -India", Word Bank Group, https：//data. worldbank. org/ indicator/NY. GDP. PCAP. CD? locations=IN（最后访问日期：2024 年 6 月 12 日）。

④ 《吴跃农：印度经济特色及中印经贸关系的思考》，长江产业发展研究院网站，2022 年 3 月 2 日，https：//idei. nju. edu. cn/94/de/c26392a562398/page. htm。

⑤ "Labor Force, Total-India", World Bank, https：//data. worldbank. org/indicator/SL. TLF. TOTL. IN? locations=IN （最后访问日期：2024 年 6 月 13 日）。

劳动力市场。2021~2022 财年，印度的劳动力人口参与率为 54.9%，其中男性为 77%、女性为 32.5%；就业人口比例为 52.6%，其中男性为 73.5%、女性为 31.4%；农业就业人口占总就业人数的 46.5%，工业就业人口占 23.9%，服务业就业人口占 29.6%；劳动力人口的识字率仅为 46.4%。[①] 根据佩恩世界贸易表（Penn World Table）的数据，印度的人力资本指数[②]已由 2010 年的 1.97 上升为 2019 年的 2.17，但是和中国、东南亚国家相比依然较低。印度的全要素生产率由 2010 年的 0.41 上升为 2019 年的 0.44，高于中国，但是低于东南亚国家。[③] 根据 2023 年印度首席劳工委员办公室（The Organization of the Chief Labour Commissioner，又称中央劳资关系机构）公布的最低工资标准，印度工人的每日工资最低仅为 154 卢比（约合 13 元人民币），最高仅为 992 卢比（约合 85 元人民币）（见表 4）。[④] 印度众多的劳动力人口加上较低的工资水平使其具有丰富的低价人力资源，这是全球部分产业尤其是劳动密集型产业向印度转移的重要动因。

表 4　印度工人的最低工资标准

单位：卢比/天

工人类别	项目	A 类地区	B 类地区	C 类地区
无技术工人	工资	228	191	154
	工资加津贴	751	628	504
半技术工人	工资	253	215	179
	工资加津贴	832	709	589

---

① "Labour and Employment Statistics 2022", Directorate General of Employment, https://dge. gov. in/dge/sites/default/files/2022-08/Labour_and_Employment_Statistics_2022_2com. pdf （最后访问日期：2024 年 6 月 13 日）。

② 人力资本指数基于劳动力受教育程度和教育回报计算。

③ "Penn World Table Version 10. 01", https://dataverse. nl/api/access/datafile/354095; "Penn World Table Version 10. 01", https://www. rug. nl/ggdc/productivity/pwt/? lang=en （最后访问日期：2024 年 6 月 15 日）。

④ "Minimum Wages", Chief Labour Commissioner, https://clc. gov. in/clc/node/730 （最后访问日期：2024 年 6 月 17 日）。

工人类别	项目	A 类地区	B 类地区	C 类地区
技术工人	工资	278	253	215
	工资加津贴	915	832	709
高级技术工人	工资	299	278	253
	工资加津贴	992	915	832

资料来源："Minimum Wages", Chief Labour Commissioner, https：//clc. gov. in/clc/node/730（最后访问日期：2024 年 6 月 17 日）。

第三，有利的地缘环境。自开始经济改革以来，印度历届政府都致力于推动以"自由化""市场化"为主要内容的经济改革，为印度经济发展奠定了良好的制度基础。莫迪政府进一步推进经济改革，积极吸引外资，大力扶持制造业发展。印度的开放指数已由 2008 年的 0.6373 增至 2022 年的 0.6563，开放指数排名已由 2008 年的第 92 位升至 2022 年的第 84 位。[1] 瑞士洛桑国际管理发展学院发布的世界竞争力排名显示，在全球 67 个经济体中印度由 2020 年的第 43 位上升为 2024 年的第 39 位，其中经济表现由第 37 位上升为第 20 位。[2] 国际社会普遍认为，印度经济的自由化、市场化水平不断提升。在大国战略竞争加剧的背景下，实力不断上升的印度成为各个大国争相拉拢的对象，其地缘政治环境和国际地位日益改善。美国将印度视为世界上最大的"民主国家"以及遏制中国的"重要帮手"，不断深化与印度的全方位合作。在产业合作方面，美国政府在加强与印度高新技术合作的同时，不仅鼓励西方企业将产业转移到印度，还与印度在美印日澳"四边机制"（QUAD）、"矿产安全伙伴关系"（MSP）、七国集团（G7）等多边机制内构建排他性的产业链供应链小集团。在地缘经济环境和地缘政治环境的双重影响下，全球尤其是西方国家的部分产业逐渐向印度转移。

---

[1] 中国社会科学院世界经济与政治研究所、虹桥国际经济论坛研究中心：《世界开放报告2023》，中国社会科学出版社，2023。

[2] "World Competitiveness Rankings", International Institute for Management Development, https：//www. imd. org/entity-profile/india-wcr/#earbookEconomic%20Performance_; yearbook_Economic%20Performance（最后访问日期：2024 年 6 月 20 日）。

第四，改善的基础设施。基础设施是经济发展的重要基础，也是一国承接全球产业转移的主要支撑。因此，莫迪政府致力于改善印度的基础设施。莫迪政府对印度的交通基础设施进行了全面改善以提升现代化水平、联通效果。2014 年以来，印度政府公路建设预算增长了 500%。2020~2021 财年，印度高速公路建设速度达到 37 公里/天，创印度高速公路建设速度最快纪录。国家高速公路里程由 2014 年的 91287 公里增至 2023 年的 146145 公里，增长了 60%；四车道国家高速公路由 2014 年的 18387 公里增至 2023 年的 46179 公里，增长了 2.5 倍。2013~2014 财年，印度的农村公路只有 38.1 万公里，2023 年已达 75.5 万公里。截至 2023 年 12 月，印度 61508 公里宽轨铁路已实现电气化，占印度铁路总长 65556 公里的 93.83%，并开始重建 1318 个火车站。印度的地铁网络由 2014 年的 248 公里增加到 2024 年的 945 公里，每天乘客达约 1000 万人次；有地铁的城市由 2014 年的 5 个扩展到 2024 年的 21 个，另有 26 个城市的地铁正在建设。2024 年，印度 158 个机场处于运营状态，84 个机场在建，运营 545 条航线。莫迪政府投资 58 万亿卢比发展 839 个港口项目。[①] 2018 年 1 月，亚洲最长隧道印度佐吉拉隧道开工建设。2020 年 10 月 3 日，世界上海拔 3000 米以上最长的公路隧道印度阿塔尔隧道宣布开通。2021 年 4 月 15 日，世界上最高的铁路桥印度杰纳布河大桥主拱圈完成合龙。

三　印度承接全球产业转移的短板

虽然印度在产业吸引力和产业支撑力方面具有承接全球部分产业转移的有利条件，但是在产业选择力、产业发展力和产业治理力方面存在严重的短板。这不仅阻碍全球产业向印度的转移，还将使印度长期处于全球产业链的中下游，难以实现产业升级、技术提升、经济转型。

---

① "Building India-10 Years of Infrastructure Development"，Ministry of Information & Broadcasting，https：//pib. gov. in/PressNoteDetails. aspx？NoteId = 151870&ModuleId = 3 （最后访问日期：2024 年 6 月 20 日）。

第一，产业结构不够合理。印度产业结构侧重第三产业，第二产业基础较差并且发展缓慢。根据印度央行的统计数据，2022～2023财年第三产业增加值占印度GDP的62.7%，第一产业和第二产业增加值分别只占15.1%和22.2%。第三产业成为印度增长率最快的产业，远超第一产业和第二产业。印度已成为世界第二大软件出口国和世界外包行业第一大国，被称为"世界办公室"。[①] 依靠第三产业的经济模式使印度严重依赖欧美等发达国家的市场需求。发达国家经济的长期低迷和贸易保护主义使印度的第三产业发展放缓。印度的第三产业也没有带动其他产业的发展，未能吸纳足够的就业人口。为了改善产业结构，莫迪政府上台后，将工业化确定为重要的经济发展方向，大力支持制造业的发展。2014年，莫迪政府推出"印度制造"计划，希望将制造业增加值占GDP的比重提高到25%，并且每年为1200万人提供就业岗位。莫迪政府的经济政策虽然促进了制造业的发展，但囿于自身的结构性问题，印度难以在短时间内摆脱对第三产业的依赖。印度的制造业仍然严重依赖进口零部件，很难实现向产业链上游的升级。印度也缺乏相对完整独立的产业生态系统，无法形成有效的供应链体系。

第二，腐败是困扰印度的顽疾，也是影响其治理能力提升和经济社会发展的严重问题。世界银行编制的全球治理指数显示，2022年印度控制腐败的指数只有44.34。[②] 根据透明国际发布的2023年"清廉指数"，印度的评分只有39，在180个国家和地区中仅居第93位，属于腐败较为严重的国家之一。[③] 稳定的政策能够有效减少不确定性、降低交易成本、扩大投资规模，是一个国家发展本国经济和吸引外资的重要前提条件，这是印度政府的薄弱环节。由于政治制度、政党政治、政治理念的影响，印度政府尤其是地方政府的政策

---

① 田光强：《印度经济发展的动力、挑战及前景》，《中国外汇》2023年第17期。

② "Worldwide Governance Indicators", World Bank, https://www.worldbank.org/en/publication/worldwide-governance-indicators/interactive-data-access（最后访问日期：2024年6月22日）。

③ "Corruption Perceptions Index 2023", Transparency International, https://images.transparencycdn.org/images/CPI-2023-Report.pdf（最后访问日期：2024年6月22日）。

变动性比较大，政策稳定性比较差。全球治理指数显示，2022 年印度的政策稳定指数只有 24.53。① 法治是现代文明的核心，也是发展经济的重要前提。只有法制健全，一个国家才能长治久安、繁荣发展。而印度的法治建设还比较滞后，法律系统的运作非常缓慢，长期处于"无法可依""执法不严""违法不究"的状态。全球治理指数显示，2022 年印度的法治指数只有 55.19。②

第三，落后的基础设施仍是阻碍印度经济发展的瓶颈。虽然印度的基础设施有所改善，但还处于低水平阶段，难以完全满足全球产业转移的需要。世界经济论坛发布的《全球竞争力报告（2019）》指出，印度基础设施的综合评分仅为 68.1，在 141 个国家和地区中居第 70 位。③ 2024 年世界竞争力排名显示，印度的技术基础设施竞争力在全球 67 个经济体中居第 44 位，科学基础设施竞争力居第 26 位，交通基础设施竞争力由第 49 位降至第 53 位。④ 电力是发展现代产业尤其是高新技术产业的重要条件。但是，印度面临严重的电力缺口，时常采取限电措施，这势必影响全球产业向印度的转移。《全球竞争力报告（2019）》指出，印度的电力普及率仅排在第 105 位，供电质量只排在第 108 位。⑤ 根据印度中央电力管理局的统计数据，2020~2021 财年印度缺电高峰值为 802 兆瓦，2021~2022 财年缺电高峰值为 2475 兆瓦，2022~2023 财年缺电高峰值为 8657 兆瓦，2023~2024 财年缺电高峰值为 3340 兆瓦，2024~2025 财年缺电高峰值为 14200 兆瓦。⑥

---

① "Worldwide Governance Indicators", World Bank, https：//www.worldbank.org/en/publication/worldwide-governance-indicators/interactive-data-access（最后访问日期：2024 年 6 月 22 日）。

② "Worldwide Governance Indicators", World Bank, https：//www.worldbank.org/en/publication/worldwide-governance-indicators/interactive-data-access（最后访问日期：2024 年 6 月 22 日）。

③ "The Global Competitiveness Report 2019", World Economic Forum, https：//www3.weforum.org/docs/WEF_TheGlobalCompetitivenessReport2019.pdf（最后访问日期：2024 年 6 月 23 日）。

④ "World Competitiveness Rankings", International Institute for Management Development, https：//www.imd.org/entity-profile/india-wcr/#earbookEconomic%20Performance_；yearbook_Economic%20Performance（最后访问日期：2024 年 6 月 23 日）。

⑤ "The Global Competitiveness Report 2019", World Economic Forum, https：//www3.weforum.org/docs/WEF_TheGlobalCompetitivenessReport2019.pdf（最后访问日期：2024 年 6 月 23 日）。

⑥ "India Facing Record Power Shortfall for June, and Other Top Energy Stories This Month", World Economic Forum, https：//www.weforum.org/agenda/2024/05/energy-news-india-power-shortfall-electric-vehicle/（最后访问日期：2024 年 6 月 25 日）。

第四，印度不断扩大的贫富差距会引发严重的社会问题，导致社会失序，直接影响经济发展和全球产业的转移。世界不平等实验室发布的研究报告指出，2014~2015 年度至 2022~2023 年度，在财富集中方面，印度的不平等明显加剧。2022~2023 年度，印度最富有的 1% 人口的收入和财富份额分别上升至 22.6% 和 40.1%，达到历史最高水平。印度最富有的 1% 人口的收入份额是世界上最高的。2022~2023 年度，印度最富有的 10% 人口拥有印度总收入的 57.7%，人均年收入为 1352985 卢比；最贫穷的 50% 人口的收入仅占印度总收入的 15%，人均年收入仅为 71163 卢比，前者是后者的 19倍。2022~2023 年度，印度最富有的 10% 人口拥有印度总财产的 65%，人均财产为 8770132 卢比；最贫穷的 50% 人口的财产仅占 6.4%，人均财产仅为 173184 卢比，前者是后者的约 51 倍。该研究报告直言不讳地指出，现在印度的收入不平等比英国殖民统治时期更严重。[①] 根据印度媒体报道，印度的基尼系数由 2014 年的 0.344 升至 2018 年的 0.479，收入不平等正在加剧。

第五，营商环境亟待改善。根据世界银行发布的《全球营商环境报告2020》，印度的营商环境评分仅为 71，在 180 多个经济体中居第 63 位，其中创业环境评分居第 136 位，财产登记评分居第 154 位，纳税成本评分居第115 位，跨境贸易评分居第 68 位，执行合同情况评分居第 163 位。[②] 美国传统基金会发布的经济自由度指数（Index of Economic Freedom）显示，2023年印度的总体评分仅为 52.9，在 176 个经济体中居第 131 位，其中商业自由度评分为 64.3，劳动力自由度评分为 58.1，贸易自由度评分为 59.8，投资自由度和金融自由度评分均为 40。[③]

① "Income and Wealth Inequality in India, 1922-2023: The Rise of the Billionaire Raj", World Inequality Lab, https://wid.world/wp-content/uploads/2024/03/WorldInequalityLab_WP2024_09_Income-and-Wealth-Inequality-in-India-1922-2023_Final.pdf（最后访问日期：2024 年 6 月25 日）。

② "Doing Business 2020-India", World Bank, https://archive.doingbusiness.org/content/dam/doingBusiness/country/i/india/IND-LITE.pdf（最后访问日期：2024 年 6 月 26 日）。

③ "Index of Economic Freedom", Heritage Foundation, https://www.heritage.org/index/pages/all-country-scores（最后访问日期：2024 年 6 月 26 日）。

为了保护国内产业，印度实施具有贸易保护主义色彩的政策，导致经济全球化程度较低。① 苏黎士联邦理工学院瑞士经济研究所（KOF Swiss Economic Institute）的数据显示，2014 年印度的全球化指数为 43.48，2021 年则下降为 41.63；2014 年印度的贸易全球化指数为 42.23，2021 年上升为 46.27；2014 年印度的金融全球化指数为 44.74，2021 年则下降为 36.99。② 根据世界贸易组织的统计，2022 年印度的平均关税税率为 50.8%，其中农产品的关税税率高达 113.1%，非农产品为 36%，而最惠国待遇的关税税率分别为 18.1%（平均）、39.6%（农产品）、14.7%（非农产品）。此外，印度还实施了大量的非关税贸易壁垒，其中卫生和植物检疫措施 272 项、反倾销政策 376 项、反补贴政策 26 项、安全保护措施 4 项、数量限制措施 59 项、关税配额政策 3 项。③

第六，印度复杂的法律体系是一个很大的阻碍因素。印度涉及劳工的法规较多，也较复杂，既包括中央政府颁布的全国性法规（见表 5），也包括邦政府颁布的地方性法规。2019~2020 年，印度政府推动劳工法律改革，整合了 29 部中央劳工立法，出台了《2019 年工资法案》《2020 年社会保障法案》《2020 年职业安全、健康和工作条件法案》《2020 年劳资关系法案》等 4 部新的劳工法规。由于印度政府对劳工的严格保护，外国企业在招聘、管理、解聘等环节面临诸多限制，不利于外国企业在当地的运营。2013 年 8 月印度通过的新征地法案规定，征地方必须向农村、城市地区的土地所有者分别支付最高达土地市价 4 倍、2 倍的对价。公私合营项目、私营企业进行征地时，必须事先分别取得 70% 和 80% 土地所有者的同意。由于印度征地手续复杂、周期漫长、成本难以控制，很多外国企业选择租赁土地或者入驻工业园区开展经营。

① Raghuram Rajan, Rohit Lamba, *Breaking the Mold: India's Untraveled Path to Prosperity*, Princeton, NJ: Princeton University Press, 2024, p. 58.

② "KOF Globalisation Index", KOF Swiss Economic Institute, https://kof.ethz.ch/en/forecasts-and-indicators/indicators/kof-globalisation-index.html（最后访问日期：2024 年 6 月 27 日）。

③ "I-TIP Goods: Integrated Analysis and Retrieval of Notified Non-Tariff Measures", World Trade Organization, https://i-tip.wto.org/goods/Forms/MemberView.aspx? data = default（最后访问日期：2024 年 6 月 27 日）。

表 5　印度涉及劳工的主要全国性法规

法规名称	主要内容
《工厂法》	工厂的工作条件、健康及安全措施,雇主和雇员的权利和义务
《劳工争议法》	劳工停职、解雇、资遣,企业关闭、出售的有关事项,违反者最高可处 6 个月有期徒刑并 1000 卢比罚金
《产假法》	女性劳工只要过去 12 个月内工作满 80 天以上者均适用,违反者最高可处 3 个月有期徒刑并 500 卢比罚金
《红利法》	最低红利为劳工薪资的 8.33%、最高为 20%,违反者最高可处 6 个月有期徒刑并 1000 卢比罚金
《离职金法》	雇用 10 人以上的企业,其劳工工作满 5 年以上死亡、退休或离职时,每年可获相当于最后期间半个月的薪资,最高为 35 万卢比
《劳工补偿法》	劳工因工作造成伤害或死亡的补偿
《雇用法》	凡雇用劳工人数在 100 人以上(目前是 50 人以上)的企业应明确劳工的假期、分班、薪资、请假、离职等各项雇用条件
《最低工资法》	规定劳工的最低工资标准
《工资支付法》	雇主在限定时间内应支付劳工工资
《劳工退休基金及杂项规定法》	强制性的劳工储蓄,雇用员工 50 人以下,需提取员工基本薪资及津贴的 10%,50 人以上提 12%,违反者最高可处 1 个月有期徒刑并 5000 卢比罚金

资料来源:《对外投资合作国别(地区)指南:印度(2023 年版)》, http: //www. mofcom. gov. cn/ dl/gbdqzn/upload/yindu. pdf (最后访问日期: 2024 年 6 月 28 日)。

四　结语

在经济和政治的双重影响下,全球供应链产业链价值链加速分化重组。经济发展潜力巨大、劳动力人口低廉充足、市场规模庞大的印度成为全球部分产业转移的目的地,这将在一定程度上改变全球产业链的布局。但囿于产业结构、政府治理、营商环境等方面的短板,印度难以成为全球产业链新的集结点,更难以在短时间内实现产业升级、技术提升、经济转型,仍将处于全球产业链的中下游。

B.18
国际竞争背景下亚太地区产业政策的回潮：以半导体产业为例

张倩雨*

摘　要：　新一轮科技革命和产业变革加速演进、国际竞争加剧、地缘冲突和重大风险事件频发等多因素叠加，推动亚太地区产业政策强势回潮。作为全球经济最具战略价值的支柱产业和国际竞争焦点，半导体产业成为当前亚太地区产业政策最为集中的领域。为抢占半导体领域科技创新和产业发展的制高点，亚太地区各国在政策扶持、对外贸易和经济外交等多领域密集发力。美国通过对内扶持和对外施压，"双管齐下"护持技术霸权；韩国在跟随美国实施对华出口管制导致存储芯片出口额逐年下降以及直面日本竞争的背景下，技术民族主义倾向日益加强；曾在美国打压下陷入"失去的三十年"的日本，正在与昔日的对手结成"围堵"联盟，试图通过加强与美国的协调重拾半导体产业大国之梦；作为半导体产业第四轮国际扩散主要目的地的泰国和越南，正在为承接产业转移积极行动。亚太地区此轮半导体领域产业政策的密集回潮，有客观性和必然性。但产业政策的"泛安全化"，可能导致围绕半导体展开的政策竞争从良性竞争滑向劣性竞争，给各国带来严峻的经济和战略后果。

关键词：　半导体　产业政策　国际竞争　亚太地区

* 张倩雨，博士，中国社会科学院亚太与全球战略研究院助理研究员，主要研究方向为国际政治经济学。

一　美国引领亚太地区产业政策回潮趋势

产业政策传统上被认为是发展中国家后发追赶的专业政策工具，但近年来在亚太地区呈现明显的回潮趋势，美国在其中扮演了非常关键的角色。罗伯特·韦德（Robert H. Wade）曾指出，美国产业政策最大的成功在于使人相信美国从未实施过产业政策。[①] 但近年来，美国不再致力于做一个"隐藏的发展型国家"[②]，而是以产业竞争关乎国家安全为由将产业政策的制定和实施公开在"阳光之下"。2023 年 4 月，美国国家安全顾问杰克·沙利文（Jack Sullivan）发表演说，提出美国应分五个步骤达成"新华盛顿共识"：一是加强政府对产业发展的积极介入，用现代美国产业战略打造新的产业基础；二是加强与盟伴的合作，以构建强大、有韧性、全球领先的技术工业基础；三是超越传统自由贸易协定，建立着眼于时代核心挑战的新型国际经济伙伴关系；四是向新兴经济体调动数万亿美元的投资，帮助它们更新基础设施和解决债务困扰；五是利用"小院高墙"保护美国的基础性技术。[③] 这次演说被认为具有重大的转折性意义，标志着以减少干预、放松管制、推行贸易自由化和私有化为核心的"华盛顿共识"走向终结。同时，美国正以"友岸外包"为抓手推动关键行业供应链重构，这进一步提高了亚太各国实施产业政策的积极性，它们试图通过提高在产业转移中相对于他国的竞争优势以实现承接产业转移和推动经济增长的目标。可以说，当前国际竞争的本质很大程度上已转向产业政策竞争。[④]

---

① Robert H. Wade, "The Role of Industrial Policy in Developing Countries," in Alfredo Calcagno et al., eds., *Rethinking Development Strategies After the Financial Crisis Volume Ⅰ. Making the Case for Policy Space*, New York and Geneva: United Nations, 2015, pp. 67-78.

② Fred Block, "Swimming Against the Current: The Rise of a Hidden Developmental State in the United States," *Policy and Society*, 2008, 36 (2), pp. 169-206.

③ "Remarks by National Security Advisor Jake Sullivan on Renewing American Economic Leadership at the Brookings Institution", The White House, April 27, 2023, https://www.whitehouse.gov/briefing-room/speeches-remarks/2023/04/27/remarks-by-national-security-advisor-jake-sullivan-on-renewing-american-economic-leadership-at-the-brookings-institution/.

④ 雷少华：《超越地缘政治——产业政策与大国竞争》，《世界经济与政治》2019 年第 5 期。

二　亚太地区半导体产业的发展特征

20 世纪中后期，信息技术的快速发展带领人类社会进入信息化时代。半导体产业是信息技术产业的核心，亦是支撑经济社会发展和保障国家安全的战略性、基础性和先导性产业，其技术水平和发展规模已成为衡量一国产业竞争力和综合国力的重要标志。据世界半导体贸易统计组织（WSTS）数据，全球半导体市场规模从 21 世纪初的约 1422 亿美元增至 2023 年的 5201亿美元，年均增速为 6.07%，高于同时段全球 GDP 年均增速。① 其中，亚太地区是全球最大的半导体消费市场，在全球半导体销售额中占比超过六成。

亚太地区在全球半导体产业中发挥着举足轻重的作用。这种产业格局是在以下四次产业转移中逐渐形成的。

半导体产业最早起源于美国。在美国主导全球半导体技术研发和生产制造，成为该行业独一无二的领导者后，20 世纪 60 年代中后期，出于降低生产成本的需要，美国半导体企业开始将一些附加值较低的装配加工环节向日本转移，由此开启了半导体产业的第一轮产业转移。

在承接来自美国产业转移的同时，日本还发起对美国的技术追赶，并在1986 年取代美国成为全球最大的半导体生产国。在此背景下，美国对日本的技术政策从技术输出转为技术竞争，产业转移的目的地也相继转向韩国和中国，开启了半导体产业的第二轮和第三轮转移。

在美日半导体竞争的白热化阶段，韩国和中国抢抓追赶机遇，通过深度参与半导体产业的全球分工和积极实施各类产业扶持政策，成为半导体产业新的技术领导国。

2020 年以来，受大国博弈加剧、地缘政治格局变化及全球公共卫生事

① "WSTS Semiconductor Market Forecast Fall 2023", WSTS, November 28, 2023, https://www.wsts.org/76/103/WSTS-Semiconductor-Market-Forecast-Fall-2023.

件等因素影响，半导体产业正迎来第四轮转移，主要表现为劳动密集型的封装和测试环节向东南亚国家转移，以降低对单一供应链的依赖。数据显示，2020 年，东南亚半导体市场规模为 269.1 亿美元，预计 2021~2028 年市场规模将从 276.4 亿美元增至 418.8 亿美元，年均增长率为 6.1%。①

在东南亚国家中，新加坡、马来西亚、越南、泰国和菲律宾被寄予承接这一轮产业转移的厚望。新加坡较早认识到半导体产业所具有的战略价值，凭借较为健全的监管制度、较好的营商环境和相对庞大的中高技能劳动者队伍，吸引了大批先进半导体企业投资设厂，已建立从设计、制造到封装测试的相对完整且成熟的半导体产业链。马来西亚致力于打造产业集聚效应。槟城作为马来西亚发展半导体产业的重镇，有"东方硅谷"的美誉，包括英特尔、德州仪器、美光、日月光和通富微电在内的约 50 家跨国企业在此设有封测工厂，预计将推动马来西亚发展为全球芯片封测中心。亚洲开发银行（ADB）2023 年 3 月数据显示，马来西亚在全球芯片封装和测试领域的市占率为 13%，相当于其他东南亚国家市占率的总和。② 越南是全球最为开放的经济体之一，截至 2024 年 1 月已签署 16 项自由贸易协定，为其布局后道封测提供了良好基础。在此轮产业转移中，越南因毗邻中国而受跨国企业青睐，成为半导体产业新的"落脚点"。有预测认为，2020~2024 年，越南半导体产业将取得 19% 的年均增速，到 2028 年市场规模将达 70.1 亿美元。③ 泰国是日本电子企业的投资聚集地，索尼、村田、东芝、京瓷等都在泰国设有晶圆厂。目前，泰国在全球电子产品和零部件制造基地中排第 13 位，并已成为全球印刷电路板第七大出口国。菲律宾则以

---

① "ASEAN Semiconductor Market Size, Share and COVID-19 Impact Analysis", Fortune Business Insights, May 13, 2024, https://www.fortunebusinessinsights.com/asean-semiconductor-market-105570.

② "ASEAN and Global Value Chains: Locking in Resilience and Sustainability", Asian Development Bank, March, 2023, p. 183, https://www.adb.org/sites/default/files/publication/871976/asean-global-value-chains-resilience-sustainability.pdf.

③ "Vietnam-Semiconductors Market by Application, End-user and Device: Forecast and Analysis 2024-2028", Technavio, December, 2023, https://www.technavio.com/report/semiconductors-market-in-vietnam-industry-analysis.

MLCC（片式多层陶瓷电容器）这一应用场景最为广泛的被动元器件为发展重点，在细分领域精细化布局。目前，全球前三的MLCC厂商——村田、三星和太阳诱电均在菲律宾设厂，使菲律宾拥有"MLCC全球集散地"之称。

三 2023年亚太地区主要国家半导体产业政策新动向

作为全球经济最具战略价值的支柱产业和国际竞争的焦点，半导体已经成为当前亚太地区产业政策最为集中的领域。各国为抢占半导体领域科技创新和产业发展的制高点，在政策扶持、对外贸易和经济外交等多领域密集发力，并体现较为鲜明的国别特征。

（一）美国：对内扶持和对外施压"双管齐下"

2021年10月，美国国家反情报与安全中心（NCSC）发布《保护美国关键和新兴技术免受外来威胁》报告，将包括半导体在内的五大领域界定为决定美国对华战略竞争结果的关键领域。[①] 为确保本国在半导体领域的绝对优势地位，美国于2022年8月正式推出《芯片和科学法案》，其中第一部分的"芯片法案"聚焦半导体产业，包含半导体企业扶持政策和针对中国的"护栏"条款，体现了美国采取对内强化自身优势和对外遏制中国发展"双管齐下"的政策措施，以赢得以半导体产业为核心的新一轮产业变革的竞争思路。

在强化自身优势方面，"芯片法案"设立总额527亿美元的四大基金对半导体企业进行专项补助：一是总额500亿美元的芯片基金，其中390亿美元用于商务部制造业激励项目，110亿美元用于商务部研发项目；二是总额2亿美元的芯片劳动力与教育基金，旨在改善美国半导体产业劳动力短缺现状；三是总额20亿美元的芯片国防基金，旨在为美国国防部半导体方面的科研活动提供支持；四是总额5亿美元的芯片国际技术安全与创新基金，旨在建立安全

---

① "NCSC Fact Sheet—Protecting Critical and Emerging U. S. Technologies from Foreign Threats", The White House, October 21, 2021, https://www.dni.gov/index.php/ncsc-newsroom/3576-ncsc-fact-sheet-protecting-critical-and-emerging-u-s-technologies-from-foreign-threats.

可靠的国际半导体供应链。此外，法案还设有总额 15 亿美元的公共无线供应链创新基金用于支持 5G 发展，并规定将给予半导体制造领域的"合格投资"25% 的税收抵免。在遏制中国发展方面，"芯片法案"的"护栏"条款明确禁止受资助企业自接受资助之日起十年内实质性扩大在中国或其他"受关注国家"的半导体产能，确保半导体制造业回流美国或流向盟国。①

为落实"芯片法案"中增强美国半导体产业优势的各项举措，美国商务部于 2023 年 2 月启动首个美国芯片计划融资机会，并发布一系列文件对申请补贴的要求及流程做出明确规定。② 美国财政部则分别于 2023 年 3 月和 6 月出台两份指导性文件，对半导体制造商申请税收抵免的条件和程序做出规定。③ 2023 年 4 月，美国国家标准与技术研究院（NIST）正式公布国家半导体技术中心（NSTC）构建战略，内容涉及提高美国在半导体技术领域的领先地位、缩短技术商业化时间以及建立强大的半导体劳动力队伍。④ 美国白宫和国家科学基金会（NSF）还出台了包括全国劳动力冲刺计划在内的一系列举措，为包括半导体产业在内的先进制造业创造就业机会。⑤

---

① *H. R. 4346-Chips and Science Act*，August 9，2022，https：//www. congress. gov/bill/117th - congress/house-bill/4346/text.

② "Biden-Harris Administration Launches First CHIPS for America Funding Opportunity"，U. S. Department of Commerce，February 28，2023，https：//www. commerce. gov/news/press - releases/2023/02/biden-harris-administration-launches-first-chips-america-funding.

③ "Treasury Department Mobilizes Semiconductor Supply Chain Investment Incentives with Key CHIPS Investment Tax Credit Guidance"，U. S. Department of the Treasury，March 21，2023，https：// home. treasury. gov/news/press-releases/jy1353；"Treasury Department Bolsters Semiconductor Supply Chain Confidence with Key CHIPS Investment Tax Credit Guidance"，U. S. Department of the Treasury，June 14，2023，https：//home. treasury. gov/news/press-releases/jy1534.

④ "CHIPS for America Outlines Vision for the National Semiconductor Technology Center"，NIST，April 25，2023，https：//www. nist. gov/news-events/news/2023/04/chips-america-outlines-vision-national-semiconductor-technology-center.

⑤ "FACT SHEET：One Year After the CHIPS and Science Act，Biden-Harris Administration Marks Historic Progress in Bringing Semiconductor Supply Chains Home，Supporting Innovation，and Protecting National Security"，The White House，August 9，2023，https：//www. whitehouse. gov/briefing-room/statements-releases/2023/08/09/fact-sheet-one-year-after-the-chips-and-science-act-biden-harris-administration-marks-historic-progress-in-bringing-semiconductor-supply-chains-home-supporting-innovation-and-protecting-national-s/.

美国限制中国从半导体供应链中获取核心技术、关键原材料、高端设备和先进芯片的举措包括：一是通过出口管制措施精准打压对华半导体产供链。2023 年 10 月 17 日，美国商务部工业与安全局（BIS）对 2022 年 10 月 7 日发布的针对中国的出口管制规则进行了全面升级，不仅更新了对先进计算集成电路、半导体制造设备以及支持超级计算应用和最终用途的物项向中国出口的管制措施，还将 13 家中国企业列入实体清单。① 12 月，BIS 还宣布启动对美国关键行业使用和采购中国制造的成熟制程芯片的情况调查。② 二是积极构建"去中国化"的半导体供应链联盟。2022 年 4 月美国建立"芯片四方联盟"（CHIP 4）后，于 2023 年试图将更多盟友与伙伴纳入联盟，推动该联盟向"CHIP 4+"甚至"CHIP X"发展。2023 年 1 月 27 日，美国与日本和荷兰达成关于限制中国获得先进半导体制造设备的三方协议，31 日又与印度达成"美印关键和新兴技术倡议"（iCET），宣布将在建立具有韧性的半导体供应链方面加强合作。在 12 月举行的美韩"下一代关键和新兴技术对话"会议上，两国宣布将在 2024 年与印度共同开展三边技术对话。此外，2023 年 5 月，美国还联合日本、印度和澳大利亚推出"四方投资者网络"（QUAD Investor Network），旨在推进半导体等新兴技术领域的战略性投资。

（二）韩国：技术民族主义倾向日益加强

2021 年 5 月 13 日，韩国总统文在寅访问三星半导体制造中心时发表演讲，宣布将设立总规模 1 万亿韩元的"半导体等设备投资特别资金"，并给

---

① "Commerce Strengthens Restrictions on Advanced Computing Semiconductors, Semiconductor Manufacturing Equipment, and Supercomputing Items to Countries of Concern", Bureau of Industry & Security, October 17, 2023, https：//www. bis. gov/press－release/commerce－strengthens－restrictions－advanced－computing－semiconductors－semiconductor.

② "Commerce Department Announces Industrial Base Survey of American Semiconductor Supply Chain", U. S. Department of Commerce, December 21, 2023, https：//www. commerce. gov/news/press－releases/2023/12/commerce－department－announces－industrial－base－survey－american.

予半导体企业税收优惠，以巩固韩国在存储半导体领域世界第一的地位，并争取在系统半导体领域也成为世界第一，实现 2030 年建成半导体综合强国目标。① 一周后，文在寅在三星、现代和 LG 等企业负责人陪同下访美，与美国就加强半导体制造业合作、提高半导体产供链韧性以及关键技术出口管制等议题达成共识。② 2022 年 5 月，美国总统拜登访韩，在参观三星半导体工厂期间再次强调要与韩国加强在尖端技术供应链安全方面的沟通与合作。③

然而，随着美国不断施压盟国在半导体领域实施对华出口管制，作为韩国代表性出口产品的存储芯片出口额逐年下降。2023 年，韩国半导体产业贸易收支顺差降至 2019 年以来的最低值（250.23 亿美元）。④ 此外，韩国还直面来自美国另一盟友——日本的半导体技术竞争，这引发了韩国政府对落实 2030 年建成半导体强国目标的担忧。

为促进三星、SK 等韩国科技企业的国内投资以培育本土半导体产业生态系统，韩国政府于 2023 年 1 月向国会提交《税收特例限制法》修订案，建议将对半导体等国家战略技术领域投资的税收抵免比例上调至最高 25%，并为企业最近三年超过平均投资额的超额投资部分追加 10% 的税收抵免。⑤ 修订案于 3 月 22 日和 30 日分别获韩国国会企划财政委员会全体会议及国会全体会议审议通过，被称为"韩国的芯片法案"。同时，韩国还在扶持半导体产业中长期发展方面密集发力。2023 年 3 月，韩国科学技术信息通信部

① 《韩国发布"K 半导体"战略，计划到 2030 年成为半导体综合强国》，中国驻韩国大使馆经济商务处网站，2021 年 5 月 14 日，http：//kr. mofcom. gov. cn/article/jmxw/202105/20210503061267. shtml。
② "U. S. -ROK Leaders' Joint Statement"，The White House，May 21，2021，https：//www. whitehouse. gov/briefing - room/statements - releases/2021/05/21/u - s - rok - leaders - joint - statement/。
③ "Remarks by President Biden After Touring Samsung Electronics Pyeongtaek Campus"，The White House，May 20，2022，https：//www. whitehouse. gov/briefing-room/speeches-remarks/2022/05/20/remarks-by-president-biden-after-touring-samsung-electronics-pyeongtaek-campus/。
④ 杨蓉：《芯片出口不振、人才遭美日挖角 ··· 韩媒：韩国亮起红灯》，观察者网，2024 年 4 月 2 日，https：//www. guancha. cn/internation/2024_03_25_729589_s. shtml。
⑤ 《韩朝野两党就韩版"芯片法"达成一致，税收抵免比例将上调至 25%》，中国驻韩国大使馆经济商务处网站，2023 年 3 月 20 日，http：//kr. mofcom. gov. cn/article/jmxw/202303/20230303396753. shtml。

发布《首次国家研发中长期投资战略》，提出将在未来五年内向包括半导体在内的战略技术领域投资170万亿韩元。① 4月，韩国产业通商资源部宣布启动"产业转型超级缺口项目"，将在2030年前向半导体、显示面板、新一代移动出行等11个核心领域投入13.5万亿韩元，以培育韩国本土产业的全球竞争优势。② 5月，韩国科学技术信息通信部发布韩国首份半导体产业十年发展蓝图，明确了在新一代存储及逻辑芯片、先进封装等领域的技术进步目标。③ 6月，韩国总统尹锡悦主持召开半导体国家战略会议，宣布全面升级韩国半导体扶持政策，以推动韩国向名副其实的半导体超级大国跃进。④ 7月，韩国总理韩德洙在国家尖端战略产业委员会上宣布，将龙仁、平泽等半导体产业集中区域确定为"国家尖端战略产业特别园区"，意图打造世界最大半导体集群。⑤ 8月，韩国产业通商资源部选定20家韩国企业组成"明星无晶圆厂"，以培育世界顶级无晶圆厂，弥补韩国在半导体设计领域的不足。⑥ 为解决半导体等产业招工难问题，韩国政府还宣布将投入819亿韩元用于就业政策支援。⑦

① 《韩国发表〈首次国家研发中长期投资战略〉，将在五年内向研发领域投入170万亿韩元》，中国驻韩国大使馆经济商务处网站，2023年3月16日，http：//kr. mofcom. gov. cn/article/jmxw/202303/20230303396154. shtml。
② 《韩国将在2030年前向半导体等尖端产业投入13.5万亿韩元研发资金》，中国驻韩国大使馆经济商务处网站，2023年4月23日，http：//kr. mofcom. gov. cn/article/jmxw/202304/20230403406044. shtml。
③ 《韩政府公布半导体未来技术路线图确保存储及代工超级差距》，韩联社网站，2023年5月9日，https：//cn. yna. co. kr/view/ACK20230509005300881。
④ 《尹锡悦主持召开"半导体国家战略会议"，韩国产业部发表"半导体培育政策方向"》，中国驻韩国大使馆经济商务处网站，2023年6月14日，http：//kr. mofcom. gov. cn/article/jmxw/202306/20230603416167. shtml。
⑤ 《韩政府加大半导体、电池、显示面板产业扶持力度》，中国驻韩国大使馆经济商务处网站，2023年7月25日，http：//kr. mofcom. gov. cn/article/jmxw/202307/2023070 3423435. shtml。
⑥ 《韩政府着手积极培育世界顶级半导体设计企业》，中国驻韩国大使馆经济商务处网站，2023年8月30日，http：//kr. mofcom. gov. cn/article/jmxw/202308/202308034366 85. shtml。
⑦ 《为解决造船、半导体、农业等地区产业招工难问题 韩政府将提供819亿韩元的援助》，中国驻韩国大使馆经济商务处网站，2023年2月28日，http：//kr. mofcom. gov. cn/article/jmxw/202302/20230203393845. shtml。

（三）日本：配合美国以追回"失去的三十年"

日本曾在 20 世纪 80 年代中期超越美国成为全球半导体生产第一大国，随后因美国的打压而陷入"失去的三十年"。然而，在当前美国"故技重施"以遏制中国半导体产业发展的过程中，日本却与昔日的对手结成"围堵"联盟，并试图通过加强日美协调重拾半导体产业大国之梦。

继 2023 年 1 月日本与美国和荷兰达成关于限制中国获得先进半导体制造设备的三方协议后，3 月，日本经济产业省发布《外汇及对外贸易法》修订的征求意见稿，宣布将光刻设备、刻蚀设备、薄膜沉积设备、热处理设备、清洗设备和检测设备等六大品类 23 项半导体制造设备纳入出口管制范围。① 面对来自产业界的担忧和反对，2023 年 7 月正式生效的新规并未做出合理回应。根据新规，除了面向友好国家和地区进行出口外，在向包括中国在内的其他国家和地区出口上述半导体设备时需要申请手续烦琐的特定许可。2023 年 5 月，日美举行"商业和工业伙伴关系"（JUCIP）第二次部长级会议，强调双方将深化在下一代先进半导体研发方面的合作，并就"找出并解决恐有损半导体供应链弹性的产地集中问题"达成一致。② 为配合美国构建"去中国化"的半导体供应链联盟，日本还于 2023 年 3 月宣布解除向韩出口三种关键半导体材料的限制措施，③ 并于 6 月将韩国重新列入享受出口手续简化待遇的"白名单"。④

在提升本土半导体制造能力方面，2022 年 8 月，丰田汽车、索尼、

---

① 《中国贸促会新闻发言人就日本拟修订半导体设备出口管制措施发表谈话》，《人民日报》2023 年 4 月 29 日。

② "Joint Statement for the Second Ministerial Meeting of the Japan-U. S. Commercial and Industrial Partnership"，U. S. Department of Commerce，May 26，2023，https：//www. commerce. gov/news/press-releases/2023/05/joint-statement-second-ministerial-meeting-japan-us-commercial-and.

③ 《详讯：日本解除对韩出口半导体材料限制措施》，韩联社网站，2023 年 3 月 16 日，https：//cn. yna. co. kr/view/ACK20230316005200881。

④ 《日本将韩拉回出口白名单　两国尽释限贸前嫌》，韩联社网站，2023 年 6 月 27 日，https：//cn. yna. co. kr/view/ACK20230627003500881。

日本电信电话、日本电气、日本电装、软银、铠侠和三菱日联银行合资成立高端芯片公司 Rapidus，并获日本政府 700 亿日元补贴。2023 年 4 月，日本经产省宣布向 Rapidus 追加 2600 亿日元补贴，用于北海道半导体工厂建设，并鼓励其加强与世界先进半导体企业的技术合作。5 月，日本首相岸田文雄邀请包括台积电、三星、美光、英特尔、IBM 在内的多家半导体企业赴日访问，向其宣传日本扩大本土半导体生产的奖励方案，以吸引海外企业在日投资。6 月，日本经产省发布修订后的《半导体和数字产业战略》，提出到 2030 年将国内生产的半导体销售额增加两倍至 15 万亿日元，同时针对先进计算芯片、先进存储芯片等各细分领域做出明确部署，设定包括推动 2 纳米计算芯片量产、NAND 内存高性能化等技术目标。[①]

（四）泰国和越南：为承接产业转移密集发力

泰国政府于 2023 年 1 月启动新一轮"五年投资促进战略（2023～2027 年）"，旨在吸引掌握先进技术的企业和投资进入泰国，助推经济发展模式的转变，帮助泰国实现创新性、竞争性和包容性经济愿景。在新的 5 年投资促进战略蓝图下，包括晶圆制造等半导体产业在内的投资项目将获得最长达 13 年的基本优惠权益，设立地区总部及研发中心、向政府设立的四个新经济走廊特别投资区进行投资等还将享有额外的投资优惠权益和广泛的激励措施。[②] 2023 年 8 月，泰国投资促进委员会（BOI）结合 2023 年上半年投资情况向政府提交新的招商引资计划，包括强化供应链、按地区促进投资、引入全球最低税收规则等，以促进晶圆制造、电子产品设计等上游电子产业发展，并打造智能电子产业生态

---

① 《日本修订〈半导体和数字产业战略〉》，中国商务部网站，2023 年 6 月 28 日，http：//chinawto. mofcom. gov. cn/article/ap/p/202306/20230603418996. shtml。

② 《投资促进项目申请指南 2023》，泰国投资促进委员会办公室网站，2023 年 1 月，https：//www. boi. go. th/upload/content/BOI_A_Guide_CH. pdf。

系统。① 11 月，泰国还宣布将投资 1000 亿泰铢，推动 13 个目标行业的新技术投资。②

越南正在更加积极地参与地区和全球半导体生态系统，并为成为全球半导体价值链中值得信赖的合作伙伴和重要环节密集发力。根据正在起草的《到 2030 年和远期到 2045 年越南半导体芯片产业发展战略》，越南致力于在 2030 年前成为半导体芯片设计、封装和测试中心，并于 2045 年崛起为全球半导体产业发达国家。③ 为实现上述目标，在半导体人才培养方面，越南政府于 2023 年 8 月 7 日颁发第 124 号决议，责成计划与投资部牵头制定《到 2030 年和远期到 2045 年越南半导体芯片产业人力资源开发提案》，计划到 2030 年培养包括 1.5 万名设计工程师在内的共计 5 万名半导体人才。④ 在鼓励研发创新方面，越南国家创新中心（NIC）于 2023 年 10 月在和乐高科技园区正式落成，聚焦包括半导体在内的 8 个新兴产业的基础设施建设和全球创新网络构建，旨在促进创新生态系统各主体间的深度高效对接。截至 2023 年 11 月，已有来自 20 个国家和地区的近 2000 名成员参与其中。⑤ 此前 9 月，胡志明市成立电子与半导体中心，这是以微芯片和半导体为重点的科技园区。⑥ 在加强国际合作方面，2023 年 9 月美国总统拜登访问越南期间，双方发布《越美全面战略伙伴关系联合声明》，确认越南有潜力成为半导体产业关键国家，两国将积极配合以提升越南在全球半导体供应链中的地位，并支持越

① 《泰国投资促进委员会（BOI）拟制定招商引资新计划》，中国驻宋卡总领事馆经贸之窗，2023 年 8 月 21 日，http://songkhla.mofcom.gov.cn/article/jmxw/202308/20230803434613.shtml。
② 《政府宣布投资 1000 亿，推动 13 个目标产业》，中国驻泰王国大使馆经济商务处网站，2023 年 11 月 15 日，http://th.mofcom.gov.cn/article/jmxw/202311/20231103453886.shtml。
③ 《越南致力打造半导体和芯片领域的生态系统》，越南人民报网，2024 年 5 月 15 日，https://cn.nhandan.vn/越南致力打造半导体和芯片领域的生态系统-post123999.html。
④ 《越南起草半导体行业人力资源开发方案》，越通社网站，2024 年 2 月 28 日，https://zh.vietnamplus.vn/越南起草半导体行业人力资源开发方案-post211769.vnp。
⑤ 《越南国家创新中心新基地落成》，中国驻越南大使馆经济商务处网站，2023 年 11 月 1 日，http://vn.mofcom.gov.cn/article/jmxw/202311/20231103450512.shtml。
⑥ 《胡志明市成立电子和半导体中心》，中国驻越南大使馆经济商务处网站，2023 年 9 月 12 日，http://vn.mofcom.gov.cn/article/jmxw/202309/20230903439890.shtml。

南半导体生态系统快速发展。① 此外，越南政府还出台了包括成本补贴、税收减免等在内的多项产业优惠政策，以吸引全球半导体企业来越投资。

四 亚太地区产业政策回潮的影响分析

战略性新兴产业代表新一轮科技革命和产业变革的方向，是引领国家未来发展的重要决定性力量，对一国培育发展新动能、赢得未来竞争新优势至关重要。然而，战略性新兴产业具有发展周期长、投资风险高、技术攻关难度大等特征，相较于传统产业进入门槛更高，因而无法单纯依靠市场力量成长起来，需要借助国家力量，通过税收优惠、融资扶持、政府采购等方式发展壮大。由此可见，产业政策是推动战略性新兴产业发展不可或缺的工具。正如历史经验所显示的，没有不用产业政策而成功追赶发达国家的发展中国家，也没有不用产业政策而继续保持领先地位的发达国家。亚太地区此轮半导体领域产业政策的密集回潮，存在客观性和必然性。

然而，产业政策的制定和实施需要以产业发展的一般规律为前提。但近年来，在地缘政治、科技博弈和贸易保护主义抬头等多重因素叠加影响下，一些国家从"维护国家安全"出发设计产业政策，使得围绕半导体产业展开的政策竞争有从良性竞争滑向劣性竞争的趋势。

一是"芯片补贴战"不断升级，各国陷入"囚徒困境"并引发产能过剩担忧。粗略统计，以美国、韩国和日本为代表的亚太地区主要经济体已投入数百亿美元用于支持半导体产业发展。2024 年 3 月，美国商务部公布了《芯片和科学法案》出台以来的最大一笔资助计划，即向英特尔提供 85 亿美元推动其在多个州的商业芯片项目进展。4 月，美光、三星和台积电也相

① "FACT SHEET: President Joseph R. Biden and General Secretary Nguyen Phu Trong Announce the U. S. -Vietnam Comprehensive Strategic Partnership", The White House, September 10, 2023, https: //www. whitehouse. gov/briefing - room/statements - releases/2023/09/10/fact - sheet - president—joseph－r－biden－and－general－secretary－nguyen－phu－trong－announce－the－u－s－vietnam—comprehensive—strategic—partnership/.

继获得总额约 190 亿美元的美国政府资金补贴。5 月，韩国公布了价值高达 190 亿美元的半导体产业综合支持计划。日本自 2021 年 6 月出台《半导体和数字产业战略》至 2023 年底，已累计为半导体产业筹集约 253 亿美元补贴，内容涵盖吸引外资建厂、加强本土尖端制程研发与生产等。这是一场对各国尤其是发展中国家而言别无选择的竞赛。如果政府不采取行动，企业"用脚投票"将削弱该国半导体产业竞争力；一旦开展补贴，国家则可能陷入补贴的"囚徒困境"。最终，当所有国家都采取补贴时，补贴成为一种除了增加财政负累外别无效果的政策工具，还将带来产能过剩问题。事实上，截至 2023 年底，全球范围内晶圆厂产能过剩的情况已经出现。

二是频繁发起的贸易摩擦和技术封锁，导致半导体产业全球化进程面临严峻挑战。以美国为代表的部分国家在利用产业政策实现本土半导体产能扩张的同时，还同步推进"近岸外包"和"友岸外包"战略，试图通过建立排他性的供应链和技术联盟、联合盟国实施出口管制措施等方式，将竞争对手排挤出半导体全球供应链。与以提升自身竞争优势为核心的防御性民族主义相比，这类产业政策更加表现出以遏制打压他国发展为目标的进攻性民族主义特征，可能导致开放的世界经济体系朝着"去全球化"和区域化、集团化方向发展，催生两个甚至多个平行的区域供应链和互不兼容的标准及规范，给全球经济发展前景带来巨大的不确定性。随着全球半导体供应链逐渐走向碎片化，身处其中的各国都将面临严重的经济和战略后果。

附　录
2023年亚太地区大事记

1月

2 日　《区域全面经济伙伴关系协定》（RCEP）对印度尼西亚生效。印度尼西亚在中国—东盟自贸区基础上，新增给予我国700多个税号产品零关税待遇。

9 日　由中日韩合作秘书处发起的"中日韩精神——2023 年度汉字"评选结果揭晓，"和合"以最高票当选。

17 日　越共第十三届中央委员会召开会议，同意阮春福辞去越共中央政治局委员和越南国家主席等职务。

19 日　鲍勃·达达埃当选连任巴布亚新几内亚独立国总督。

25 日　新西兰工党党首克里斯·希普金斯宣誓就任新西兰总理。

2月

2 日　美国国防部部长奥斯汀访问菲律宾并与菲律宾总统费迪南德·马科斯、菲国防部部长加尔韦斯举行会晤。菲方同意在《加强防务合作协议》框架下向美军再开放 4 处军事基地。

4 日　东盟外长务虚会在印尼雅加达东盟大厦召开。会议由印尼外长蕾特诺主持，东盟除缅甸外所有成员国外长均出席，东帝汶外长以观察员身份出席此次会议。

21 日　2023 年东盟互联互通协调委员会（ACCC）第一次会议举行，东帝汶首次以观察员身份参加会议。会上讨论了《东盟互联互通总体规划2025》（MPAC）等议题。

24 日　参与第 126 次中老缅泰湄公河联合巡逻执法行动的 2 艘执法艇顺利返航靠泊云南省西双版纳傣族自治州关累码头，标志着此次行动圆满结束。

新西兰政府和太平洋共同体秘书处（SPC）宣布建立太平洋区域伙伴关系，强调将在应对气候变化对金枪鱼的威胁方面加强合作。

3月

2 日　二十国集团（G20）外长会在印度新德里举行。此次会议主要聚焦加强多边主义、粮食和能源安全、合作发展、反恐等话题。

越南第十五届国会第四次特别会议在首都河内召开，经投票表决，越共中央政治局委员、中央书记处常务书记武文赏当选越南国家主席。

4 日　日本联合除缅甸外的东南亚 9 个国家和澳大利亚成立"亚洲零排放共同体"（AZEC）。

9 日　尼泊尔大会党领导人拉姆·钱德拉·保德尔在总统选举中胜出，成为 2008 年尼泊尔联邦民主共和国成立以来的第三位总统。

29 日　上海合作组织成员国安全会议秘书第十八次会议在印度首都新德里举行，中国国务委员、公安部部长王小洪在北京以视频形式出席并发言。

30 日　博鳌亚洲论坛在海南博鳌举行年会，年会主题为"不确定的世界：团结合作迎挑战，开放包容促发展"。

4月

3 日　东盟—加拿大联合合作委员会第 11 次会议召开。双方重申了进

一步加强长期伙伴关系的承诺。

13 日　第四次阿富汗邻国外长会在乌兹别克斯坦撒马尔罕举行。中国、伊朗、巴基斯坦、俄罗斯、塔吉克斯坦、土库曼斯坦和乌兹别克斯坦外长和高级别官员出席会议。

26 日　第三届中国—太平洋岛国政党对话会在北京召开。来自太平洋岛国的政党政要和工商界人士以线上方式参会，太平洋岛国驻华使节现场出席会议。

美韩举行首脑会晤，宣布以两国同盟建立 70 周年为契机签署《华盛顿宣言》。

28 日　泰俄双边合作联合委员会第八届会议召开。泰国副总理兼外长敦·巴穆威奈与俄罗斯远东和北极发展部部长阿列克谢·切昆科夫共同主持此次会议。

5月

10~11 日　东盟召开第 42 届峰会，会议讨论了移动支付、电动车生态、人口贩卖、数字化发展以及次区域（成长三角、东盟东部经济增长区）发展等新兴问题。

17 日　毛拉维·阿卜杜勒·卡比尔被阿富汗塔利班最高领导人阿洪扎达任命为阿临时政府代理总理。

20 日　在七国集团（G7）峰会间隙，美国、日本、印度和澳大利亚领导人举行了"四边机制"广岛峰会，宣称致力于"打造一个和平、稳定、繁荣的印太地区"。

25~26 日　亚太经合组织第 29 届贸易部长会议在美国底特律举行。

27 日　"印太经济框架"（IPEF）参与国部长级会议宣布，"印太经济框架"供应链协议谈判实质性结束。在"印太经济框架"四大支柱中，供应链是第一个实质性结束谈判的领域。

6月

2 日　RCEP 对菲律宾生效，这标志着 RCEP 对 15 个成员全面生效，全球最大自贸区进入全面实施新阶段。

第 20 届香格里拉对话会在新加坡举行。本届对话会有来自 41 个国家的官员、学者等参加，其中包括 48 名部长级代表和超过 35 名国防高级代表以及知名专家学者。

12 日　第九次越英战略对话在英国举行，越南外交部副部长黎氏秋姮与英国国际发展大臣安妮-玛丽·特里维廉主持。

19 日　第 17 届东盟卫生发展高官会议及相关会议在老挝万象以线上线下方式召开。

21 日　印度总理莫迪对美国进行国事访问。自 2014 年上任以来，莫迪先后 6 次赴美，而这次访美是首次被提升至"国事访问"高度。

22 日　雅万高铁联调联试综合检测列车运行时速首次达到 350 公里，标志着雅万高铁已达到设计速度标准，实现了联调联试阶段性任务目标。

7月

4 日　上海合作组织成员国元首理事会第二十三次会议以视频方式召开，正式接收伊朗为成员国。至此，上海合作组织成员国增至 9 个。

13 日　中国—东盟（10+1）外长会在印尼雅加达举行。会议通过了《中国—东盟关于纪念中国加入〈东南亚友好合作条约〉20 周年的联合声明》和加快达成"南海行为准则"指针文件。

16 日　英国正式加入《全面与进步跨太平洋伙伴关系协定》（CPTPP），目前该协定共有 12 个成员国，包括澳大利亚、文莱、加拿大、智利、日本、马来西亚、墨西哥、新西兰、秘鲁、新加坡、越南和英国。

24 日　柬埔寨举行第七届全国大选，洪森带领的柬埔寨人民党宣布赢

得大选。

25~27 日 中国—东盟（10+1）外长会、东盟与中日韩（10+3）外长会、东亚峰会外长会和东盟地区论坛外长会在老挝万象举行。

8月

2 日 东盟国防部部长扩大会议反恐专家工作组桌面演习在缅甸首都内比都宾乐雅酒店举行，文莱、柬埔寨、中国、印度、印度尼西亚、老挝、马来西亚、菲律宾、泰国、越南以及共同主席国缅甸和俄罗斯参加了此次演习。

17 日 第 55 届东盟经济部长会议在爪哇岛中部三宝垄举行。会议确认了包括数字经济框架协议（DEFA）、东盟碳中和战略和蓝色经济框架等系列重要经济成果。

23 日 经泰国国会上下两院联席会议投票当选泰国总理的赛塔·他威信收到泰国国王玛哈·哇集拉隆功的御令，正式被任命为泰国第 30 任总理。

印度月球探测器"月船 3 号"所携带的着陆器当天成功在月球南极着陆。印度成为继苏联、美国和中国之后第四个实现探测器登月的国家。

24 日 日本不顾国际社会普遍质疑和有关国家强烈反对，单方面强行启动福岛核事故污染水排海。

9月

5 日 东盟召开了第 43 届峰会。此次峰会在战略层面重点讨论了东盟恢复经济增长、复苏区域发展的问题。

6~7 日 第 26 次中国—东盟（10+1）领导人会议、第 26 次东盟与中日韩（10+3）领导人会议和第 18 届东亚峰会在印尼雅加达举行。

9~10 日 二十国集团领导人第十八次峰会在印度首都新德里举行，非洲联盟成为二十国集团的正式成员。

16 日　首届中国—东盟建设部长圆桌会议在广西南宁举行。会议以"开放合作　互利共赢　共享中国—东盟建设领域合作新机遇"为主题，并一致通过了会议成果《南宁倡议》。

17~18 日　第 20 届中国—东盟商务与投资峰会在广西南宁举办。

19 日　中国、俄罗斯、蒙古国在莫斯科举行三国安全事务高级代表会晤。

30 日　进步大会联盟候选人穆罕默德·穆伊兹在总统选举第二轮投票中获胜，当选马尔代夫新一任总统。

10月

14 日　新西兰最大在野党国家党领导的联盟获胜，赢得内阁组阁权，从而结束了工党的六年执政。

15 日　内比都举行缅甸全国停火协议签署八周年纪念活动，中国外交部亚洲事务特使邓锡军作为见证缅甸全国停火协议签署的国际代表致辞。

18 日　第三届"一带一路"国际合作高峰论坛成功举行。习近平主席在论坛开幕式上发表主旨演讲，宣布中国支持高质量共建"一带一路"的八项行动，为共建"一带一路"明确了新方向、开辟了新愿景、注入了新动力。

20 日　东盟—海湾阿拉伯国家合作委员会峰会在沙特利雅得举行，会议发布了展望 2024~2028 年的合作框架以及联合声明。

23 日　第 16 届东盟国防部长会议在菲律宾克拉克自由港区举行。

11月

11 日　第 52 届太平洋岛国论坛在库克群岛首都阿瓦鲁阿闭幕，超过600 名参会者进行对话。

13 日　新版《韩美同盟国防愿景》发布，这是时隔 10 年韩美再次修订

对朝威慑战略文件。

15 日 习近平主席在美国旧金山同美国总统拜登举行中美元首会晤。两国元首就事关中美关系的战略性、全局性、方向性问题以及事关世界和平和发展的重大问题坦诚深入地交换了意见。

第 17 届东盟国防部长会议在印尼雅加达举行，会议呼吁缅甸立即停止发生的一切武装冲突事件。

17 日 亚太经合组织第三十次领导人非正式会议在美国旧金山举行。会议发表了《2023 年亚太经合组织领导人旧金山宣言》。

22 日 二十国集团领导人视频峰会召开，包括非盟主席在内的二十国集团所有成员领导人、9 个嘉宾国领导人和 11 个国际组织负责人均受邀出席。

12月

5 日 柬老越三国国会首届高层会议在老挝首都万象召开。

缅甸与俄罗斯在内比都举行安全磋商会议，会后双方签署了谅解备忘录及信息安全领域合作协议。

7 日 新加坡和美国签署了一项供应安全安排，这一安排旨在加强新加坡与美国防务合作。

8 日 新加坡与南方共同市场（阿根廷、巴西、巴拉圭和乌拉圭）签署了自由贸易协定。这是新加坡与南方共同市场的首份贸易协定，也是南方共同市场与东南亚国家达成的第一个此类协议。

11 日 缅甸军政府发言人宣布，缅甸民族团结与和平协调委员会（NSPNC）在中国的协调下同缅甸民族民主同盟军（MNDAA）、德昂民族解放军（TNLA）和若开军（AA）的代表见面会谈。

17 日 东盟—日本友好合作 50 周年纪念峰会在东京举办。

25 日 澜沧江—湄公河合作第四次领导人会议以视频方式举行，会议主题为"推进澜湄国家命运共同体建设，携手迈向现代化"。

Abstract

2023, in the face of global economic uncertainty, the Asia-Pacific economies have achieved robust growth, with a notable resurgence in their participation within the global value chain. Especially, developing economies in the region have experienced accelerated growth; inflation rates in some Asia-Pacific economies have been further contained, and consumption has recovered rapidly; the financial environment in developing economies has stabilized, strengthening the foundations for economic recovery. Following the full implementation of the Regional Comprehensive Economic Partnership (RCEP), investment within the region has continued to increase, invigorating the Asia-Pacific economy and promoting deeper integration within the Asia-Pacific regional value chain.

2023, the political landscape in Asia-Pacific presents a complex mix of overall stability and localized turbulence. Factors such as political polarization, military interventions, great power rivalry, armed conflicts, terrorism, and the spillover effects of the Israel-Palestine conflict have significantly influenced the political dynamics in Asia-Pacific this year. Regional hotspots are increasingly impacting the political environment in Asia-Pacific. Some countries are entering election cycles, undergoing political trials by electoral processes. A few nations, which have been mired in political and social instability in recent years, continue to face considerable challenges across political, economic, and security domains. The Israel-Palestine conflict's spillover effects are impacting Asia-Pacific countries. The competition among great powers is driving the restructuring of the geopolitical landscape, and the situation in the South China Sea is escalating.

2023, the United States has intensified its military presence in the Asia-Pacific region, emphasizing military collaboration within its alliance network to create a

confinement situation to China, thereby seeking to maintain its dominant position and hegemonic influence in Asia-Pacific. China, on the other hand, has made substantial contributions to maintaining overall stability in Asia-Pacific. It has actively promoted the stabilization of China-U. S. relations, furthered its comprehensive strategic partnership with Russia, initiated a warming trend between China and South Korea relations, maintained a delicate balance with India, advanced relationships with Pacific Islands, and played an active role in addressing regional issues. The trend toward the peaceful resolution of the South China Sea disputes remains unchanged.

2024 will be the year of "transformation" in global politics, with over 60 countries and territories conducting elections. These elections are expected not only to shape domestic political landscapes but also to exert far-reaching impacts on the political, economic, and security conditions within and beyond the region. The interplay of U. S. -China strategic competition with technological and industrial transformations will further amplify uncertainties and instabilities in the Asia-Pacific security landscape. The fragmentation and reconfiguration among major regional powers will increasingly determine varied sub-regional security trajectories. Given the comprehensive escalation of China-U. S. strategic rivalry, there is a short-term trend toward strengthening minilateral cooperation in Asia-Pacific, challenging open regionalism and adding complexity and uncertainty to regional cooperation efforts.

Keywords: Asia-Pacific Region; Geopolitics; Great Power Rivalry; Regional Cooperation

Contents

I General Report

B.1 The Situation and Outlook of the Asia-Pacific Region in 2023

Shen Minghui, Guo Jiguang, Zhang Jie and Zhang Zhongyuan / 001

Abstract: In 2023, the economies in Asia-Pacific region demonstrated robust growth amid global developmental uncertainties, accompanied by a marked rebound in their participation within global value chains (GVCs), which subsequently pivoted toward more regionalized value chain configurations. While the region maintained general political stability, localized conflicts and governance volatility continued to constrain peace and stability in certain nations. The deepening collaboration within the U. S. -led network of allies and partners has catalyzed the realignment of regional power dynamics, shaping divergent evolutionary trajectories in subregional security architectures. Concurrently, the rise of minilateralism has precipitated unprecedented challenges to open regionalism, rendering the institutional landscape of Asia-Pacific cooperation increasingly complex and overlapping. Looking ahead to 2024, the prospect of trade growth in the Asia-Pacific region is not optimistic, elections in many countries will affect the political direction of the region, the strategic game between China and the U. S. will continue, and the complexity and uncertainty of regional cooperation may continue to increase.

Keywords: Asia-Pacific Region; Regional Cooperation; Regional Security; Sino-U. S. Relations

亚太蓝皮书

II   Topical Reports

B . 2   The Economic Situation in the Asia-Pacific Region：Falling
Inflation and Economic Recovery

Li Tianguo / 031

Abstract：Despite external factors such as geopolitical conflicts and adjustments of US monetary policy, the overall economic in the Asia-Pacific region is still showing a recovery trend in 2023. Especially, the growth rate of emerging and developing economies in Asia has significantly accelerated. The high inflation situation in some economies in the Asia-Pacific region has been further controlled, and investment and consumption have also experienced rapid growth. After the United States suspended interest rate hikes, the capital market sentiment of emerging and developing economies in Asia gradually recovered, and the currency exchange rates of major countries gradually stabilized. Despite the ongoing uncertainty in US monetary policy, the financial environment in emerging markets and developing economies is stabilizing, laying the foundation for economic recovery. After the Regional Comprehensive Economic Partnership (RCEP) came into full effect, green space investment in the region continued to grow, unleashing the economic vitality of the Asia-Pacific region and further promoting the deep integration of the Asia-Pacific value chain.

Keywords：Asia-Pacific Region；Inflation；Economic Recovery；Regional Comprehensive Economic Partnership

B.3 The Political Situation in the Asia-Pacific Region: Stability and Turbulence Intertwined　　　　　*Jia Duqiang* / 042

Abstract: The Political Situation in Asia-Pacific region in 2023 characterized by the interweaving of overall stability and local turbulence. Most countries maintained the stability of macro political and social environment, and focused on the economic recovery and social development. But from a local perspective, however, some countries have got into trouble of political turmoil, social disorder and security dilemma. Political polarization, military intervention, armed conflict, global terrorism, Sino-U. S. Strategic Competition, and Overflow Effect of the Israeli Palestinian conflict are among the most important factors affecting the political situation of Asia-Pacific region. And looking ahead to 2024, it could be expected that the political situation in the region continue to remain overall stable, but against the backdrop of reshaping the international order, and with many countries in the region entering election year next year, there will be many uncertain challenges ahead.

Keywords: Political Stability; Party Politics; Armed Conflict; Overflow Effect of Israel-Palestinian Conflict; Geopolitics

B.4 Trends of Asia-Pacific Diplomacy: Increased Great Power Competition and Overall Regional Stability
　　　　　　　　　　　　　Zhang Xinyu, Wang Junsheng / 054

Abstract: In 2023, diplomacy in the Asia-Pacific region generally presents a situation of intensified competition among great powers and overall stability in the region. The Biden administration has accelerated the formation of various "small circles" in order to promote the "Indo-Pacific Strategy" in the service of great power competition, which poses a great threat to the peace and stability of the Asia-Pacific region. During the year, relations between China and the ROK,

亚太蓝皮书

China and Japan, China and India, and China and the Philippines showed tensions, and the situation on the Korean Peninsula, in particular, became markedly more confrontational. At the same time, all parties were committed to promoting the overall stability of the regional situation, with China and the ROK showing some signs of warming up, China-India relations remaining calm, the trend towards a peaceful resolution of the South China Sea issue remaining unchanged, and China's relations with the Pacific countries continuing to develop. China has made important contributions to the overall stability of the Asia-Pacific region, actively strengthening communication with the US, promoting the stabilisation of China-US relations, deepening the China-Russia Partnership for Comprehensive Strategic Collaboration in the New Era, actively promoting the building of a community of destiny in Asia and actively taking on roles and responsibilities on hotspot issues in the region.

Keywords: Asia-Pacific Region; Diplomatic Trends; Great Power Competition; China's Responsibility

B.5 The Security Situation in the Asia-Pacific Region: U. S.

"Indo-Pacific Strategy" and the Reconstruction of the

Asia-Pacific Security Order   *Li Zhifei* / 072

Abstract: In 2023, the United States will integrate and upgrade the alliance partner system, deeply promote the implementation of the "Indo-Pacific strategy", attach importance to strengthening the control of the security agenda in the Asia-Pacific region, and intensify the situation of "regulating and locking" China. Under the influence of the ongoing Ukraine crisis and the fierce competition between major powers, the major security forces in the Asia-Pacific continue to promote their own foreign strategy adjustment, and the pattern of Northeast Asia continues to become a bloc. India acquiesces in the United States and the West to strengthen their penetration in South Asia and reach a "united front" to balance China; ASENA has consolidated its centrality. The security structure of the sub-region is clearly differentiated. The risks of "dual security" in the Asia-Pacific region continue to rise, regional arms race keeps heating up, territorial and territorial disputes continue to simmer, and non-traditional security challenges such as terrorism, telecom fraud and climate change are on the rise. The security architecture and order in the Asia-Pacific region are being reshaped amid turbulence, and the regional security situation is still facing increasing uncertainties and instability.

Keywords: "Indo-Pacific" Strategy; Asia-Pacific Security; Great Power Competition

Ⅲ   Regional Cooperation

B.6   The Comprehensive Implementation of RCEP: Assessment and Outlook   *Yang Chao, Li Tianguo* / 094

Abstract: After the Regional Comprehensive Economic Partnership (RCEP) officially took effect in June 2023 in the Philippines, it fully came into force among the 15 signatory countries, injecting strong momentum into regional economic integration. From 2021 to 2023, China's average export growth to other RCEP members was 3%, exceeding its overall export growth during this period by 2.26 percentage points, with RCEP members' share of China's exports remaining stable at around 27%. In 2023, China's imports from other RCEP members declined compared to 2022 and 2021, while RCEP members' share of China's import market stabilized at around 35%. In terms of investment, the implementation of RCEP has facilitated increased cross-border investment within the region, although the growth momentum has slowed. Overall, foreign direct investment into the ASEAN ten countries has shown an upward trend. Looking ahead, we should continue to leverage the key role of RCEP in promoting industrial and supply chain cooperation within the region, continuously strengthen

the construction of the RCEP mechanism, enhance the overall implementation quality of the agreement, and ensure that RCEP always plays a role in promoting investment, trade growth, and economic cooperation among its members.

Keywords: RCEP; Trade; Investment; Economic and Trade Rules

B. 7　Analysis of the 30th APEC Leaders' Summit in 2023

Miao Cuifen / 109

Abstract: Abstract: Against the background of the difficult economic recovery after the COVID-19, the spread of anti-globalization sentiment, and the intensification of geopolitical games, the 30th APEC Informal Leaders' Meeting was held in San Francisco, US on November 16-17, 2023. The theme was "Creating a Resilient and Sustainable Future for All". This summit mainly explored the new driving forces for the development of the Asia-Pacific region from three aspects: trade and investment liberalization and facilitation, inclusive and sustainable development, innovation and digital economy. The 2023 APEC Leaders San Francisco Declaration comprehensively reflected the three economic pillars outlined in the Putrajays Vision 2040, and reaffirmed the leading role and main channel position of APEC in Asia-Pacific economic cooperation, as well as the confidence in achieving the new vision goals before 2040. Besides, the leaders' declaration did not include geopolitical issues such as the Russia-Ukraine military conflict and the Gaza crisis, which fully demonstrated the original intention of Asia-Pacific members to maintaining the economic nature of the APEC, in order to prevent geopolitical games from affecting the process of Asia-Pacific economic integration.

Keywords: 2023 APEC Leaders San Francisco Declaration; Trade and Investment; Inclusion and Sustainability; Digital Economy

B . 8　Mega FTA in the Asia-Pacific Region and the "Indo-Pacific"

　　Economic Framework: Progress and Impact

Zhang Song, Zhang Zhongyuan / 129

Abstract: As supplements to the WTO's plurilateral free trade agreements, bilateral and regional free trade agreements have flourished since the 21th century, injecting new momentum into regional economies. The Regional Comprehensive Economic Partnership (RCEP) and the Comprehensive and Progressive Agreement for Trans-Pacific Partnership (CPTPP) are two mega-FTAs in the Asia-Pacific region. RCEP and CPTPP has greatly promoted economic and trade cooperation in the region, enabling member countries to effectively respond to global economic changes, expand and stabilize supply chains and industrial chains, and significantly advance the process of Asia-Pacific regional economic integration. However, to address the economic shortcomings of the Indo-Pacific Strategy, the U. S. government launched the Indo-Pacific Economic Framework (IPEF) in 2022. The purpose of the IPEF is to compete with China in the Asia-Pacific region, which may bring uncertain impacts on Asia-Pacific economic cooperation and regional integration.

Keywords: Mega-FTA; " Indo-Pacific " Economic Framework; Asia-Pacific Regional Integration

B . 9　Energy Cooperation Situation and Prospects in the

　　Asia-Pacific Region in 2023　　　　　　　*Li Bing* / 145

Abstract: As a crucial region for global energy production and consumption, the Asia-Pacific significantly influences the global landscape of energy investment and trade through its energy cooperation initiatives. In 2023, the combined effects of the COVID − 19 pandemic and the Ukraine crisis continued to linger, introducing new dynamics in Asia-Pacific energy cooperation. These include an

亚太蓝皮书

accelerated transition to clean energy, increased production and consumption of fossil fuels, the gradual emergence of new patterns in energy cooperation, and increasingly complex international energy institutions. Under the new dynamics of Asia-Pacific energy cooperation, the region also faces new risks. Frequent geopolitical crises, rising resource nationalism, and increased investment in fossil fuels have heightened market volatility and intensified competition among major powers for critical minerals, adding uncertainty to the clean energy transition. Therefore, looking ahead, it is essential to improve energy cooperation in the Asia-Pacific by promoting private sector participation, advancing a just and orderly energy transition, and strengthening international institutional collaboration.

Keywords: Asia-Pacific Region; Energy Cooperation; Critical Mineral Resource; Energy Transition

B. 10 Progress and Prospect of Building Lancang-Mekong
Community of Shared Future   *Bi Haidong* / 164

Abstract: The building of Lancang-Mekong Community of Shared Future is a vivid manifestation of the six Lancang-Mekong countries to transcend the conflict paradigm and realize the cooperation paradigm of cross-border water resources allocation. The progress in the building of Lancang-Mekong Community of Shared Future is reflected in the outcomes of the four Lancang-Mekong Cooperation leaders' meetings and the consensus reached by China and the five Mekong countries on building a community of shared future at the bilateral level. The building of Lancang-Mekong Community of Shared Future is a pilot project for the concept of a Community with a Shared Future for Mankind in Southeast Asia, especially in the Lancang-Mekong region. The Global Development Initiative, Global Security Initiative and Global Civilization Initiative, which are important pillars of the building of Community with a Shared Future for Mankind, will also provide sustained impetus for the building of Lancang-Mekong Community of Shared Future.

Keywords: Lancang-Mekong Community of Shared Future; Lancang-Mekong Cooperation; Three Global Initiatives

Ⅳ Major-Country Relationship

B.11 China-India Relations: Current Situation and Trend of
Bilateral Relations Foundation and Interaction Mode
Wu Zhaoli / 175

Abstract: High-level exchanges between the two countries have resumed somewhat, but they are far from returning to a "normal state," and interaction is more reflected in multilateral frameworks such as the G20, the Shanghai Cooperation Organization and BRICS. Whether bilateral or multilateral, the potential for warming China-India political relations is still insufficient. The Modi government has accelerated the pace of the policy of 'industrial substitution for China', trying to use the opportunity of 'China +1' to promote 'Made in India', but the Sino-Indian bilateral trade has exceeded 100 billion US dollars for three consecutive years. China and India continue to push forward diplomatic and military consultations on the border issue and have achieved initial results, but resolving the remaining issues along the LAC at the earliest possible date remains uncertain. In the near future, whether the two countries can push bilateral relations back to the track of healthy and stable development at an early date depends more on whether India can change its traditional position of letting specific issues define the overall relationship.

Keywords: China-India Relations; Modi Government; Border Peace and Tranquility; Diplomatic and Military Consultation

B.12　China and Indonesia Implement a Community with a

　　　Shared Future: Fundamentals, Challenges and Prospects

Xu Liping, Wu-Wang Shiqi / 188

Abstract: After determining the direction of jointly building a community with a shared future, China and Indonesia are working together to implement the "real picture". Between 2023 and 2024, frequent high-level visits, close local and civilian exchanges, actively promoted flagship projects and emerging marine technology cooperation between the two countries have formed a solid foundation. At the same time, the constraints imposed by major powers outside the region, Japan's nuclear wastewater discharge incident and Indonesia's e-commerce ban have also had negative impacts on the implementation. It is necessary for China and Indonesia to jointly and properly tackle it. In the future, both sides should actively create mutually beneficial and win-win models, common development models, and pioneers of South-South cooperation, and work together to build a community with a shared future with regional and global influence.

Keywords: China-Indonesia Relations; The Real Picture of a Community with a Share Future; South-South Cooperation

B.13　China-Japanese Relations: Reconfirm Positioning

　　　Amidst Numerous Difficulties　　　*Li Chengri* / 201

Abstract: In 2023, the Kishida Cabinet will actively promote the transformation of its foreign strategy, cooperate with the United States' "Indo Pacific Strategy", and increasingly increase its efforts to contain China, especially the forced discharge of Fukushima nuclear contaminated water into the sea, which will continue to cause difficulties in China-Japanese relations. 2023 is an important historical milestone for the 45th anniversary of the signing of the Sino Japanese Treaty of Friendship and Peace. The leaders of China and Japan held a summit in

San Francisco to reconfirm the "strategic reciprocal relationship" between the two countries and ensure stable relations, but still face numerous difficulties.

Keywords: Kishida Regime; Fukushima Nuclear Wastewater Discharge into the Sea; China-Japanese San Francisco Summit; Strategic Relationship of Mutual Benefit

B.14 PRC-ROK Relations in Transition *Li Yongchun / 213*

Abstract: Since the establishment of diplomatic ties more than 30 years ago, PRC-ROK relations have achieved fruitful results in many fields such as politics, economy and culture. However, since 2023, due to structural factors such as the ROK-US alliance, the Korean Peninsula issue, PRC-ROK relations have been impacted in political diplomacy, economic and trade cooperation, and people-to-people exchanges. At present, PRC-ROK relations are in the transition period, the future development of PRC-ROK relations has both opportunities and challenges, and its direction ultimately depends on the strategic choice of the Korean government.

Keywords: PRC-ROK Relations; Political Diplomacy; ROK-US Alliance; Economic and Trade Cooperation; Humanistic Exchange

B.15 The Situation of Sino-Australian Economic and Trade Cooperation and the Trend of Trade Disputes

Qu Caiyun / 227

Abstract: The economic and trade co-operation between China and Australia has made new progress in 2023. The trade in goods and services between the two countries has increased by 9.2% compared to 2022. China remains Australia's largest trading partner. Australia's exports of goods and services to China

have grown significantly, more than twice as much as China's exports of goods and services to Australia. Compared to 2022, in 2023, China's investment in Australia has increased by 2.2%, and Australia's investment in China has decreased by 7.3%. The imbalance in trade between China and Australia is still ongoing. China and Australia have made progress and reached consensus on relevant disputes in the trade of goods and in the investment. China and Australia will strengthen multi-level economic dialogue, promote interaction between enterprises and deepen bilateral economic and trade cooperation.

Keywords: Sino-Australian Relationships; Economic and Trade Cooperation; Trade Disputes

V Regional Hotspot

B.16 Maldives' Rebalance of China-Maldives Relations and

India-Maldives Relations *Sun Xihui, Huang Haibo* / 240

Abstract: Maldives has been influenced by India for a long time due to geopolitical factors, but in recent years, it has continuously widened its distance from India and strengthened its relations with China. The Muizzu government is abandoning the previous government's "India First" policy and striving to promote "rebalancing" China-Maldives relations and India-Maldives relations, attempting to achieve the "balanced diplomacy towards great powers" between China and India. The Maldives has the subjective and objective conditions for implementing a "balanced diplomacy towards great powers" between China and India, and formed a balance between China-Maldives relations and India-Maldives relations during the Yameen period. The Muizzu government has taken a series of measures in multiple fields to rebalance the relationship between China-Maldives relations and India-Maldives relations, achieving significant results but also facing many risks and challenges. China needs to pay more attention to the perspective and diplomatic trends of small neighbors, understand the inevitability of South Asian small countries choosing the "balanced diplomacy towards great powers", and be clear that the "balanced diplomacy towards great powers" of South Asian small countries is malleable.

Keywords: Maldives; China and India; The "Balanced Diplomacy Towards Great Powers"

B . 17 Evaluation of India's Ability to Undertake Global Industrial

Transfer *Tian Guangqiang* / 257

Abstract: Under the dual impact of economy and politics, the global supply chain and value chain has accelerated its restructuring, and with more emphasis on enhancing its elasticity, resilience and activity, to improve economic efficiency, mitigate economic shocks and ensure economic security. India, an emerging country with rapid economic development, has become an important destination for the global industrial chain transfer. Huge market size, abundant human resources, favourable geo-environment and improved infrastructure are the main motivations for the transfer of some global industries to India. However, India has serious shortcomings in industrial structure, government governance, business environment, etc. , which will not only hinder the process of transferring of the global industry to India, but also keep India in the middle and lower reaches of the global industrial chain for a long time, making it difficult to realise industrial upgrading, technological upgrading and economic transformation.

Keywords: Global Industrial Chain; India; Undertaking Capacity of Industrial Transfer

亚太蓝皮书

B.18　The Return of Industrial Policy in the Asia-Pacific Region
　　　　in the Context of International Rivalry: The Case of
　　　　Semiconductor Industry　　　　　　*Zhang Qianyu* / 272

Abstract: There is a strong resurgence of industrial policy in the Asia-Pacific region, especially in semiconductor industry. To seize the commanding heights of technological innovation and industrial development in semiconductor field, countries in this region have made intensive efforts such as policy support, foreign trade controls and economic diplomacy. The United States maintains its technological hegemony through both internal support and external containment. The technological nationalism is increasing in South Korea as the memory chip exports decline year by year after following the United States to implement export control to China. Japan is now forming a containment alliance with the United States and trying to regain the status of world leading semiconductor power in 1980s. Thailand and Vietnam, the main destinations in the fourth round of international diffusion of the semiconductor industry, are actively taking action to undertake industrial transfer. The return of industrial policy in semiconductor industry in the Asia-Pacific region has its objectivity and inevitability. However, the securitization of industrial policy may cause international rivalries slide from a benign one to a malignant one, bringing severe economic and strategic consequences to all countries.

Keywords: Semiconductor; Industrial Policy; International Rivalry; Asia-Pacific Region

Appendix

Chronicle of Events in the Asia-Pacific Region in 2023　　　　　/ 286

皮 书

智库成果出版与传播平台

❖ 皮书定义 ❖

皮书是对中国与世界发展状况和热点问题进行年度监测，以专业的角度、专家的视野和实证研究方法，针对某一领域或区域现状与发展态势展开分析和预测，具备前沿性、原创性、实证性、连续性、时效性等特点的公开出版物，由一系列权威研究报告组成。

❖ 皮书作者 ❖

皮书系列报告作者以国内外一流研究机构、知名高校等重点智库的研究人员为主，多为相关领域一流专家学者，他们的观点代表了当下学界对中国与世界的现实和未来最高水平的解读与分析。

❖ 皮书荣誉 ❖

皮书作为中国社会科学院基础理论研究与应用对策研究融合发展的代表性成果，不仅是哲学社会科学工作者服务中国特色社会主义现代化建设的重要成果，更是助力中国特色新型智库建设、构建中国特色哲学社会科学"三大体系"的重要平台。皮书系列先后被列入"十二五""十三五""十四五"时期国家重点出版物出版专项规划项目；自2013年起，重点皮书被列入中国社会科学院国家哲学社会科学创新工程项目。

权威报告·连续出版·独家资源

皮书数据库
ANNUAL REPORT(YEARBOOK)
DATABASE

分析解读当下中国发展变迁的高端智库平台

所获荣誉

● 2022年，入选技术赋能"新闻+"推荐案例
● 2020年，入选全国新闻出版深度融合发展创新案例
● 2019年，入选国家新闻出版署数字出版精品遴选推荐计划
● 2016年，入选"十三五"国家重点电子出版物出版规划骨干工程
● 2013年，荣获"中国出版政府奖·网络出版物奖"提名奖

皮书数据库　　"社科数托邦"
　　　　　　　微信公众号

成为用户

　　登录网址www.pishu.com.cn访问皮书数据库网站或下载皮书数据库APP，通过手机号码验证或邮箱验证即可成为皮书数据库用户。

用户福利

● 已注册用户购书后可免费获赠100元皮书数据库充值卡。刮开充值卡涂层获取充值密码，登录并进入"会员中心"—"在线充值"—"充值卡充值"，充值成功即可购买和查看数据库内容。
● 用户福利最终解释权归社会科学文献出版社所有。

▲ 社会科学文献出版社 皮书系列
SOCIAL SCIENCES ACADEMIC PRESS (CHINA)
卡号：331436786329
密码：

数据库服务热线：010-59367265
数据库服务QQ：2475522410
数据库服务邮箱：database@ssap.cn
图书销售热线：010-59367070/7028
图书服务QQ：1265056568
图书服务邮箱：duzhe@ssap.cn

法律声明

"皮书系列"（含蓝皮书、绿皮书、黄皮书）之品牌由社会科学文献出版社最早使用并持续至今，现已被中国图书行业所熟知。"皮书系列"的相关商标已在国家商标管理部门商标局注册，包括但不限于LOGO（▨）、皮书、Pishu、经济蓝皮书、社会蓝皮书等。"皮书系列"图书的注册商标专用权及封面设计、版式设计的著作权均为社会科学文献出版社所有。未经社会科学文献出版社书面授权许可，任何使用与"皮书系列"图书注册商标、封面设计、版式设计相同或者近似的文字、图形或其组合的行为均系侵权行为。

经作者授权，本书的专有出版权及信息网络传播权等为社会科学文献出版社享有。未经社会科学文献出版社书面授权许可，任何就本书内容的复制、发行或以数字形式进行网络传播的行为均系侵权行为。

社会科学文献出版社将通过法律途径追究上述侵权行为的法律责任，维护自身合法权益。

欢迎社会各界人士对侵犯社会科学文献出版社上述权利的侵权行为进行举报。电话：010-59367121，电子邮箱：fawubu@ssap.cn。

社会科学文献出版社